# 执行财产处置
# 法律实务

主　编　谢占林
副主编　张国雪　赵　奇

Legal Practice of Property Disposal
in Enforcement Proceedings

中国政法大学出版社
2025·北京

声　明　1. 版权所有，侵权必究。

2. 如有缺页、倒装问题，由出版社负责退换。

图书在版编目（CIP）数据

执行财产处置法律实务 / 谢占林主编；张国雪，赵奇副主编. -- 北京：中国政法大学出版社，2025.6.
ISBN 978-7-5764-2087-6

Ⅰ. D925.118.4

中国国家版本馆CIP数据核字第2025YR8509号

---

| | |
|---|---|
| 出 版 者 | 中国政法大学出版社 |
| 地　　址 | 北京市海淀区西土城路 25 号 |
| 邮　　箱 | fadapress@163.com |
| 网　　址 | http://www.cuplpress.com（网络实名：中国政法大学出版社） |
| 电　　话 | 010-58908524(第六编辑部) 58908334(邮购部) |
| 承　　印 | 保定市中画美凯印刷有限公司 |
| 开　　本 | 720mm×960mm　1/16 |
| 印　　张 | 13.25 |
| 字　　数 | 230 千字 |
| 版　　次 | 2025 年 6 月第 1 版 |
| 印　　次 | 2025 年 6 月第 1 次印刷 |
| 定　　价 | 69.00 元 |

# 前 言

强制执行程序是通过国家强制力,保障依法实现生效法律文书所确定权利的程序。执行财产处置程序是强制执行程序的重要一环。执行财产处置程序是指人民法院在执行程序中,依照法定程序,将被执行人或者第三人的责任财产通过拍卖、变卖、以物抵债、第三人购买、强制管理等执行措施依法变价,并将变价款用于履行生效法律文书所确定义务的强制执行行为。执行财产处置工作遵循的法定程序、涉及的法律关系均较为复杂,实践中争议和异议较多,因此了解和掌握执行财产处置工作的相关规定对于司法人员和法律从业人员具有重要意义。

执行财产处置可以分为几个部分:一是处置权,即处置权的判断和移送规则;二是处置方式,即以何种处置方式执行财产;三是处置程序暂缓或中止;四是定价程序,即确定财产处置参考价;五是变价程序,即拍卖、变卖、以物抵债、第三人购买、强制管理等;六是交付程序,即财产转移登记和实物交割;七是分配程序,即案款分配或者参与分配;八是相关问题处理,包括涉及登记在第三人名下财产、共有权、用益物权、担保物权和租赁权等问题的处理原则。本书即围绕上述问题作介绍。

关于本书,有两点说明。一是"经验之谈"。执行工作经验性非常强。本书依照我国现行法律规定、司法解释、司法判例和会议纪要等执行领域的规定,结合多年执行工作经验,对执行财产处置中的问题作出介绍。行文过程中,较少涉及理论层面探讨、较少引用法学著作,尽可能避免过多理论辨析,更加强调执行实务。但是,执行工作不乏理论,本书也会在适当之处对基础理论进行说明。二是"一家之言"。执行工作程序性非常强，实践中也存在不少争议和异议。本书对执行工作所涉及司法程序中的争议问题进行罗列和评析，对当事人或者案外人提出的异议以及人民法院裁判结果进行介绍和分析。但是，以上均是一家之言。从另一个层面来看，在法学实务中，很多结论除了受司法者或者学者自身经验影响外，相关因素的加入也会使之发生改变。

历时两载岁月，本书的撰写和统稿才完成。写作过程艰辛，诸位作者也兢兢业业、殚精竭虑，但碍于能力和眼界，难免存在粗疏和谬误之处，敬请各位读者批评和斧正。

# 凡 例

为行文方便,本书中法律法规和部分规范性文件使用简称,具体如下:本书中的法律法规使用简称,例如《中华人民共和国民事诉讼法》简称为《民事诉讼法》,《中华人民共和国企业破产法》简称为《破产法》,等等。本书中多次出现的司法解释及相关法律文件简称与全称对照如下:

1. 《民法典》,全称《中华人民共和国民法典》
2. 《公司法》,全称《中华人民共和国公司法》
3. 《企业国有资产法》,全称《中华人民共和国企业国有资产法》
4. 《破产法》,全称《中华人民共和国企业破产法》
5. 《房地产管理法》,全称《中华人民共和国城市房地产管理法》
6. 《环境保护法》,全称《中华人民共和国环境保护法》
7. 《海商法》,全称《中华人民共和国海商法》
8. 《民用航空法》,全称《中华人民共和国民用航空法》
9. 《民办教育促进法》,全称《中华人民共和国民办教育促进法》
10. 《民事诉讼法》,全称《中华人民共和国民事诉讼法》
11. 《税收征管法》,全称《中华人民共和国税收征收管理法》
12. 《担保制度解释》,全称《最高人民法院关于适用〈中华人民共和国民法典〉有关担保制度的解释》【法释〔2020〕28号】
13. 《城镇房屋租赁合同纠纷解释》,全称《最高人民法院关于审理城镇房屋租赁合同纠纷案件具体应用法律若干问题的解释(2020修正)》【法释〔2020〕17号】

14.《建设工程施工合同解释（一）》，全称《最高人民法院关于审理建设工程施工合同纠纷案件适用法律问题的解释（一）》【法释〔2020〕25号】

15.《民诉法解释》，全称《最高人民法院关于适用〈中华人民共和国民事诉讼法〉的解释（2022修正）》【法释〔2022〕11号】

16.《民诉法执行程序解释》，全称《最高人民法院关于适用〈中华人民共和国民事诉讼法〉执行程序若干问题的解释（2020修正）》【法释〔2020〕21号】

17.《迟延利息解释》，全称《最高人民法院关于执行程序中计算迟延履行期间的债务利息适用法律若干问题的解释》【法释〔2014〕8号】

18.《执行规定》，全称《最高人民法院关于人民法院执行工作若干问题的规定（试行）（2020修正）》【法释〔2020〕21号】

19.《终本规定》，全称《最高人民法院关于严格规范终结本次执行程序的规定（试行）》【法〔2016〕373号】

20.《执行和解规定》，全称《最高人民法院关于执行和解若干问题的规定（2020修正）》【法释〔2020〕21号】

21.《暂缓执行规定》，全称《最高人民法院关于正确适用暂缓执行措施若干问题的规定》【法发〔2002〕16号】

22.《限制消费规定》，全称《最高人民法院关于限制被执行人高消费及有关消费的若干规定（2015修正）》【法释〔2015〕7号】

23.《异议复议规定》，全称《最高人民法院关于人民法院办理执行异议和复议案件若干问题的规定（2020修正）》【法释〔2020〕21号】

24.《保全规定》，全称《最高人民法院关于人民法院办理财产保全案件若干问题的规定（2020修正）》【法释〔2020〕21号】

25.《查封规定》，全称《最高人民法院关于人民法院民事执行中查封、扣押、冻结财产的规定（2020修正）》【法释〔2020〕21号】

26.《拍卖规定》，全称《最高人民法院关于人民法院民事执行中拍卖、变卖财产的规定（2020修正）》【法释〔2020〕21号】

27.《处置参考价规定》，全称《最高人民法院关于人民法院确定财产处

置参考价若干问题的规定》【法释〔2018〕15号】

28.《2009委托评估拍卖变卖规定》，全称《最高人民法院关于人民法院委托评估、拍卖和变卖工作的若干规定》【法释〔2009〕16号】

29.《网拍规定》，全称《最高人民法院关于人民法院网络司法拍卖若干问题的规定》【法释〔2016〕18号】

30.《执行股权规定》，全称《最高人民法院关于人民法院强制执行股权若干问题的规定》【法释〔2021〕20号】

31.《拍卖房产规定》，全称《最高人民法院关于人民法院司法拍卖房产竞买人资格若干问题的规定》【法释〔2021〕18号】

32.《适用财产刑规定》，全称《最高人民法院关于财产刑执行问题的若干规定》【法释〔2010〕4号】（已失效）

33.《刑事财产部分执行规定》，全称《最高人民法院关于刑事裁判涉财产部分执行的若干规定》【法释〔2014〕13号】

34.《民诉法若干问题意见》，全称《最高人民法院关于适用〈中华人民共和国民事诉讼法〉若干问题的意见》【法发〔1992〕22号】（已失效）

35.《善意文明执行意见》，全称《最高人民法院关于在执行工作中进一步强化善意文明执行理念的意见》【法发〔2019〕35号】

36.《执行权意见》，全称《最高人民法院关于进一步完善执行权制约机制 加强执行监督的意见》【法〔2021〕322号】

37.《办理非法集资刑事案件意见》，全称《最高人民法院、最高人民检察院、公安部关于办理非法集资刑事案件适用法律若干问题的意见》【公通字〔2014〕16号】

38.《执转破意见》，全称《最高人民法院关于执行案件移送破产审查若干问题的指导意见》【法发〔2017〕2号】

39.《冻结上市公司质押股票意见》，全称《最高人民法院、最高人民检察院、公安部、中国证券监督管理委员会关于进一步规范人民法院冻结上市公司质押股票工作的意见》【法发〔2021〕9号】

40.《优先债权处分财产批复》，全称《最高人民法院关于首先查封法院与优先债权执行法院处分查封财产有关问题的批复》【法释〔2016〕6号】

41.《网拍指导意见》，全称《最高人民法院关于进一步规范网络司法拍卖工作的指导意见》【法〔2024〕238号】

42.《网络拍卖变卖衔接通知》，全称《最高人民法院关于认真做好网络司法拍卖与网络司法变卖衔接工作的通知》【法明传〔2017〕455号】

43.《国土房产协助执行通知》，全称《最高人民法院、国土资源部、建设部关于依法规范人民法院执行和国土资源房地产管理部门协助执行若干问题的通知》【法发〔2004〕5号】

44.《无证房产协助执行通知》，全称《最高人民法院关于转发住房和城乡建设部〈关于无证房产依据协助执行文书办理产权登记有关问题的函〉的通知》【法〔2012〕151号】

45.《冻结扣划证券交易结算资金通知》，全称《最高人民法院关于冻结、扣划证券交易结算资金有关问题的通知》【法〔2004〕239号】

46.《查询冻结扣划证券和证券交易结算资金通知》，全称《最高人民法院、最高人民检察院、公安部、中国证券监督管理委员会关于查询、冻结、扣划证券和证券交易结算资金有关问题的通知》【法发〔2008〕4号】

47.《学习贯彻网拍规定通知》，全称《最高人民法院关于认真学习贯彻适用〈最高人民法院关于人民法院网络司法拍卖若干问题的规定〉的通知》【法〔2016〕431号】

48.《规范网拍工作通知》，全称《最高人民法院关于进一步规范人民法院网络司法拍卖工作的通知》【法明传〔2017〕253号】

49.《执前化解工作指引》，全称《关于加强立审执协调配合 推动矛盾纠纷执前化解的工作指引》【法〔2024〕163号】

50.《办案规范》，全称《人民法院办理执行案件规范（第二版）》[注：本书未引用该书第一版内容]

# 目 录

前　言 …………………………………………………………… 001
凡　例 …………………………………………………………… 003

## 第一章　执行财产处置概述 ……………………………………… 001
一、执行财产处置的基本问题 ……………………………… 001
（一）执行财产处置的概念 ………………………………… 001
（二）处置权的概念 ………………………………………… 001
二、执行财产处置方式 ……………………………………… 010
（一）意定处置的方式 ……………………………………… 010
（二）司法处置的方式 ……………………………………… 016

## 第二章　确定财产处置参考价程序 ……………………………… 021
一、确定财产处置参考价方式 ……………………………… 021
（一）当事人议价 …………………………………………… 022
（二）定向询价 ……………………………………………… 022
（三）网络询价 ……………………………………………… 023
（四）委托评估 ……………………………………………… 026
二、确定财产处置参考价适用原则 ………………………… 028
（一）意思自治原则 ………………………………………… 028

（二）依法有序原则 …………………………………… 029
三、确定财产处置参考价的其他问题 …………………… 029
　（一）确定财产处置参考价的其他方法 ………………… 029
　（二）另案确定的参考价的直接使用问题 ……………… 032
　（三）再次拍卖时参考价的确定 ………………………… 033
　（四）参考价结果过期时的处理原则 …………………… 033
　（五）参考价结果的送达问题 …………………………… 035
四、确定财产处置参考价结果的审查原则 ……………… 038
　（一）依职权审查的问题 ………………………………… 038
　（二）依申请审查的问题 ………………………………… 038
　（三）参考价偏离市场价值异议的审查问题 …………… 042

## 第三章　财产变价程序 ……………………………… 044
一、财产变价方式 ………………………………………… 044
　（一）委托变价 …………………………………………… 045
　（二）网络变价 …………………………………………… 045
　（三）网络司法拍卖优先原则 …………………………… 047
二、拍卖、变卖程序 ……………………………………… 047
　（一）物的相关问题 ……………………………………… 047
　（二）价的相关问题 ……………………………………… 069
　（三）保证金的相关问题 ………………………………… 073
　（四）竞买人的相关问题 ………………………………… 076
　（五）竞价的相关问题 …………………………………… 082
　（六）交纳尾款的相关问题 ……………………………… 087
　（七）撤销拍卖、变卖的相关问题 ……………………… 088
　（八）司法拍卖辅助机构 ………………………………… 100
三、第三人购买、以物抵债、强制管理、再次拍卖与解封发还 …… 101

（一）第三人购买程序 …………………………………………… 101
　　（二）以物抵债程序 …………………………………………… 103
　　（三）强制管理 ………………………………………………… 107
　　（四）再次拍卖与解封发还的问题 …………………………… 108

## 第四章　财产交付程序 …………………………………………… 110
### 一、产权变更程序 ………………………………………………… 110
　　（一）过户的问题 ……………………………………………… 110
　　（二）产权转移时点的问题 …………………………………… 112
### 二、交付程序 ……………………………………………………… 113
　　（一）自行交付与强制交付的问题 …………………………… 113
　　（二）腾空后拍卖与拍卖后腾空的问题 ……………………… 115
　　（三）执行交付与另诉交付的问题 …………………………… 115
　　（四）依法不能移交的情形 …………………………………… 116
　　（五）腾退时物品的处理原则 ………………………………… 117
　　（六）腾退费用的负担问题 …………………………………… 118
　　（七）迟延交付占有使用费的处理规则 ……………………… 118
　　（八）财产属性变更的禁止规定 ……………………………… 119

## 第五章　财产分配程序 …………………………………………… 120
### 一、执行财产分配程序与其他财产分配程序 …………………… 120
　　（一）执行财产分配程序与破产分配程序 …………………… 120
　　（二）财产分配程序与刑事裁判涉财产刑时的执行财产分配 ………… 121
### 二、财产分配方式与清偿顺序 …………………………………… 122
　　（一）财产分配方式 …………………………………………… 122
　　（二）部分履行时的清偿顺序 ………………………………… 132
### 三、分配异议程序 ………………………………………………… 147
　　（一）分配行为异议 …………………………………………… 147

（二）分配方案异议（分配方案异议之诉） …………………… 149
（三）分配行为异议和分配方案异议的区分 …………………… 152
（四）实践中常见的分配异议的审查原则 ……………………… 154

## 第六章 财产处置其他问题 ……………………………………… 158
### 一、登记在第三人名下财产的相关问题 …………………………… 158
（一）登记在第三人名下财产处置的一般原则 ………………… 158
（二）第三人书面承认时的处理原则 …………………………… 158
（三）借名买房的处理原则 ……………………………………… 159
（四）自第三人处购买尚未转移登记财产的处理原则 ………… 160
（五）继承尚未转移登记财产的处理原则 ……………………… 161
（六）配偶名下财产的处理原则 ………………………………… 163
（七）未成年子女名下财产的处理原则 ………………………… 164
### 二、共有财产的相关问题 …………………………………………… 165
（一）共有财产处置的一般原则 ………………………………… 165
（二）"处置后析产"与"析产后处置"的问题 ……………… 165
（三）"处置整体"与"处置份额"的问题 …………………… 167
### 三、涉及担保物权的相关问题 ……………………………………… 168
### 四、涉及用益物权的相关问题 ……………………………………… 169
### 五、涉及租赁权的相关问题 ………………………………………… 170
（一）一般处理原则 ……………………………………………… 170
（二）查封前后租赁的问题 ……………………………………… 174
（三）抵押前后租赁的处理原则 ………………………………… 177
（四）"以租抵债"的问题 ……………………………………… 179

## 第七章 财产处置暂缓、中止和终结 …………………………… 180
### 一、暂缓、中止财产处置程序 ……………………………………… 180
（一）暂缓、中止处置程序的基本规定 ………………………… 180

（二）暂缓、中止处置程序的常见问题 …………………………… 182
二、终结处置程序 …………………………………………………… 192
（一）终结处置程序的基本规定 …………………………………… 192
（二）终结处置程序的常见问题 …………………………………… 192

# 第一章
# 执行财产处置概述

强制执行程序是通过国家强制力保障，用以依法实现生效法律文书所确定权利的程序。其中，财产处置程序兼有公法与私法的双重特点，其中程序与实体法律关系交叉适用、各方利益深度交织，是执行程序中规定相对复杂、涉及问题较多、较易引发异议和争议的程序。

## 一、执行财产处置的基本问题

### （一）执行财产处置的概念

执行财产处置是人民法院在执行程序中，依照法定程序，将被执行人的责任财产通过拍卖、变卖、以物抵债、第三人购买、强制管理等执行措施依法变价，并将变价款用于履行生效法律文书所确定义务的执行行为。[1]《民事诉讼法》第253条规定："……人民法院有权根据不同情形扣押、冻结、划拨、变价被执行人的财产。……"第255条规定："被执行人未按执行通知履行法律文书确定的义务，人民法院有权查封、扣押、冻结、拍卖、变卖被执行人应当履行义务部分的财产。……"可见，人民法院在执行程序中，其处置财产的权力源于法律的规定。[2]

### （二）处置权的概念

处置权是人民法院在执行程序中处置执行财产的权力。现行法律和司法解释的规定是判断国家机关（并不限于人民法院）是否享有处置权的根据。

---

[1] 关于执行财产处置具有公法性质、私法性质或者公私兼备的问题，在实践中长期存在争议。笔者倾向于认为执行财产处置具有公法性质，但鉴于本书属于实务性书籍，此处不作过多探讨。

[2] 需要注意的是，人民法院有权将被执行人财产变价用以清偿生效法律文书确定的债务，不等同于人民法院有拍卖权。处置权源自于《民事诉讼法》的规定，可谓是伴随执行工作产生而存在；而直到《网拍规定》施行后，才正式确定人民法院有拍卖权，而非必须委托专业机构才能拍卖。

在执行程序中，对执行财产的处置权具有唯一性，即只能有一个国家机关有处置权；更准确的表述应该是只能有一个国家机关在某一案件中有处置权。对于人民法院而言，如果同一法院的多个执行案件需要对同一财产采取查封措施，则判断处置权时，不能以采取查封措施的法院为准，而应以需要采取查封措施的具体案件为准。在实践中，执行法院取得处置权的方式主要有四种：基于首先查封（亦称"首封"或"首查封"）取得处置权、基于优先受偿权商请移送处置权、在先轮候普通债权商请移送处置权、轮候查封的普通债权商请移送处置权。

1. 基于首先查封取得处置权

（1）非经查封无处置权的原则

《民诉法解释》第484条规定："对被执行的财产，人民法院非经查封、扣押、冻结[1]不得处分。……"换言之，取得处置权的前提是对财产采取首先查封措施，执行财产非经查封不得处分。[2]

（2）首先查封法院有处置权的原则

《优先债权处分财产批复》第1条规定："执行过程中，应当由首先查封、扣押、冻结（以下简称查封）法院负责处分查封财产。……"即原则上，首先查封法院享有处置权；轮候查封法院在未经首先查封法院移送处置权的情况下，无权处置执行财产。[3]这一规定也明确了处置权具有唯一性。处置权的唯一性，可以有效防止多家执行法院同时处分财产的问题出现，也可以防止处置权移送过程中发生混乱。

（3）处置权随诉讼程序延续的问题

在实践中，并非只有执行部门可以对财产采取查封措施，其他部门也可以对财产采取查封措施，比如有强制执行权的海关、税务、公安等行政机关。在民事诉讼或者刑事诉讼等诉讼程序中，其他司法机关也有权对财产采取查封措施。在诉讼程序中，对财产采取的查封等强制措施依法是连续、不间断的，在前阶段中司法机关采取的财产强制措施能够延续至诉讼程序的后

---

[1] "查封、扣押、冻结"均为财产控制措施，只是针对不同财产类型而言，以下为行文方便，均以查封替代。

[2] 参见河南省高级人民法院（2018）豫执复229号执行裁定书。

[3] 参见河南省高级人民法院（2018）豫执复229号执行裁定书。

阶段包括执行程序，即在同一案件中，对相同财产进行查封的顺位，与在前阶段司法机关查封的顺位相同，续行、解除、处置查封的效力也与在前阶段司法机关先行查封的法律效力相衔接，从而使得同一诉讼程序中，处置权可以随诉讼程序延续。[1]按照现行司法解释的规定，下列情形，在前阶段中司法机关采取的财产强制措施可以延续至执行程序：

一是民事审判阶段或者仲裁阶段采取的诉前财产保全和诉讼财产保全措施自动转为执行措施。《保全规定》第17条第1款规定："利害关系人申请诉前财产保全，在人民法院采取保全措施后30日内依法提起诉讼或者申请仲裁的，诉前财产保全措施自动转为诉讼或仲裁中的保全措施；进入执行程序后，保全措施自动转为执行中的查封、扣押、冻结措施。"

二是公安机关侦查阶段采取的查封措施转为执行措施。《刑事财产部分执行规定》第5条规定："刑事审判或者执行中，对于侦查机关已经采取的查封、扣押、冻结，人民法院应当在期限届满前及时续行查封、扣押、冻结。人民法院续行查封、扣押、冻结的顺位与侦查机关查封、扣押、冻结的顺位相同。对侦查机关查封、扣押、冻结的财产，人民法院执行中可以直接裁定处置，无需侦查机关出具解除手续，但裁定中应当指明侦查机关查封、扣押、冻结的事实。"该规定即刑事诉讼财产保全制度，是刑事诉讼强制措施的一种，目的在于解决被告人财产流失、财产刑执行难的问题，在侦查、起诉和审判阶段对犯罪嫌疑人和被告人的财产进行适当控制，防止其转移和隐匿财产，以便在最终的执行阶段能够确保有财产可供执行，提高执行效率。[2]

通过上述规定可以看出，刑事诉讼中的财产保全制度与民事诉讼或者仲裁中的财产保全制度对延续财产控制措施以及处置权流转的规定基本相同。另外，虽然《保全规定》第17条没有明确说明执行部门在后续续行查封、解除查封以及财产处置的过程中需要在裁定中指明财产保全阶段查封的事实，但在实践中协助执行单位往往要求执行部门在协助执行手续中说明该情

---

[1] 参见河南省高级人民法院（2020）豫执监13号执行裁定书。
[2] 参见最高人民法院执行局编著：《最高人民法院关于刑事裁判涉财产部分执行的若干规定理解与适用》，中国法制出版社2017年版，第52页。

况，以便确定财产保全程序与执行程序系同一案件的不同阶段，具有延续性，防止解除查封错误。

（4）上市公司股票处置权判断的特殊规则

一般情况下，对上市公司股票处置权的判断也遵循首先查封法院有处置权的原则。但是，冻结上市公司股票既可以向证券公司也可以向证券登记结算机构发出协助执行通知书，在二者同日收到冻结手续时如何判断处置权是上市公司股票面对的特殊问题。《查询冻结扣划证券和证券交易结算资金通知》规定，如不同执法机关不同日办理冻结，则在先冻结的执法机关有处置权；如不同的执法机关同一交易日分别在证券公司、证券登记结算机构对同一笔证券办理冻结扣划手续，则证券公司协助办理的为在先冻结、扣划。

（5）非上市公司股权处置权判断的特殊规则

《执行股权规定》第6条规定："人民法院冻结被执行人的股权，应当向公司登记机关送达裁定书和协助执行通知书，要求其在国家企业信用信息公示系统进行公示。股权冻结自在公示系统公示时发生法律效力。多个人民法院冻结同一股权的，以在公示系统先办理公示的为在先冻结。依照前款规定冻结被执行人股权的，应当及时向被执行人、申请执行人送达裁定书，并将股权冻结情况书面通知股权所在公司。"第9条规定："人民法院冻结被执行人基于股权享有的股息、红利等收益，应当向股权所在公司送达裁定书，并要求其在该收益到期时通知人民法院。人民法院对到期的股息、红利等收益，可以书面通知股权所在公司向申请执行人或者人民法院履行。股息、红利等收益被冻结后，股权所在公司擅自向被执行人支付或者变相支付的，不影响人民法院要求股权所在公司支付该收益。"可见，执行股权与执行基于股权享有的股息、红利等收益，有各自不同的执行路径。人民法院强制执行被执行人所持有的股权时，执行客体为该股权，可以采取拍卖、变卖或以其他方式转让的执行措施；强制执行被执行人的投资收益时，执行客体为被执行人从有关企业中应得的已到期股息或红利等收益，在执行措施上体现为"禁止被执行人提取和有关企业向被执行人支付，并要求有关企业直接向申请执行人支付"，两者无论是执行客体还是采取的执行措施都不相同。[1]所

---

[1] 参见广东省高级人民法院（2019）粤执复159号执行裁定书。

以，冻结股权并不当然及于收益。在实践中，应针对股权和收益分别采取不同执行措施，二者之间的处置权判断互不影响。

（6）处置权与处置条件的问题

需要注意的是，处置权和处置条件并非同一概念。处置权是人民法院处置财产的权力，基于执法机关对于财产的首先查封而产生；处置条件是对财产能否被处置的判断，即该财产是否符合采取确定财产处置参考价、拍卖、变卖等执行措施的条件。在实践中，有处置权并不必然代表可以推进财产处置程序，因为财产处置除受法律上关于处置权的约束，同时也可能受法律、政策、实物状况等关于流转、过户、交付等情况的限制，导致财产客观上无法处置。例如，执行机动车时，《终本规定》第4条规定，人民法院在登记机关查封的被执行人车辆、船舶等财产，未能实际扣押的，属于"发现的财产不能处置"的情形。可见，查封档案是判断机动车处置权的标志，扣押实物是机动车处置条件之一。如果未扣押机动车，即使有处置权，也无法处置机动车。在实践中，还有观点认为，关于特殊动产的扣押作为查控措施的一种手段，与查封机动车档案具有同等法律意义；甚至还有观点认为，特殊动产的扣押相较于查封机动车档案具有绝对优先取得处置权的效力。该问题需要从理论层面进一步研究和明确。此外，执行法院发现车辆经车辆管理部门认定为报废车辆时，应按报废车辆进行处置，执行该车辆的剩余残值。报废车辆可以由报废机动车回收拆解企业按规定进行登记、拆解、销毁等处理，如有残值执行法院可对残值采取执行措施。[1]此时，机动车无法拍卖后过户，不能进行司法拍卖，该种执行方式受到机动车本身条件限制，只能采取报废后执行剩余残值等其他执行方式。现阶段，有的地方法院尝试与车辆管理部门协调，要求车辆因司法扣押而未年检的，可以在重新年检后恢复正常状态。

关于机动车的执行，有一相关问题值得注意，即执行法院查封车辆档案后，是否能够同时要求协助执行单位不予办理机动车年检。《广东省高级人民法院执行局关于执行程序法律适用若干问题的参考意见（2018）》规定："人民法院在执行中查封、扣押机动车辆，是否应当限制该机动车辆年检？

---

[1] 参见山东省高级人民法院执三庭：《山东高院：执行疑难法律问题审查参考（五）——财产处置专题》，载微信公众号"山东高法"，最后访问时间：2023年6月30日。

处理意见：考虑车辆拍卖成交后的过户问题，应慎重采取限制被查、扣机动车年检的强制措施。主要理由：商务部、发改委、公安部、环境保护部联合颁布的《机动车强制报废标准规定》（2012年第12号令）规定：机动车在检验有效期届满后连续3个机动车检验周期内未取得机动车检验合格标志的，应当强制报废。执行法院在协助执行通知书中明确要求'不予定期检验'的，相关机动车辆因不能按期送检可能被强制报废，解封后也不能正常使用，拍卖成交后也不能正常过户。我院曾就相关问题向广东省公安厅发出《关于商请处理肇庆中院查封车辆过户问题的函》【（2018）粤执协5号】，2018年6月4日，广东省公安厅函复我院（《关于查封车辆过户问题的复函》粤公函字［2018］660号），一是建议我省各级人民法院规范拍卖机动车行为。拍卖前应向车籍地公安机关核实相关机动车状态，对逾期未检验需强制注销的车辆申请恢复正常状态后再委托拍卖。如无法恢复的，应当在委托拍卖时将机动车状态等相关情况向拍卖人及竞买人说明。二是建议我省各级人民法院慎重使用'不予定期检验'的强制措施。因此，各级人民法院在查封、扣押和处置机动车辆时，应充分考虑上述建议，避免拍卖成交后不能过户。"在实践中，慎重使用不予定期检验的强制措施是主流观点；笔者也倾向于认为，从公共安全、财产价值和执行效果角度来看，采取不予定期检验的强制措施弊大于利。

（7）合理确定财产执行顺序的限制问题

在实践中，处置权除受处置条件的限制，还会受到其他因素的限制，如执行法院在特定情形下应当合理确定财产执行顺序。例如，《善意文明执行意见》第3条第1款规定："合理选择执行财产。被执行人有多项财产可供执行的，人民法院应选择对被执行人生产生活影响较小且方便执行的财产执行。在不影响执行效率和效果的前提下，被执行人请求人民法院先执行某项财产的，应当准许；未准许的，应当有合理正当理由。"《办案规范》第708条第1款规定："在财产保全和执行程序中，如有其他更适宜的财产可以保全或执行，人民法院一般不对危险物品、重大危险源等标的物采取保全或执行措施。"[1]《最高人民法院关于优化法治环境、促进民营经济发展壮大的

---

［1］参见最高人民法院执行局编：《人民法院办理执行案件规范（第二版）》，人民法院出版社2022年版，第302页。

指导意见》第 25 条规定："强化善意文明执行。依法灵活采取查封措施，有效释放被查封财产使用价值和融资功能。在能够实现保全目的的情况下，人民法院应当选择对生产经营活动影响较小的方式。对不宜查封扣押冻结的经营性涉案财物，采取强制措施可能会延误企业生产经营，甚至造成企业停工的，应严格审查执行措施的合法性和必要性。被申请人提供担保请求解除保全措施，经审查认为担保充分有效的，应当裁定准许。"现阶段，合理确定财产执行顺序的问题受到越来越多关注，这也是执行程序中比例原则的体现。

2. 基于优先受偿权商请移送处置权

（1）处置权并非因优先受偿权产生的原则

需要注意的是，申请执行人对担保财产享有优先受偿权，相应执行案件并不一定对担保财产有处置权。处置权来源于对财产的首先查封，而优先受偿权的作用仅及于对变价款的分配程序，而非财产处置程序。在特定情形下，优先债权执行法院可以要求首先查封法院将查封财产移送执行；但若执行法院并未依据优先债权要求首先查封法院将财产移交执行，则其不能依法取得处置权。[1]

（2）基于优先受偿权商请移送处置权的问题

《优先债权处分财产批复》第 1 条规定："执行过程中，应当由首先查封、扣押、冻结（以下简称查封）法院负责处分查封财产。但已进入其他法院执行程序的债权对查封财产有顺位在先的担保物权、优先权（该债权以下简称优先债权），自首先查封之日起已超过 60 日，且首先查封法院就该查封财产尚未发布拍卖公告或者进入变卖程序的，优先债权执行法院可以要求将该查封财产移送执行。"即优先债权执行法院有权在一定条件下，商请首先查封法院移送处置权。

在实践中，此处的优先债权是否必须是第一顺位的优先债权，存在争议。根据实践情况，非第一顺位的优先债权是否可以要求移送，均有实务案例。但同时需要说明的是，首先查封法院移送处置权时，必须遵循处置权的唯一性原则，只能移送给其中一家执行法院；一旦处置权移送后，首先查封法院就不再有处置权，亦不得再向其他法院移送。

---

[1] 参见最高人民法院（2021）最高法执监 427 号执行裁定书。

另外，关于首先查封法院的案件是否必须进入执行程序的问题，也存在争议。笔者认为，《优先债权处分财产批复》中并未明确首先查封法院的案件必须进入执行程序，如果首先查封法院的案件正在审理（诉前保全或者诉讼保全已保全财产），优先债权执行法院依然有权商请移送处置权。只是此时，优先债权执行法院需要向查封法院的审判部门商请移送处置权，而非向财产保全执行实施部门商请移送处置权。此处另需要注意的是，根据笔者的实务经验，执行部门实施财产保全执行（非终局执行）与基于判决等执行依据的执行（终局执行）的一个区别在于，前者的执行部门在执行过程中没有多少自主权，主要按照作出保全裁定的部门的意见处理事务；而后者的执行部门则具有相当大的自由裁量权，至少除执行依据外，执行部门无须按照民事审判部门的意见处理事务。这就决定了如果首先查封法院的案件正在审理，则优先债权执行法院需要向首先查封法院的审判部门商请移送处置权。

此外，笔者认为，《优先债权处分财产批复》规定轮候查封法院可以商请移送，但此处的"可以"应理解为轮候查封法院对首先查封法院有商请移送的权力，这一权力同时也是一项职责，而非在办理案件过程中是否商请移送均可。例如，《北京市高级人民法院关于进一步提升财产查控处置质效的意见》第7条第2款规定，轮候查封的财产符合《优先债权处分财产批复》规定的，执行部门应当及时向首先查封法院发送商请移送函。此处规定应理解为执行法院在办理执行案件过程中，对于符合商请移送条件的，应当商请移送。

如果商请移送处置权过程中发生争议，《优先债权处分财产批复》第4条规定："首先查封法院与优先债权执行法院就移送查封财产发生争议的，可以逐级报请双方共同的上级法院指定该财产的执行法院。共同的上级法院根据首先查封债权所处的诉讼阶段、查封财产的种类及所在地、各债权数额与查封财产价值之间的关系等案件具体情况，认为由首先查封法院执行更为妥当的，也可以决定由首先查封法院继续执行，但应当督促其在指定期限内处分查封财产。"《广东省高级人民法院关于执行案件法律适用疑难问题的解答意见》也有相关内容，即"首封法院与优先受偿权执行法院处分查封财产存在争议，如何处理？处理意见：据我们了解，最高法院对这个问题在制定相关的司法解释，省法院也正在做相关问题的解答，基本的思路确定了，即首封法院对查封财产行使处分权是有条件和要求的，在特定情形下要限制首封法院的处分权。各中院、基层法院有此类争议的，可及时启动执行协调程序，尽快消除障碍，推进案件执行，按以下原则协调解决：第一、原则上由首封法院对该财产进行处分，首封法院应及时依法处置查封财产。第二、首封法院尚未进入执行程序，或首封法院案件依法暂缓执行或进入执行程序之日起2个月内没有启动处置程序的，应由优先受偿权执行法院处分查封财产，财产处分后各法院依法推进个案后续执行工作。第三、经相关法院协商可依法委托一家法院统一执行。首封法院和优先受偿权法院按照以上原则对处分查封财产争议进行协调，不能达成一致意见的应逐级报请共同的上级法院协调处理。上级法院应当及时作出明确解决问题的协调意见。"

3. 在先轮候普通债权商请移送处置权

《保全规定》第21条第1款规定："保全法院在首先采取查封、扣押、冻结措施后超过1年未对被保全财产进行处分的，除被保全财产系争议标的外，在先轮候查封、扣押、冻结的执行法院可以商请保全法院将被保全财产移送执行。但司法解释另有特别规定的，适用其规定。"可见，在先轮候的普通债权的执行法院在特定情形下也可以商请移送处置权。

需要说明的是，被保全财产系争议标的时，在先轮候的普通债权执行法院无权商请移送。另外，对于同时符合《优先债权处分财产批复》和《保全规定》的规定时应当如何适用的问题，笔者认为，二者虽然从规定来看存在交叉，但是在适用时并不存在冲突，申请执行人可以选择有利于自身利益的规定，请求执行法院向首先查封法院移送处置权。

4. 轮候查封的普通债权商请移送处置权

如果轮候查封债权，既非优先债权，也非首先查封债权，而是保全查封时的在先轮候查封普通债权，那么是否可以商请首先查封法院移送处置权，存在争议。在实践中，较少有此类执行法院商请移送执行的情况，此时交由首先查封法院处置财产是原则。但商请移送执行的情况也确有存在，其原因有很多，主要原因是查封财产交由当地法院处置可能在勘验、交付等环节较为便利。根据实务情况，如果首先查封法院将处置权移送给轮候查封的普通债权执行法院，则财产登记部门在协助办理产权转移登记时，一般不做限制。这种做法在《人民法院执行办案指引》中也有规定，当有多个轮候查封法院商请移送执行时，首先查封法院可以根据标的物是否具有优先权、标的物所在地、执行标的大小或案件数量、轮候查封法院的商请时间顺序、轮候查封的顺位等因素确定移送执行的法院。[1]在执行过程中，对查封的被执行人的财产，申请执行人不积极申请处置，执行法院应如何处理。对于这个问题山东省高级人民法院认为，如果财产同时被其他法院轮候查封，执行法院可主动协调将财产的处置权移送轮候查封法院，由轮候查封法院处置后为申请执行人预留相应的份额。[2]笔者也倾向于可以移送，因为允许轮候查封的普通债权执行法院向首先查封法院商请移送处置权，是解决首先查封法院债权人与债务人恶意串通不处置财产或者以执行和解为由不处置财产从而损害其他债权人合法权益问题的重要手段。但是，从另外一个角度来看，普通债权执行法院商请移送与优先债权法院商请移送这两个程序还是存在一定区别，前者更类似于协调程序，后者则是法定应当移送程序。

## 二、执行财产处置方式

执行法院查封财产后，认为应当处置的，依法应启动财产处置程序。需要注意两点：一是执行法院查封财产后，并非必须由执行法院采取司法处置措施，在特定情形下，允许被执行人自行处置或者双方当事人合意处置；二是针对不同类型财产，财产处置措施也不同，如针对货币类财产可以采取划拨措施，针对实物类财产则可以采取拍卖、变卖、以物抵债、第三人购买、强制管理等措施。[3]

### （一）意定处置的方式

现阶段，意定处置方式主要包括合意抵债程序、自行变价程序和以查封财产融资程序等。

---

〔1〕参见最高人民法院执行局编：《人民法院执行办案指引》，人民法院出版社2018年版，第67页。

〔2〕参见山东省高级人民法院执三庭：《山东高院：执行疑难法律问题审查参考（五）——财产处置专题》，载微信公众号"山东高法"，最后访问时间：2023年6月30日。

〔3〕需要说明的是，处置货币类财产的程序相对简单，其实务难点在于豁免执行等问题；而处置实物类财产的程序相对复杂，其实务难点在于处置流程。因此，本书主要集中在处置实物类财产的相关问题，包括权益类资产。

1. 合意抵债程序的问题

以物抵债是清偿义务的一种常见方式，是将被执行人的财产直接交付申请执行人抵偿相应债务的行为。以物抵债主要分为两种，一种为民事以物抵债，即财产未经查封，在诉讼程序以外或者在民事诉讼程序中直接实现以物抵债；另一种为执行程序中的以物抵债，即财产已经查封，在执行程序中以物抵债。执行程序中的以物抵债并不必然通过强制执行程序解决，又可进一步分为合意抵债和狭义的以物抵债。一是合意抵债。《民诉法解释》第489条规定："经申请执行人和被执行人同意，且不损害其他债权人合法权益和社会公共利益的，人民法院可以不经拍卖、变卖，直接将被执行人的财产作价交申请执行人抵偿债务。对剩余债务，被执行人应当继续清偿。"《民诉法若干问题意见》第301条规定："经申请执行人和被执行人同意，可以不经拍卖、变卖，直接将被执行人的财产作价交申请执行人抵偿债务……"二是狭义的以物抵债，指人民法院在拍卖或者变卖流拍后将被执行人的财产作价交申请执行人抵偿债务，或者未经拍卖、变卖直接将被执行人的财产作价交申请执行人抵偿债务。需要说明的是，无论是合意抵债还是狭义的以物抵债，均是在执行法院查封财产情况下进行的。如果执行法院尚未查封财产，被执行人即以其财产向个别债权人清偿，则是更广义的以物抵债。但是，在存在生效法律文书的前提下，若被执行人向未取得生效法律文书的债权人以物抵债（前提是该债权真实合法有效），这种民事以物抵债是否有效以及是否构成拒执罪，在实践中存在争议，亟待进一步解决。

合意抵债和狭义的以物抵债存在不同：一是合意抵债需要双方当事人合意，具体抵债财产和抵偿金额均需合意，人民法院不作干预；而狭义的以物抵债则只需要征得申请执行人同意，抵债财产是作价或者拍卖、变卖流拍的财产，抵偿金额是作价或相应阶段拍卖或者变卖流拍价。二是《执行和解规定》第6条规定："当事人达成以物抵债执行和解协议的，人民法院不得依据该协议作出以物抵债裁定。"此处以物抵债即指合意抵债。此时，执行法院应当依据申请执行人的申请或者执行和解协议，解除财产的查封措施，再由双方当事人自行办理过户等事宜，不得作出以物抵债裁定，也不得向登记机关送达协助办理产权转移登记的手续。如《广东省高级人民法院关于执行法律适用疑难问题的解答意见》中提到："申请执行人与被执行人达成以房地产抵债的执行和解协议，是否仍应通过司法拍卖程序处置涉案土地？处理意见：双方的和解协议只要不损害第三方利益并符合法律规定，执行法院应尊重当事人意思自治的权利。但是法院不宜以裁定方式将涉案土地使用权及其地上房屋交由申请执行人抵偿债务，可由双方当事人按照协议规定的内容自行办理过户手续等。"狭义的以物抵债则是强制执行措施，申请执行人同意以物抵债的，执行法院应作出以物抵债的裁定，同时向登记机关送达协助办理产权转移登记的手续。

另外，无论合意抵债还是以物抵债，均需考虑其他债权人的合法权益和社会公共利益。社会公共利益的保护较好把握，可以结合具体案情考量；但其他债权人合法权益的保护则较难把握。尤其是存在参与分配或者轮候查封时，即使双方当事人合意抵债得到首封法院准许，也未必能实现以物抵债的目的。此时，首封法院无法为申请执行人出具以物抵债裁定，只能解封财产由双方当事人自行处理；而一旦解封，在先轮候查封的执行法院即变为首封法院，双方当事人无法办理后续过户手续。但申请执行人申请流拍后以物抵债，首封法院可以出具以物抵债裁定，将财产强制过户至申请执行人名下，轮候查封将自动失效。但是，这并不意味其他债权人无法获得清偿。申请执行人应当将其他债权人通过参与分配应得的变价款，交付法院后发放给其他债权人。[1]关于狭义以物抵债程序中财产处置和案款分配的规则，后文详述。

2. 自行变价程序的问题

（1）被执行人自行变价的方式

在执行实践中，部分被执行人认为法院处置财产的评估价、成交价、抵债价偏低，对法院执行行为提出质疑，当符合一定条件时，执行人可以申请由其自行处置财产。[2]自行变价是一种财产处置方式。财产被人民法院查封后，原则上应当由人民法院负责变价，但出于善意文明执行的理念，在特定

---

[1] 参见河南省高级人民法院（2018）豫执复158号执行裁定书。

[2] 参见最高人民法院：《最高人民法院执行局负责人就〈关于进一步规范网络司法拍卖工作的指导意见〉答记者问》，载微信公众号"最高人民法院"，最后访问时间：2024年11月20日。

情况下,允许被执行人对已被查封财产自行变价,并将变价款用于清偿债务。《执前化解工作指引》第25条规定:"被执行人愿意自动履行但需要处置财产的,人民法院可以在确保能够控制相应价款的前提下,允许并监督其在一定合理期限内且不损害其他债权人合法权益和查封状态的情况下,按照合理价格自行处置财产,提高财产处置效率,降低当事人履行成本。"《执行权意见》第17条规定:"探索建立被执行人自行处置机制。对不动产等标的额较大或者情况复杂的财产,被执行人认为委托评估确定的参考价过低、申请自行处置的,在可控制其拍卖款的情况下,人民法院可以允许其通过网络平台自行公开拍卖;有确定的交易对象的,在征得申请执行人同意或者能够满足执行债权额度的情况下,人民法院可以允许其直接交易。自行处置期限由人民法院根据财产实际情况、市场行情等因素确定,但最长不得超过90日。"《善意文明执行意见》第9条第1款第1项规定:"被执行人申请自行变卖查封财产清偿债务的,在确保能够控制相应价款的前提下,可以监督其在一定期限内按照合理价格变卖。变卖期限由人民法院根据财产实际情况、市场行情等因素确定,但最长不得超过60日。"《善意文明执行意见》第9条第1款第3项规定:"被执行人认为网络询价或评估价过低,申请以不低于网络询价或评估价自行变卖查封财产清偿债务的,人民法院经审查认为不存在被执行人与他人恶意串通低价处置财产情形的,可以监督其在一定期限内进行变卖。"《执行股权规定》第10条规定:"被执行人申请自行变价被冻结股权,经申请执行人及其他已知执行债权人同意或者变价款足以清偿执行债务的,人民法院可以准许,但是应当在能够控制变价款的情况下监督其在指定期限内完成,最长不超过3个月。"《善意文明执行意见》第7条第1款第2项规定:"……在执行过程中,被执行人申请通过二级市场交易方式自行变卖股票清偿债务的,人民法院可以按照前述规定办理,但应当要求其在10个交易日内变卖完毕。……"《网拍指导意见》第7条规定:"完善被执行人自行处置机制。第二次网络司法拍卖流拍,债权人申请以物抵债或者第三人申请以流拍价购买的,执行法院应当通知被执行人。被执行人主张以高于流拍价的价格对拍卖财产自行处置的,执行法院经审查后可以允许,暂不启动以物抵债、第三人购买程序。自行处置期限由执行法院根据财产状况、市场行情等情况确定，一般不得超过 60 日。自行处置不动产成交的，买受人向执行法院交付全部价款后，执行法院可以出具成交过户裁定。买方支付部分价款，剩余价款申请通过贷款等方式融资，并向执行法院提交相关融资等手续的，执行法院经协调不动产登记机构同意后，可以出具成交过户裁定，由买卖双方办理'带封过户'手续。被执行人自行处置失败的，执行法院应当启动以物抵债、第三人购买等程序。"上述规定涉及了多种被执行人自行变价财产的方式，各类方式的前提条件和具体程序不完全一致，规定得较为细致，此处不再详述。值得注意的是，《网拍指导意见》第 7 条规定的执行法院可以出具成交过户裁定以及"带封过户"的问题，在一定程度上是对现行法律规定的突破。前者在于解决财产存在多轮查封时难以处置和过户的难题，消除买受人的后顾之忧，提高自行处置制度的适用性；后者在于支持买受人通过融资支付案款，买方先支付部分价款，剩余价款申请通过贷款等方式融资。通过上述制度设计，在财产处置程序中充分贯彻落实善意文明执行理念，将执行法院监管与被执行人自行处置财产相结合，充分调动当事人配合财产处置的积极性，最大限度实现处置财产价值，平衡保障双方当事人权益。[1]

除执行程序外，在保全程序中被保全人也可以请求自行变价。《保全规定》第 20 条规定："财产保全期间，被保全人请求对被保全财产自行处分，人民法院经审查，认为不损害申请保全人和其他执行债权人合法权益的，可以准许，但应当监督被保全人按照合理价格在指定期限内处分，并控制相应价款。被保全人请求对作为争议标的的被保全财产自行处分的，须经申请保全人同意。人民法院准许被保全人自行处分被保全财产的，应当通知申请保全人；申请保全人不同意的，可以依照民事诉讼法第 225 条[2]规定提出异议。"此处需注意：一是被保全人请求对不是争议标的的财产进行处分的，无须经申请保全人同意，但需经法院审查同意。[3]二是被保全人请求自行处分争议标的的财产的，原则上不允许被保全人进行处分，否则即使法院判决申

---

[1] 参见最高人民法院：《最高人民法院执行局负责人就〈关于进一步规范网络司法拍卖工作的指导意见〉答记者问》，载微信公众号"最高人民法院"，最后访问时间：2024 年 11 月 20 日。

[2] 现为《民事诉讼法》（2023 修正）第 236 条。

[3] 参见湖北省高级人民法院（2021）鄂执复 226 号执行裁定书。

请保全人胜诉，也会出现履行不能的后果。[1]三是从程序设置看，申请保全人对被保全人的处分行为提出反对意见，只能转化为对人民法院准许自行处分行为的执行行为异议。保全程序作为准执行程序，对申请保全人提出的异议，参照执行异议程序的相关规定处理。[2]在实践中，监督自行变价的主体一般是民事审判部门，故此处异议和复议的审查主体是民事审判部门和上一级人民法院的民事审判部门，此情形在当事人异议程序中较为特殊。

被执行人自行变价，本质上是被执行人与买受人在执行法院准许变价查封财产的情况下订立的民事合同，而非人民法院强制执行行为，人民法院不得作出转移产权的裁定，也不得向登记机关送达协助办理产权转移登记的手续。在实践中，执行法院在收到变价款后，将解除对财产的查封，由被执行人和买受人按照民事交易的方式办理产权转移登记。[3]需要注意的是，在执行程序中还应关注保护其他债权人利益。关于执行程序的现行法律和司法解释中的绝大部分规定，都是针对申请执行人和被执行人之间问题的处理，并不涉及其他债权人如何处理的问题。但是，当被执行人并非仅涉及执行案件的一项债权时，即其他债权人轮候查封财产以及申请参与分配，此时处理首封债权执行案件不能仅考虑该案当事人，在处理该案时也不得侵害其他债权人利益。这个问题在以物抵债、自行变价、执行和解等诸多程序中都值得注意。

另外，准许被执行人自行变价，是基于对被执行人利益的保护。但同时应防止被执行人借自行变价之名，行恶意拖延法院执行之实。基于此，前述规定中多对被执行人自行变价程序设定了时限。在实践中，被执行人自行变价的期限也可以由执行法院在法律和司法解释规定的时限内，根据财产实际情况、市场行情等因素确定。[4]

在实践中，还出现了淘宝网等网络司法拍卖平台为当事人提供自行处置

---

[1] 参见曹凤国：《最高人民法院关于人民法院办理财产保全案件若干问题的规定理解与适用》，法律出版社2020年版，第228页。
[2] 参见曹凤国：《最高人民法院关于人民法院办理财产保全案件若干问题的规定理解与适用》，法律出版社2020年版，第229页。
[3] 参见江必新主编：《强制执行法理论与实务》，中国法制出版社2014年版，第580页。
[4] 参见广东省高级人民法院（2022）粤执复648号执行裁定书。

财产的服务。当事人可以将处置财产信息在网络司法拍卖平台公开，执行法院作为监督机关监督处置活动，交易的款项则由买受人通过该平台支付至法院或者存放于平台账户，有效实现了自主变价款的控制。[1]

（2）质权人自行变价的方式

《冻结上市公司质押股票意见》第6条规定："质押股票在系统中被标记后，质权人持有证明其质押债权存在、实现质押债权条件成就等材料，向人民法院申请以证券交易所集中竞价、大宗交易方式在质押债权范围内变价股票的，应当准许，但是法律、司法解释等另有规定的除外。人民法院将债务人在证券公司开立的资金账户在质押债权、案件债权额及执行费用总额范围内进行冻结后，应当及时书面通知证券登记结算机构或者证券公司在系统中将相应质押股票调整为可售状态。质权人申请通过协议转让方式变价股票的，人民法院经审查认为不损害案件当事人利益、国家利益、社会公共利益且在能够控制相应价款的前提下，可以准许。质权人依照前2款规定自行变价股票的，应当遵守证券交易、登记结算相关业务规则。"

3. 以查封财产融资程序的问题

《善意文明执行意见》第6条规定："充分发挥查封财产融资功能。人民法院查封财产后，被保全人或被执行人申请用查封财产融资的，按照下列情形分别处理：……执行过程中，被执行人申请用查封财产融资清偿债务，经执行债权人同意或者融资款足以清偿所有执行债务的，可以准许。被保全人或被执行人利用查封财产融资，出借人要求先办理财产抵押或质押登记再放款的，人民法院应积极协调有关部门做好财产解封、抵押或质押登记等事宜，并严格控制融资款。"《善意文明执行意见》第9条第1款第5项规定："网络司法拍卖第二次流拍后，被执行人提出以流拍价融资的，人民法院应结合拍卖财产基本情况、流拍价与市场价差异程度以及融资期限等因素，酌情予以考虑。准许融资的，暂不启动以物抵债或强制变卖程序。"

（二）司法处置的方式

人民法院对于查封财产可以采取处置措施，如将货币类资产划拨，将实

---

[1] 参见曲劲松、林文龙：《多元解纷+淘宝自行变卖：上海这家法院探索处置资产新模式》，载微信公众号"上海高院"，最后访问时间：2023年3月31日。

物资产或者权益资产拍卖、变卖、第三人购买、以物抵债、强制管理,还可以针对其他类型的财产采取其他执行措施。

1. 实物或权益类财产:拍卖、变卖、第三人购买、以物抵债、强制管理

实物资产或者权益资产的变价措施,包括拍卖、变卖、第三人购买、以物抵债、强制管理等。此处着重介绍直接变卖与流拍后变卖、直接以物抵债与流拍后以物抵债,其他财产处置措施后文详述。

(1)直接变卖与流拍后变卖的区别

对于查封财产,人民法院在一定条件下可以准许被执行人自行变卖,也可以采取执行措施强制变卖;其中强制变卖又分为两类:一是直接变卖,二是流拍后变卖。一般情况下,人民法院对查封、冻结的财产进行变价处理时,应当优先采取司法拍卖的方式,使潜在竞买人及时、准确获得信息,通过充分竞价使财产变价价格充分反映其市场价值;且变价所得价款越高,越有利于实现债权,同时也有利于兼顾债务人的合法权益。如果要放弃拍卖而选择直接变卖,对双方当事人和有关权利人利益都会造成较大影响,应当经过其同意;当事人双方及有关权利人没有明确向执行法院提出同意变卖的意见时,执行法院不得直接予以变卖。[1]换言之,强制变卖的情形主要是流拍后变卖,而直接变卖只有在特定情形下才能适用。适用直接变卖的具体情形如下:一是当事人双方及有关权利人同意。《拍卖规定》第31条第1款规定:"对查封、扣押、冻结的财产,当事人双方及有关权利人同意变卖的,可以变卖。"需要注意的是,上述规定中的变卖,是指当事人协商后直接变卖,即尚未进入司法拍卖程序的财产变卖。如果执行标的物已进入过拍卖程序且经历两次流拍,此时启动变卖程序无需征得被执行人的同意。[2]二是变卖款足以清偿所有执行债务。《善意文明执行意见》第9条第1款第2项规定:"被执行人申请对查封财产不经拍卖直接变卖的,经执行债权人同意或者变卖款足以清偿所有执行债务的,人民法院可以不经拍卖直接变卖。"三是不适于拍卖或者当事人双方同意不进行拍卖。《民事诉讼法》第258条规定:"……不适于拍卖或者当事人双方同意不进行拍卖的,人民法院可以委

---

[1] 参见最高人民法院(2020)最高法执监18号执行裁定书。
[2] 参见河北省高级人民法院(2020)冀执复550号执行裁定书。

托有关单位变卖或者自行变卖。国家禁止自由买卖的物品,交有关单位按照国家规定的价格收购。"四是有公开交易价格或者不宜长期保管。《拍卖规定》第 31 条第 2 款规定:"金银及其制品、当地市场有公开交易价格的动产、易腐烂变质的物品、季节性商品、保管困难或者保管费用过高的物品,人民法院可以决定变卖。"

(2) 直接以物抵债与流拍后以物抵债的区别

对于查封财产,人民法院可以准许当事人合意抵债,也可以采取执行措施强制抵债;其中强制抵债又分为两类:一是直接以物抵债,二是流拍后以物抵债。需要说明的是,《民诉法解释》第 490 条规定:"被执行人的财产无法拍卖或者变卖的,经申请执行人同意,且不损害其他债权人合法权益和社会公共利益的,人民法院可以将该项财产作价后交付申请执行人抵偿债务,或者交付申请执行人管理;申请执行人拒绝接收或者管理的,退回被执行人。"即直接以物抵债也是强制执行措施之一,是狭义的以物抵债的一种形式。此时人民法院应作出以物抵债裁定,并为申请执行人办理产权转移登记。另外,因直接以物抵债不需要经过被执行人同意且其作价未经市场检验,实践中应当慎重使用。但是,直接以物抵债目前多适用于无法拍卖或者变卖的财产,而对可以作价但无法拍卖或者变卖的财产采取直接以物抵债措施的,在实践中并不多见,因此直接以物抵债的适用范围比较小。关于流拍后以物抵债的问题,后文详述。

2. 货币类财产:划拨、提取

货币类资产的处置,一般可以采取划拨、提取等方式。其中,划拨主要处置银行存款、网络资金等货币类资产。需要说明的是,划拨和扣划不同源但基本同义,划拨来源于《民事诉讼法》第 253 条,而扣划来源于最高人民法院和中国人民银行联合发布的通知,二者语义并无本质差别。另外,《民事诉讼法》第 254 条规定:"被执行人未按执行通知履行法律文书确定的义务,人民法院有权扣留、提取被执行人应当履行义务部分的收入。……"上述规定中,"扣留、提取"在向用人单位送达协助执行通知书时使用;而如果收入已发放至被执行人银行账户,人民法院向银行送达协助执行通知书时使用"冻结"和"划拨"即可。

### 3. 上市公司股票的特殊处置方式

山东省高级人民法院提出："执行法院处置被执行人所持上市公司流通股（股票）时，根据具体情形可以采取以下方式：一是被执行人自行卖出，即限期由被执行人通过二级市场交易方式自行变卖，执行法院通过冻结被执行人资金账户控制相应价款；二是集中竞价强制卖出，即指令证券公司限期抛售，并将变价款划付到法院账户；三是大宗交易方式强制卖出，即股票数量较大或价值较大，抛售可能导致股价大幅度波动的，可以指令证券公司在合理期限内以大宗交易的方式卖出；四是以股抵债，即经双方当事人同意，在不损害其他债权人利益和公共利益的情况下，执行法院按照不低于过户前一日收盘价的价格，将冻结的无限售流通股以非交易过户的方式直接划转到申请执行人名下；五是对申请执行人的股票账户先行冻结后，将被执行人名下股票划至该账户，指令证券公司在执行法院监督下限期抛售，并由法院控制相应价款。如股票数量大、价值高、上市公司股权关系复杂，通过二级市场处置风险大，或者受其他因素影响无法通过二级市场处置的，通过网络司法拍卖平台进行拍卖。"[1]上述规定，基本上涵盖了现阶段实务中上市公司股票的处置方式。

### 4. 商业保险的特殊处置方式

近年来，最高人民法院将被执行人名下的商业保险纳入网络执行查控系统之后，商业保险执行的相关问题显得更为突出。关于商业保险能否执行，哪些险种不得执行，哪些险种不宜执行，哪些险种可以执行，具体采用何种执行方式，投保人、被保险人和受益人不一致时保险价值的归属等问题，争议颇多，亟待解决。其中，商业保险的执行方式主要有两种：一是执行保险理赔款，即当保险符合理赔条件时，向保险公司送达协助执行通知书，扣留、提取被执行人应得的保险理赔款。如果保险尚未符合理赔条件，执行法院也可以先扣留，等符合条件后再行提取。二是强制退保并提取保单现金价值，即执行法院向保险公司送达协助执行通知书，要求其协助将保险合同强制解除，并提取按照保险合同约定可以退还的保险现金价值。前者在实践中

---

[1] 参见山东省高级人民法院执三庭：《山东高院：执行疑难法律问题审查参考（五）——财产处置专题》，载微信公众号"山东高法"，最后访问时间：2023年6月30日。

争议较少，而后者在实践中争议较多，主要原因是该执行措施是否违反比例原则。在实践中，执行法院在强制退保并提取保单现金价值时，所提取的保单现金价值往往不高，甚至低于被执行人过往交纳的保费，也低于符合理赔条件时可以获得的理赔款。笔者认为，在此情况下，执行行为是否违反比例原则有待商榷。执行法院应在充分调查和考量的基础上作出决定，而非一概予以执行，或者一概不予执行。

# 第二章

# 确定财产处置参考价程序

《处置参考价规定》第 1 条规定："人民法院查封、扣押、冻结财产后，对需要拍卖、变卖的财产，应当在 30 日内启动确定财产处置参考价程序。"《北京市高级人民法院关于进一步提升财产查控处置质效的意见》第 7 条第 1 款规定："执行部门对需要拍卖、变卖的财产应当在 30 日内启动确定财产处置参考价程序。"财产处置参考价是财产处置各阶段的定价基础。对于处置财产先行定价，不仅便于法院了解财产价值，也便于竞买人在后续变价程序中作出决策，有利于保障被执行人的合法权益。[1]

## 一、确定财产处置参考价方式

《处置参考价规定》第 2 条规定："人民法院确定财产处置参考价，可以采取当事人议价、定向询价、网络询价、委托评估等方式。"以往人民法院对执行财产采取处置措施，通常都需要委托评估机构对财产进行价格评估。财产处置参考价模式改革后，建立了多层次、多样化的定价模式，实现了从"单一制"到"多元化"定价方式的转变。[2]

需要说明的是，财产处置参考价是查封财产的市场价值，或者通过一定方式确定的类似市场价值性质的价格，并不是所谓的扣除交易过程中产生的税、费等之后的"净值"。[3]另外，在没有特别说明的情况下，财产处置参考价也无需考虑查封财产上的权利负担对其价值的影响。

---

[1] 参见田平安主编：《民事诉讼法·执行程序篇》，厦门大学出版社 2007 年版，第 100 页。
[2] 参见赵奇：《执行财产处置参考价的规则审视与完善》载《人民法院报》2023 年 1 月 12 日，第 08 版。
[3] 参见广东省高级人民法院（2019）粤执复 94 号执行裁定书。

### (一) 当事人议价

当事人议价，即当事人通过协商确定某项财产处置参考价。当事人议价是一种非常有效的定价方式，除可以省去复杂的询价、评估程序外，也因当事人意思自治而避免更多争议。《处置参考价规定》第 4 条第 1 款规定："采取当事人议价方式确定参考价的，除一方当事人拒绝议价或者下落不明外，人民法院应当以适当的方式通知或者组织当事人进行协商，当事人应当在指定期限内提交议价结果。"《善意文明执行意见》第 8 条第 1 款规定："……要在不损害第三人合法权益的情况下，积极促成双方当事人就参考价达成一致意见，以进一步提高确定参考价效率，避免后续产生争议。……"需要说明的是，此处的当事人是否仅为执行案件的双方当事人。如果在还有其他债权人的情况下，是否应当准许其参加议价程序并有决定权，这些问题当前仍存在争议。笔者认为，为保护全体债权人利益，同时提高执行效率，应当将议价主体限定为申请执行人与被执行财产的所有人，并要求上述主体向法院提供议价的依据或参考材料，再由执行法院在组织议价时予以审查；如果其他债权人存在异议，则通过异议程序解决，更为妥当。

《处置参考价规定》第 4 条第 2 款规定："双方当事人提交的议价结果一致，且不损害他人合法权益的，议价结果为参考价。"上述规定确定了当事人的议价结果可以作为参考价。需要注意的是，当事人议价确定财产处置参考价并明确要求将议价结果作为起拍价的，执行法院应予准许。根据案件实际情况并在尊重当事人意愿的前提下，执行法院也可以按照《网拍规定》第 10 条、第 26 条规定降价后确定起拍价。[1]

### (二) 定向询价

定向询价，即执行法院向有关机关或部门定向函询某项财产处置参考价。《处置参考价规定》第 5 条第 1 款规定："当事人议价不能或者不成，且财产有计税基准价、政府定价或者政府指导价的，人民法院应当向确定参考价时财产所在地的有关机构进行定向询价。"《善意文明执行意见》第 8 条第 1 款规定："……财产有计税基准价、政府定价或政府指导价，当事人议价

---

[1] 参见山东省高级人民法院执三庭：《山东高院：执行疑难法律问题审查参考（五）——财产处置专题》，载微信公众号"山东高法"，最后访问时间：2023 年 6 月 30 日。

不能、不成或者双方当事人一致要求定向询价的，人民法院应当积极协调有关机构办理询价事宜。……"

定向询价适用前提之一是财产有计税基准价、政府定价或者政府指导价，所以实践中适用的财产范围较小。目前，定向询价主要适用于房屋，在其他财产中较少适用。《江西省高级人民法院执行局民事执行实务疑难问题解答（3）》中提到："为提高执行质效，节约司法资源，减轻当事人费用负担，在全省范围内的有证房产、土地使用权、车辆以及钢材等试行原则上不作传统评估，经询价后原则上以此为起拍价进行网络司法拍卖，但是必须严格遵守法定程序。①在案件执行过程中，对于拟拍卖的江西省范围内已核发'红本'产权证的商品房，执行法院可以自行通过不动产所在地房地产评估发展中心'房地产评估价格查询系统'及地税部门对拟拍卖标的房产进行市价查询。②对于拟拍卖的江西省范围内已核发土地使用权证的土地使用权，执行法院可以自行通过不动产所在地价格主管部门、国土资源管理部门以及地税部门对标的基准地价和标定地价进行市场询价。③对于拟拍卖的已核发行驶证的车辆，执行法院可自行通过车辆登记地二手车市场公布的价格系统以及当地地税部门对标的车辆进行市价查询。④对于具有固定型号的钢材，执行法院可自行通过钢材所在钢材交易市场公布的价格系统以及当地地税部门对标的钢材进行市价查询。……"[1]笔者认为，虽然广东省高级人民法院此处意见较为明确，但实践中对于实物状况特别复杂的，仍应尽量避免适用定向询价程序，以免发生争议。

另外，《处置参考价规定》第6条第2款规定："接受定向询价的机构在指定期限内出具的询价结果为参考价。"上述规定确定了定向询价结果可以作为参考价。

（三）网络询价

网络询价，即执行法院向网络询价平台函询某项财产的处置参考价。《处置参考价规定》第7条第1款规定："定向询价不能或者不成，财产无需由专业人员现场勘验或者鉴定，且具备网络询价条件的，人民法院应当通过

[1] 参见江西省高级人民法院：《【实务答疑】江西高院执行局民事执行实务疑难问题解答（3）》，载微信公众号"江西执行"，最后访问时间：2017年12月5日。

司法网络询价平台进行网络询价。"目前，最高人民法院指定的网络询价平台有三家，即中国工商银行融 e 购电商平台、京东大数据询价平台、阿里拍卖大数据询价平台。但是，由于数据库和技术等原因，针对某项财产，有可能三家网络询价平台都出价、也有可能部分出价，甚至有可能均不出价。

　　网络询价适用前提之一是财产无需由专业人员现场勘验或者鉴定，且该财产还需具备网络询价条件，所以网络询价同样有适用财产范围。《网拍指导意见》第 4 条规定："规范适用询价方式。对于无需由专业人员现场勘验或者鉴定且有大数据交易参考的住宅、机动车等财产，可以选择网络询价方式。当事人、利害关系人认为不应适用网络询价或者网络询价结果明显偏离市场价值，申请适用委托评估的，执行法院经审查可以准许。工业厂房、在建工程、土地使用权、商铺较多的综合市场、装修装饰价值较高的不动产以及股权、采矿权等特殊或者复杂财产，目前尚不具备询价条件，当事人议价不成时，应当适用委托评估。"《北京市高级人民法院关于进一步规范执行程序中财产处置有关事项的解答（一）》中提到，适用网络询价方式确定财产处置参考价需要具备何种条件。《处置参考价规定》第 7 条规定，网络询价适用于无需由专业人员现场勘验或者鉴定且具备网络询价条件的财产，目前限于二手住宅房屋、小客车等有大数据交易参考的财产。对于工业厂房、在建工程、土地使用权、商铺较多的综合市场、装修装饰财产价值较高的不动产、股权等特殊或复杂财产，目前尚不具备网络询价的客观条件，在当事人议价不成的情况下，应当通过委托评估的方式确定处置参考价。现阶段，网络询价主要适用于不动产中的住宅（能否适用于商业用途房屋尚有争议）以及机动车中的小客车。工业厂房、在建工程、土地使用权、商铺较多的综合市场、装修装饰价值较高的不动产以及股权、采矿权等特殊或复杂财产，目前尚不具备网络询价条件。需要注意的是，网络询价区别于委托评估之处在于，网络询价的参考因素是较为固定的几个因素，而委托评估的参考因素较为灵活，这也使得网络询价的结果相对于委托评估来说失真概率更高。因此，在实践中如果关键参考因素在网络询价中无法体现，则更宜选择委托评估，尤其是装修问题。笔者认为，理论上确定财产处置参考价应当考虑装修因素，网络询价系统可以设定毛坯、简装和精装，但无法更灵活地设定。但是，网络询价结果毕竟只是参考价，最终拍卖过程中，竞买人通过看样会进一步考虑装修情况等因素。因此，从执行效率和市场检验的角度来看，网络询价时只需要基本考虑装修情况设定毛坯、简装和精装即可。

由于网络询价属于新型确定参考价方式，当事人、利害关系人对适用程序常有异议。对此，《广东省高级人民法院执行局关于执行程序法律适用若干问题的参考意见（2018）》中提到，异议人以人民法院在执行中通过网络询价方式确定房屋、车辆等财产拍卖保留价违反评估程序，主张重新评估的，人民法院是否应当支持？处理意见：不予支持。主要理由：《拍卖规定》第4条第1款规定，对于财产价值较低或者价格依照通常方法容易确定的，可以不进行评估。对于房屋、车辆等财产，通过税务机关、房管部门及相关大数据平台等具备条件的评估、询价系统，以网络询价方式确认司法拍卖的起拍价，符合上述司法解释的规定。且通过网络询价进行估价只是辅助执行法院确定拍卖保留价的手段，最后的成交价格仍需由市场检验而非由询价的结果确定。故异议人以执行法院通过网络询价方式确定司法拍卖保留价违反评估程序为由请求重新评估的，不予支持。

另外，《处置参考价规定》第13条第1款规定："全部司法网络询价平台均在期限内出具询价结果或者补正结果的，人民法院应当以全部司法网络询价平台出具结果的平均值为参考价；部分司法网络询价平台在期限内出具询价结果或者补正结果的，人民法院应当以该部分司法网络询价平台出具结果的平均值为参考价。"上述规定确定了网络询价结果可以作为参考价，但当事人、利害关系人对网络询价结果有异议时，如何确定参考价？《处置参考价规定》第13条第2款规定："当事人、利害关系人依据本规定第22条的规定对全部网络询价报告均提出异议，且所提异议被驳回或者司法网络询价平台已作出补正的，人民法院应当以异议被驳回或者已作出补正的各司法网络询价平台出具结果的平均值为参考价；对部分网络询价报告提出异议的，人民法院应当以网络询价报告未被提出异议的各司法网络询价平台出具结果的平均值为参考价。"需要说明的是，执行法院要求网络询价平台补正或者剔除相应网络询价结果不作为参考价的前提，必须是当事人、利害关系人的异议符合《处置参考价规定》第22条规定的情形，且该异议请求成立。

如果异议请求不经审查而直接剔除，则会鼓励当事人、利害关系人基于自身利益考量，针对不利于己方的询价结果提异议。此时，如果仅按照当事人意愿剔除相应询价结果，则将使得网络询价结果缺乏稳定性和公平性。

（四）委托评估

委托评估，即执行法院委托专业评估机构评估某项财产处置参考价。《处置参考价规定》第 14 条规定："法律、行政法规规定必须委托评估、双方当事人要求委托评估或者网络询价不能或不成的，人民法院应当委托评估机构进行评估。"《处置参考价规定》第 11 条第 3 款规定："全部司法网络询价平台均未在期限内出具或者补正网络询价报告，且未按照规定申请延长期限的，人民法院应当委托评估机构进行评估。"

委托评估适用条件之一是法律、行政法规规定必须委托评估、双方当事人要求委托评估或者网络询价不能或不成。这一条件实际上限制了很多财产适用委托评估，导致《处置参考价规定》施行后，大量常见财产不再通过委托评估方式确定参考价。但也确有必须委托评估的财产，如工业厂房、在建工程、土地使用权、商铺较多的综合市场、装修装饰价值较高的不动产，以及股权、采矿权、黄金饰品、金条等物品，该类物品也不具备定向询价、网络询价的条件。[1]

关于评估机构的确定，《处置参考价规定》第 16 条规定："采取委托评估方式确定参考价的，人民法院应当通知双方当事人在指定期限内从名单分库中协商确定三家评估机构以及顺序；双方当事人在指定期限内协商不成或者一方当事人下落不明的，采取摇号方式在名单分库或者财产所在地的名单子库中随机确定三家评估机构以及顺序。双方当事人一致要求在同一名单子库中随机确定的，人民法院应当准许。"关于是否只能在最高人民法院建立的人民法院司法评估机构名单库中选择评估机构的问题，广东省高级人民法院认为，随机选定的评估机构是具有相应资质的专业房地产评估机构，经高级人民法院核准入选执行法院司法委托机构名册。《处置参考价规定》第 15 条虽规定最高人民法院根据全国性评估行业协会推荐的评估机构名单建立人

―――――――

[1] 参见山东省高级人民法院：《山东高院执行疑难法律问题解答（一）》，载微信公众号"山东高法"，最后访问时间：2020 年 5 月 8 日。

民法院司法评估机构名单库,但并不意味着各地方法院原来组建的司法鉴定评估名单库随即失效。[1]笔者认为,尽管有此意见,但既然最高人民法院已经建立人民法院司法评估机构名单库,则应从其中选择评估机构为宜。另外,如果被执行人与申请执行人同意协商确定,则执行法院应尊重当事人意思自治;如果申请执行人不同意,或者被执行人下落不明,则不必要让被执行人参与评估机构的确定。但是,如果执行法院未通知被执行人,且申请执行人未明确表示放弃协商,则执行法院在程序上确实存在不完备的情形;但该程序上的不完备,并不必然产生影响法院随机选择评估机构结果的效力,除非当事人提出充足证据证明未通知当事人到场产生了影响评估结果公正的后果,一般不宜以此为由重新进行评估。[2]另外,《异议复议规定》第7条第1款对可以提出执行异议的执行行为作了列举。依据前述规定,执行行为涵盖了人民法院运用国家强制力,为强制债务人履行执行依据中所确定义务而实施的一系列行为,具体包括查封、冻结、评估、拍卖、变卖等行为。司法评估拍卖过程中通过摇号方式确定评估机构的行为属于执行行为,当事人、利害关系人认为执行法院的该行为违法、侵害其合法权益的,有权提出执行异议,人民法院应当依法受理。[3]

关于评估机构自行委托审计是否程序违法的问题,《处置参考价规定》第3条规定:"人民法院确定参考价前,应当查明财产的权属、权利负担、占有使用、欠缴税费、质量瑕疵等事项。……查明本条第1款事项需要审计、鉴定的,人民法院可以先行审计、鉴定。"所以,委托审计的主体应当是人民法院。评估机构在进行评估的过程中,未经执行法院委托审计,而自行委托审计,与上述规定不符。由于审计系评估机构自行委托,审计结果未经双方确认,则在该审计结果的基础上进行评估并作出评估报告,侵害了当事人的合法权益。[4]在财产委托评估时,如确需审计或者鉴定,则应当由执行法院同时委托审计机构或者鉴定机构,与评估机构先后开展工作或者同时开展工作为宜。

---

[1] 参见广东省高级人民法院(2020)粤执复1138号执行裁定书。
[2] 参见最高人民法院(2018)最高法执监660号执行裁定书。
[3] 参见最高人民法院(2023)最高法执复13号执行裁定书。
[4] 参见最高人民法院(2021)最高法执复6、7、8号执行裁定书。

在实践中，如果评估机构超期出具评估报告，其效力如何？如果评估机构在评估期限届满前向人民法院申请延期，且在经人民法院同意延长的期限内出具评估报告，则该报告合法有效。[1]不过，即使评估机构在评估期限届满前未申请延期，如超期行为对评估程序及评估结果并无重大影响，则不足以据此认定评估程序严重违法。[2]

另外，《处置参考价规定》第 26 条规定："当事人、利害关系人对评估报告未提出异议、所提异议被驳回或者评估机构已作出补正的，人民法院应当以评估结果或者补正结果为参考价；当事人、利害关系人对评估报告提出的异议成立的，人民法院应当以评估机构作出的补正结果或者重新作出的评估结果为参考价。专业技术评审对评估报告未作出否定结论的，人民法院应当以该评估结果为参考价。"上述规定确定了委托评估结果可以作为参考价。

## 二、确定财产处置参考价适用原则

司法解释除丰富确定参考价的方式外，还规定若干适用原则，其中，意思自治原则和依次适用原则较为重要，法定优先原则和客观实际原则此处不做详述。[3]

### （一）意思自治原则

意思自治原则，是指双方当事人协商确定采取哪种方式就采取哪种方式，但处置的财产不能通过该种方式确定参考价的除外。[4]《处置参考价规定》第 5 条第 2 款规定："双方当事人一致要求直接进行定向询价，且财产有计税基准价、政府定价或者政府指导价的，人民法院应当准许。"《处置参考价规定》第 7 条第 2 款规定："双方当事人一致要求或者同意直接进行网络询价，财产无需由专业人员现场勘验或者鉴定，且具备网络询价条件的，人民法院应当准许。"《处置参考价规定》第 14 条规定："法律、行政法规

---

[1] 参见广东省高级人民法院（2020）粤执复 732 号执行裁定书。

[2] 参见最高人民法院（2017）最高法执监 231 号执行裁定书。

[3] 参见孙建国：《〈最高人民法院关于人民法院确定财产处置参考价若干问题的规定〉的几个亮点问题》，载《人民法院报》2018 年 9 月 19 日，第 08 版。

[4] 参见孙建国：《〈最高人民法院关于人民法院确定财产处置参考价若干问题的规定〉的几个亮点问题》，载《人民法院报》2018 年 9 月 19 日，第 08 版。

规定必须委托评估、双方当事人要求委托评估或者网络询价不能或不成的，人民法院应当委托评估机构进行评估。"

（二）依法有序原则

依法有序原则，是指如果不存在前面所说的特殊情况，就要按照《处置参考价规定》，依次按照顺序逐一采取。首先要采取当事人议价方式；当事人议价不成或不能的，采取定向询价方式；定向询价不成或者不能的，采取网络询价方式；网络询价不能或不成的，采取委托评估方式。[1]《处置参考价规定》第5条第1款规定："当事人议价不能或者不成，且财产有计税基准价、政府定价或者政府指导价的，人民法院应当向确定参考价时财产所在地的有关机构进行定向询价。"《处置参考价规定》第7条第1款规定："定向询价不能或者不成，财产无需由专业人员现场勘验或者鉴定，且具备网络询价条件的，人民法院应当通过司法网络询价平台进行网络询价。"《处置参考价规定》第14条规定："法律、行政法规规定必须委托评估、双方当事人要求委托评估或者网络询价不能或不成的，人民法院应当委托评估机构进行评估。"

在实践中，关于依法有序原则的适用理解不完全准确。从上述规定可以看出，当事人议价、定向询价、网络询价和委托评估有适用次序，当事双方未协商一致时只有前一程序不符合适用条件的，才可以适用后一程序。如果当事人有异议，审查时有必要查明执行法院未经前一程序而直接适用后一程序的具体原因，并在此基础上综合判断后再决定执行行为是否违反法律规定。[2]

### 三、确定财产处置参考价的其他问题

（一）确定财产处置参考价的其他方法

除《处置参考价规定》规定的四种参考价确定方式外，人民法院在实践过程中还探索和规定了其他确定财产处置参考价方式。

1. 合议定价

合议定价，即通过合议庭评议的方式确定财产处置参考价。《北京市高

---

[1] 参见孙建国：《〈最高人民法院关于人民法院确定财产处置参考价若干问题的规定〉的几个亮点问题》，载《人民法院报》2018年9月19日，第08版。

[2] 参见最高人民法院（2023）最高法执监301号执行裁定书。

级人民法院关于进一步提升财产查控处置质效的意见》第 8 条第 2 款提出："……估值在 1 万元以下的财产，可以优先采用合议庭参照市场价值的方式确定参考价。"在实践中，有的法院在参照辖区人均年收入的基础上，确定辖区内"财产价值较低"的标准，进一步创新丰富定价方式，探索由合议庭参照市场价决定参考价的模式。例如，北京、上海等地人民法院将财产价值较低的标准定为 1 万元以下，也有些法院针对价值较低的动产，探索无底价拍卖的模式。[1]

2. 酌定价格

酌定价格，即由执行法院根据当事人意见或者市场情况确定财产处置参考价。《上海法院网络司法拍卖实施细则（试行）》第 17 条规定："拍卖标的物为生产资料、生活用品等动产类，且具有下列情况之一的，可不经评估直接进行网络司法拍卖：①价值较低的（一般单件标的价格为 10000 元以下）；②双方当事人对价值一致认可的。标的物价格是否属于 10000 元以下，由网拍办酌定。当事人对价值一致认可应当有书面记录。直接拍卖的保留价以网拍办酌定或当事人一致认可价格为准。"

3. 参照市价

参照市价，即执行法院对价格依照通常方法较容易确定的财产，参照市价确定财产处置参考价。《拍卖规定》第 4 条第 1 款规定："对拟拍卖的财产，人民法院可以委托具有相应资质的评估机构进行价格评估。对于财产价值较低或者价格依照通常方法容易确定的，可以不进行评估。"在实践中，适用参照市价方式确定财产处置参考价的方式主要应用于上市公司流通股，根据每日交易价格即可确定。[2]但是，由于考虑因素不同，有的法院倾向于用前几日收盘价均价，有的法院倾向于用前一日收盘价。笔者认为，以上两种做法没有优劣之分，选取方法中不包含极端情况，能够反映上市公司流通股价值即可。还有观点认为，黄金等具有客观权威的公开交易价格的财产，可参照近期内一定周期的平均交易价格确定参考价；鲜活易腐烂商品可以通

---

[1] 参见赵奇：《执行财产处置参考价的规则审视与完善》载《人民法院报》2023 年 1 月 12 日，第 08 版。

[2] 参见最高人民法院（2024）最高法执监 446 号执行裁定书。

过向当地一家或者多家交易市场征询的方式确定参考价单价；在现有方式难以确定参考价或定价成本较高时，也可以将近期司法拍卖成交数据作为确定参考价的依据。[1]

4.非上市公司股权确定参考价的特殊方式

确定非上市公司股权财产的处置参考价是实践中非常复杂的一环，处置参考价难以确定一直是实践中影响股权变价的主要障碍。[2]究其原因，主要在于被执行人或者股权所在公司不配合，无法获取评估需要的相关资料；如果相关主体配合提供资料，则评估不存在技术难度。对此，人民法院探索了多种方式：

（1）"评估报告—咨询报告或咨询意见"模式

《北京市法院执行局局长座谈会（第十次会议）纪要——关于强制执行中财产处置若干问题的意见》规定："股权、股份需要委托评估的，责令被执行人提供评估需要的相关资料；被执行人有能力提供而拒不提供的，对其采取罚款、拘留措施。也可以责令目标公司提供评估需要的相关资料；目标公司有能力提供而拒不提供的，对其采取罚款措施，对其主要负责人或者直接责任人员采取罚款、拘留措施。还可以对目标公司的财务室、办公室等进行搜查，强制提取评估需要的相关资料。仍无法获得评估所需资料的，可以到工商机关、税务机关等部门提取资产负债表、损益表、净资产表等资料，由评估机构出具咨询报告或者咨询意见，咨询价格可以作为确定起拍价的参考价格。"[3]

（2）"评估报告—无底价起拍"模式

《执行股权规定》第12条第2款规定："评估机构根据现有材料无法出具评估报告的，经申请执行人书面申请，人民法院可以根据具体情况以适当高于执行费用的金额确定起拍价，但是股权所在公司经营严重异常，股权明

---

[1] 参见赵奇：《执行财产处置参考价的规则审视与完善》，载《人民法院报》2023年1月12日，第08版。

[2] 参见伍俊鹏：《强制执行阶段拍卖、变卖的股权定价问题》，载《法制博览》2021年第16期。

[3] 参见北京市高级人民法院：《会议纪要丨北京法院：关于强制执行中财产处置若干问题的意见》，载微信公众号"中国破产法论坛"，最后访问时间：2019年11月14日。

显没有价值的除外。"《北京市高级人民法院关于进一步规范执行程序中财产处置有关事项的解答（一）》中提到，被执行的股权无法评估时如何确定拍卖起拍价。执行法院对股权委托评估时，应当向被执行股权所在公司、公司登记机关、税务机关以及控制相关材料的其他主体，调取评估需要的相关材料，并可以经当事人书面申请委托审计机构对股权所在公司进行审计。随机确定的三家评估机构均无法根据现有材料出具评估报告的，方可认定股权无法评估。申请执行人书面申请继续处置，且不存在股权所在公司经营严重异常、股权明显没有价值情形的，执行法院应组成合议庭，综合考虑案件具体情况、股权对应的实际出资情况、股权所在公司经营情况、市场行情、优先债权和执行费用金额等因素，依法公平合理确定起拍价、加价幅度及保证金数额，避免损害当事人合法权益。合议确定股权起拍价的，应呈报本院主管院领导审批。需要说明的是，此处虽表述为确定起拍价的程序，但实际上仍应理解为在定价基础上确定起拍价；只是此时股权价值无法确定，所以表述为跳过定价程序，直接确定起拍价。

在实践中，正常经营的股权所在公司一般会在市场监督管理机关登记备案材料，也会在税务机关备案财务报表和报表附注，这些备案资料较为容易调取。如果执行法院无法从股权所在公司获取资料，仅调取市场监督管理机关和税务机关备案的资料，能否要求评估机构按照现有资料进行评估？对此，最高人民法院认为，评估机构评估股权价值，在无法获取公司全部财务资料时，依据税务机关存档的财务申报表等资料进行评估，并无不妥。虽然对被执行人的股权进行评估时，人民法院可以责令有关企业提供会计报表等资料，拒不提供的，可以强制提取；但在评估机构已经获得其他评估资料并依法评估且得出评估结论的情况下，未强制提取相关资料并不违反法律规定。[1]

**（二）另案确定的参考价的直接使用问题**

在执行程序中，如果之前的民事审判过程或者其他执行案件已经对所查封财产采取定价措施，执行法院能否直接使用该定价结果作为财产处置参考价，这在实践中争议较大。一种观点认为，执行法院对需要拍卖、变卖的财

---

[1] 参见最高人民法院（2019）最高法执复46号执行裁定书。

产，可以采取当事人议价、定向询价、网络询价、委托评估等方式确定财产处置参考价。在此过程中，双方当事人享有议价、一致要求直接进行网络询价、对网络询价报告提出异议等权利；因此，若执行法院在执行过程中直接采用另案中的网络询价报告作为确定财产处置参考价的依据，程序上存在瑕疵。[1]另一种观点认为，首先查封法院将执行案件移交给优先债权执行法院之前，已就涉案财产委托有资质的评估机构进行评估并作出评估报告，则在该评估报告的有效期内，优先债权执行法院直接采用该评估报告处置涉案财产，并无违法不当之处。[2]笔者倾向于第一种观点。主要原因在于在执行程序中当事人有知情权和异议权，如果执行法院直接使用其他程序中的定价结果，可能造成执行案件当事人的相应权利得不到保护。在实践中，可以使用其他程序中查明的财产状况和调取的相应资料，用以加快确定参考价程序的进度。

（三）再次拍卖时参考价的确定

财产经过第一次拍卖（亦称"一拍"）、第二次拍卖（亦称"二拍"）和变卖均告流拍后，符合一定条件的，可以启动再次拍卖；再次拍卖前，可以依法通过确定财产处置参考价的程序重新定价。但是在实践中，有的执行法院以第一轮财产处置变卖的流拍价作为第二轮财产处置参考价，是否恰当，则存在争议。北京市高级人民法院认为，执行法院启动第二轮网络司法拍卖属于对该财产采取其他执行措施，于法有据。根据《处置参考价规定》第27条第3款规定，执行法院进行第二轮网络司法拍卖时未重新评估，以第一轮网络司法拍卖的变卖价格的70%作为第二轮网络司法拍卖第一次拍卖的起拍价，且经竞买人充分竞价，该确定该起拍价的执行行为不违反网络司法拍卖程序。[3]笔者认为，在能够确保司法拍卖公开且竞价充分的前提下，再次拍卖重新确定参考价或者使用第一轮财产处置流拍价作为参考价均可，前者是专业机构运用专业知识确定的价格，后者是经过市场检验确定的潜在最高价格，理论上均不损害各方当事人利益。

（四）参考价结果过期时的处理原则

参考价结果有效期的设置是为了避免拟拍卖财产的实际拍卖日与定价基

---

[1] 参见北京市高级人民法院（2022）京执监87号执行裁定书。
[2] 参见广东省高级人民法院（2018）粤执监23号执行裁定书。
[3] 参见北京市高级人民法院（2021）京执复52号执行裁定书。

准日偏离过多，导致评估价格无法反映拍卖时真实价值的情况，因此无论以何种方式确定的参考价均有有效期。[1]《处置参考价规定》第 27 条第 1 款规定："司法网络询价平台、评估机构应当确定网络询价或者委托评估结果的有效期，有效期最长不得超过 1 年。"《处置参考价规定》第 27 条第 2 款规定："当事人议价的，可以自行协商确定议价结果的有效期，但不得超过前款规定的期限；定向询价结果的有效期，参照前款规定确定。"参考价结果的有效期超过时如何处理，是否必然重新确定财产处置参考价？关于这个问题，处理意见如下：

1. 有效期内未发布拍卖、变卖公告

《处置参考价规定》第 11 条第 4 款规定："人民法院未在网络询价结果有效期内发布一拍拍卖公告或者直接进入变卖程序的，应当通知司法网络询价平台在 3 日内重新出具网络询价报告。"《处置参考价规定》第 19 条第 4 款规定，"人民法院未在评估结果有效期内发布一拍拍卖公告或者直接进入变卖程序的，应当通知原评估机构在 15 日内重新出具评估报告。"可见，有效期内未发布拍卖、变卖公告，即未采取处置措施，应当重新确定参考价。

2. 有效期内发布拍卖、变卖公告

《处置参考价规定》第 27 条第 3 款规定："人民法院在议价、询价、评估结果有效期内发布一拍拍卖公告或者直接进入变卖程序，拍卖、变卖时未超过有效期 6 个月的，无需重新确定参考价，但法律、行政法规、司法解释另有规定的除外。"可见，有效期内发布公告，但因为执行法院或者当事人、利害关系人、案外人等原因导致拍卖、变卖时询价结果有效期超过的，还有 6 个月的延长期限。但同时需要注意的是，超过 6 个月的，仍应当重新确定参考价。不过，《广东省高级人民法院执行局关于执行程序法律适用若干问题的参考意见（2017 年 5 月）》中提到，首次拍卖流拍后，评估报告超过有效期，是否可以不再重新评估而再行拍卖？处理意见：除非有证据表明在首次拍卖流拍后市场情况发生重大变化，对拍卖标的物的价值产生重大影响，否则可以不再重新评估，直接进行再行拍卖，不受评估报告有效期的影

---

[1] 参见山东省高级人民法院执三庭：《山东高院：执行疑难法律问题审查参考（五）——财产处置专题》，载微信公众号"山东高法"，最后访问时间：2023 年 6 月 30 日。

响。主要理由:《拍卖规定》第 8 条"拍卖应当确定保留价。拍卖保留价由人民法院参照评估价确定;未作评估的,参照市价确定,并应当征询有关当事人的意见。人民法院确定的保留价,第一次拍卖时,不得低于评估价或者市价的 80%;如果出现流拍,再行拍卖时,可以酌情降低保留价,但每次降低的数额不得超过前次保留价的 20%"的规定,再行拍卖的保留价是根据前次保留价确定,而非根据评估价确定。评估报告仅是启动拍卖时确定保留价的参考,再行拍卖是根据前次拍卖的竞价情况决定保留价,并不受评估报告有效期的影响。评估的功能在于辅助确定拍卖保留价,避免因拍卖价格过低损害被执行人的利益,拍卖成交价才能最终客观反映标的物的实际市场价值。除非有证据表明在首次拍卖流拍后市场行情发生重大变化,对拍卖标的物的价值产生重大影响,否则即使原评估报告已超过有效期,也可以不再重新评估,直接再行拍卖。

3. 尊重当事人意思自治

评估报告的有效期按照评估报告载明的期限确定,评估报告是否超过有效期的判断节点为拍卖公告发布时间。发布拍卖公告时评估报告没有超过有效期,则在处置过程中评估报告有效期届满不影响拍卖、变卖和以物抵债程序的继续进行;评估报告已超过有效期的,除超期时间过长或市场行情发生重大变化外,原则上仍可以依该评估报告确定保留价。当事人不同意以该评估报告确定保留价的,应当提供证据证明市场行情发生了重大变化导致评估价值明显偏离市场价值。不能提供证据证明的,仍以该评估报告确定保留价;已提供证据证明的,应当重新定价。当事人同意以超期的评估报告确定保留价的,可以直接确定保留价,也可以根据当前市场情况,以该评估报告为基础由当事人协商确定保留价,或由法院依职权调整评估报告确定的价格并经当事人同意后作为拍卖保留价。[1]

(五) 参考价结果的送达问题

原则上,执行法院应当向当事人送达参考价结果。《处置参考价规定》第 21 条规定:"人民法院收到定向询价、网络询价、委托评估、说明补正等

---

[1] 参见江苏省高级人民法院:《江苏省高级人民法院关于执行疑难问题的解答》,载微信公众号"江苏高院",最后访问时间:2018 年 6 月 13 日。

报告后，应当在3日内发送给当事人及利害关系人。当事人、利害关系人已提供有效送达地址的，人民法院应当将报告以直接送达、留置送达、委托送达、邮寄送达或者电子送达的方式送达；当事人、利害关系人下落不明或者无法获取其有效送达地址，人民法院无法按照前述规定送达的，应当在中国执行信息公开网上予以公示，公示满15日即视为收到。"

  在执行程序中，需要送达的法律文书较多。如果当事人提交了送达地址确认书，则送达较为容易。但现实情况是，不少当事人，尤其是被执行人出于各种原因不提交送达地址确认书，甚至躲避、拒绝收取法律文书。如果邮寄但未送达或者未及时送达参考价结果，对后续财产处置工作影响如何？广东省高级人民法院认为，执行法院虽未及时送达评估结果而存在程序瑕疵，但通过网络司法拍卖实现公开竞价，拍卖过程公开、透明，亦无证据证明当事人的实际利益受到损害，请求撤销拍卖的，不符合《异议复议规定》第21条规定。[1]笔者认为，尽管一般情况下未及时送达不影响拍卖效力，但却会影响当事人知情和异议的权利，在实践中还是应当重视送达问题。

  需要说明的是，《处置参考价规定》第21条规定了兜底送达方式，即在中国执行信息公开网上予以公示。虽然这种方式系在前述送达方式无法送达时使用，但确实相较于不送达或者未及时送达，更能减少争议和矛盾。《江西高院执行局民事执行实务疑难问题解答（1）》中提到：被执行人下落不明的，评估报告是否必须公告送达？答：关于评估报告的送达，最高人民法院［2002］执他字第14号批复[2]中提到，评估报告未送达给有关当事人，

---

〔1〕参见广东省高级人民法院（2017）粤执复367号执行裁定书。
〔2〕《最高人民法院关于案件执行中涉及有关财产评估、变卖等问题的请示的复函》【［2002］执他字第14号】内容如下："山东省高级人民法院：你院鲁高法函［2002］41号《关于案件执行中涉及有关财产评估、变卖等问题的请示报告》收悉。经研究，答复如下：根据你院报告，诸城贸玉米开发有限公司申请执行国营青岛味精厂一案中。执行的财产属于无法拍卖的特品。如此情况属实，则可以变卖。评估报告未送达给有关当事人，并不影响依据评估报告确定变卖的价格。被执行人提出评估价格过低的问题，如查证属实，应当对变卖价款进行适当调整，但仍应维持执行法院变卖财产裁定的效力。执行法院撤销此变卖财产裁定的裁定，应予撤销。鉴于在四方区法院作出变卖财产裁定后，青岛市中级人民法院受理了以被执行人为债务人的破产案件，如果变卖裁定中所涉及的财产的所有权尚未转移给买受人，则应当交由破产程序处理。对于不动产和有登记的特定动产，应当以变卖裁定生效日期为财产权转移日期；对于动产，应当以实际交付给买受人的日期为财产权转移日期。此复。2003年8月5日"

并不影响依据评估报告确定拍卖、变卖的价格。鉴于目前被执行人借逃避送达拖延执行的情况非常普遍，为了提高执行效率，维护申请执行人的合法权益，对评估报告可以采取请被执行人的近亲属转交、张贴在被执行人所在的自然村或小区公共活动场所、邮寄至生效法律文书载明的被执行人住所地等方式送达，无须公告送达。[1]

被执行人存在数个债权人时，执行法院是否应当向全部债权人送达参考价结果？最高人民法院认为，执行法院在先查封财产并依法启动评估拍卖程序后，利害关系人作为轮候查封案件的申请执行人，通过公告得知执行法院向该案被执行人公告送达拍卖财产的执行裁定以及估价报告这一情况，但未在执行异议中主张可能影响财产评估结果的事由、未提出法律规定中止执行的具体事由、未提出证据证明执行法院拍卖财产的执行行为对其轮候查封债权的受偿产生妨碍，而仅以未向其送达报告等文书为由申请中止拍卖，没有事实和法律依据的，人民法院不予支持。[2]需要说明的是，现行法律和司法解释没有规定参考价结果必须送达全部债权人，现实中送达全部债权人也不符合执行效率原则。但是，这并不意味着其他债权人不可以对参考价结果提出异议，只是其他债权人作为利害关系人应当证明执行法院的执行行为侵害其作为债权人的合法权益。

另外，关于在刑事裁判涉财产刑的执行过程中，参考价结果是否应当送达的问题，《河南省高级人民法院刑事裁判涉财产部分执行异议复议案件办理指南》中提到，对生效刑事裁判判决没收的个人财产予以变现或者执行罚金刑需变价被执行人财产时，是否需要按照民事执行程序的相关规定向被执行人送达评估报告、拍卖裁定等文书？被执行人是否有权提出异议？答：应当向被执行人送达评估报告、拍卖裁定。被执行人对评估报告、拍卖裁定不服的，有权提出异议。《处置参考价规定》第22条、23条、24条规定，被执行人可以在收到报告、裁定后5日内提出异议，人民法院应当参照《民事诉讼法》第225条[3]的规定审查处理。被执行人未在规定期限内提出异议，

---

[1] 参见江西省高级人民法院执行局：《江西高院执行局民事执行实务疑难问题解答（1）》，载微信公众号"江西执行"，最后访问日期：2017年9月22日。
[2] 参见最高人民法院（2020）最高法执复62号执行裁定书。
[3] 现为《民事诉讼法》（2023修正）第236条。

或者对网络询价平台、评估机构、行业协会所作的说明、专业技术评审结论、议价或者定向询价提出异议的,人民法院不予受理。[1]

### 四、确定财产处置参考价结果的审查原则

关于确定财产处置参考价结果的审查,现行法律和司法解释规定了执行法院依职权审查和依申请审查两种途径。

**(一)依职权审查的问题**

现行法律和司法解释仅规定了针对网络询价结果和委托评估结果的依职权审查程序,并未规定针对当事人议价结果和定向询价结果的依职权审查程序。

1. 网络询价结果的审查

《处置参考价规定》第12条规定:"人民法院应当对网络询价报告进行审查。网络询价报告均存在财产基本信息错误、超出财产范围或者遗漏财产等情形的,应当通知司法网络询价平台在3日内予以补正;部分网络询价报告不存在上述情形的,无需通知其他司法网络询价平台补正。"《善意文明执行意见》第8条第1款规定:"……实践证明,网络询价不仅效率高,而且绝大多数询价结果基本能够反映市场真实价格,对于财产无需由专业人员现场勘验或鉴定的,人民法院应积极引导当事人通过网络询价确定参考价,并对询价报告进行审查。"

2. 委托评估结果的审查

《处置参考价规定》第20条规定:"人民法院应当对评估报告进行审查。具有下列情形之一的,应当责令评估机构在3日内予以书面说明或者补正:①财产基本信息错误;②超出财产范围或者遗漏财产;③选定的评估机构与评估报告上签章的评估机构不符;④评估人员执业资格证明与评估报告上署名的人员不符;⑤具有其他应当书面说明或者补正的情形。"

**(二)依申请审查的问题**

当事人、利害关系人对确定财产处置参考价程序提出异议,人民法院按

---

[1] 参见河南省高级人民法院:《河南高院发布:刑事裁判涉财产部分执行异议复议案件办理指南》,载微信公众号"豫法阳光",最后访问时间:2020年11月10日。

照其异议请求和指向的行为,应按照不同途径审查,具体包括不予受理、执行行为异议后复议、机构复核后专家评审、执行监督等审查途径。

1. 不予受理

当事人、利害关系人对确定财产处置参考价程序提出异议,在特定情形下,人民法院不予受理其异议。

(1)法定不予受理的情形

《处置参考价规定》第24条第2款规定:"当事人、利害关系人对议价或者定向询价提出异议的,人民法院不予受理。"当事人、利害关系人对定向询价提出异议的,人民法院不予受理;已经立案受理的,应裁定驳回异议申请。[1]《处置参考价规定》第24条第1款规定:"当事人、利害关系人未在本规定第22条、第23条规定的期限内提出异议或者对网络询价平台、评估机构、行业协会按照本规定第22条、第23条所作的补正说明、专业技术评审结论提出异议的,人民法院不予受理。"《善意文明执行意见》第9条第2款规定,被执行人依照第9条第1款第3项规定申请自行变卖,经人民法院准许后,又依照《处置参考价规定》第22、23条规定向人民法院提起异议的,不予受理。

(2)超期提出异议不予受理的情形

《处置参考价规定》第22条、23条明确规定,当事人、利害关系人对评估报告提出书面异议的期限为收到评估报告后5日内,对于超出上述期限提出异议的,人民法院不予受理;以此为由请求撤销拍卖或重新评估的,不予支持。[2]

2. 执行行为异议

当事人、利害关系人针对确定财产处置参考价程序中的执行行为可以提出异议,执行行为异议程序按照"异议—复议"程序处理。《处置参考价规定》第22条第1款规定:"当事人、利害关系人认为网络询价报告或者评估报告具有下列情形之一的,可以在收到报告后5日内提出书面异议:①财产基本信息错误;②超出财产范围或者遗漏财产;③评估机构或者评估人员不具备相应

---

[1] 参见广东省高级人民法院(2019)粤执复95号执行裁定书。

[2] 参见广东省高级人民法院(2020)粤执复128号执行裁定书。

评估资质；④评估程序严重违法。"《处置参考价规定》第 22 条第 2 款规定："对当事人、利害关系人依据前款规定提出的书面异议，人民法院应当参照民事诉讼法第 225 条[1]的规定处理。"在实践中，执行法院处置财产案件的申请执行人和被执行人之外的其他人也会针对确定财产处置参考价程序中的执行行为提出异议，即利害关系人行为异议。在利害关系人异议审查时，主要有两个层次：一是是否具备利害关系人身份，如不具备，则程序审查后驳回其异议申请；二是指向的执行行为是否不当，如不当，则实体审查后予以支持。关于是否具备利害关系人身份的问题，可以从两个方面考虑：一是执行行为是否影响其权利；二是如果有更适宜提出异议的主体，一般不允许相关性和影响程度较小的人提出异议。

3. 机构复核后专家评审

当事人、利害关系人针对确定财产处置参考价程序中的评估行为可以提出异议，评估行为异议应当按照"机构复核—专家评审"程序处理。《处置参考价规定》第 23 条第 1 款规定："当事人、利害关系人收到评估报告后 5 日内对评估报告的参照标准、计算方法或者评估结果等提出书面异议的，人民法院应当在 3 日内交评估机构予以书面说明。评估机构在 5 日内未作说明或者当事人、利害关系人对作出的说明仍有异议的，人民法院应当交由相关行业协会在指定期限内组织专业技术评审，并根据专业技术评审出具的结论认定评估结果或者责令原评估机构予以补正。"《善意文明执行意见》第 8 条第 2 款规定："经委托评估确定参考价，被执行人认为评估价严重背离市场价格并提起异议的，为提高工作效率，人民法院可以评估价为基准，先促成双方当事人就参考价达成一致意见。无法快速达成一致意见的，依法提交评估机构予以书面说明。评估机构逾期未做说明或者被执行人仍有异议的，应及时提交相关行业协会组织专业技术评审。……"《广东省高级人民法院关于执行法律适用疑难问题的解答意见》中提到："对执行法院委托的评估机构所作的评估报告不服提出异议，是否属于执行异议？处理意见：对评估报告不服提出异议不属于执行异议，应转由评估机构答复，坚持提出执行异议的，裁定不予受理；已经受理的，裁定驳回申请。主要理由：根据《民事

---

[1] 现为《民事诉讼法》（2023 修正）第 236 条。

诉讼法》第225条[1]规定，对执行法院的执行行为可以提出异议。评估报告是由评估机构作出的专业技术报告，不是执行法院的执行行为；当事人或利害关系人对评估报告有异议，可以向执行法院提出，但应由评估机构进行复核。因此，对于评估报告提出的异议不属于执行异议，坚持提出的，裁定不予受理；已经受理的，裁定驳回申请。"

原则上，针对网络询价提出异议，现行规定其异议应指向执行行为；针对委托评估程序，异议则可以指向执行行为或者评估行为。关于在委托评估异议程序中应当如何区分执行行为异议和评估行为异议以及如何救济的问题，可以参考以下案例：

①如果当事人收到评估报告后，对评估方法、评估结果不服的，救济途径是在法定期限内通过人民法院向评估机构提出异议，并由评估机构作出说明。此类异议不属于《民事诉讼法》第236条规定的执行行为异议。[2]

②当事人、利害关系人针对评估价格提出异议，属于对参照标准、计算方法或者评估结果等提出的异议，不属于《民事诉讼法》第236条规定的执行行为异议，应当交由评估机构作出说明，以及通过交由相关行业协会组织专业技术评审等方式来进行救济。[3]

③被执行人关于评估机构采用成本法评估不合理的异议，不适用《民事诉讼法》第236条规定的执行异议程序。[4]

④当事人对评估报告的参照标准、计算方法或者评估结果等提出书面异议，且对评估机构作出的说明仍有异议的，人民法院应当交由相关行业协会在指定期限内组织专业技术评审。如当事人第二次对评估报告提出异议后，人民法院未交由相关行业协会组织专业技术评审，则程序存在瑕疵，法院不应以该评估报告判断不动产实际价值。[5]

⑤被执行人以评估报告中被评估公司财务资料不真实、评估方式不正确、存在漏评为由提出异议，执行法院应当依据《处置参考价规定》第22

---

[1] 现为《民事诉讼法》（2023修正）第236条。
[2] 参见广东省高级人民法院（2020）粤执复692号执行裁定书。
[3] 参见最高人民法院（2020）最高法执复122号执行裁定书。
[4] 参见北京市高级人民法院（2021）京执复124号执行裁定书。
[5] 参见最高人民法院（2023）最高法执复43号执行裁定书。

条、第 23 条规定，将异议交评估机构予以书面说明；如被执行人对评估机构说明仍有异议，执行法院应当交由相关行业协会组织专业技术评审，并根据专业技术评审出具的结论认定评估结果或者责令原评估机构予以补正。[1]

需要说明的是，当事人、利害关系人同时针对执行行为和评估行为提出异议时应如何处理？《处置参考价规定》第 23 条第 2 款规定："当事人、利害关系人提出前款异议，同时涉及本规定第 22 条第 1 款第 1、2 项情形的，按照前款规定处理；同时涉及本规定第 22 条第 1 款第 3、4 项情形的，按照本规定第 22 条第 2 款先对第 3、4 项情形审查，异议成立的，应当通知评估机构 3 日内将人民法院委托评估时移交的材料退回，另行委托下一顺序的评估机构重新进行评估；异议不成立的，按照前款规定处理。"

4. 执行监督程序

当事人、利害关系人针对确定财产处置参考价程序中的部分执行行为可以提出执行监督。《处置参考价规定》第 25 条规定："当事人、利害关系人有证据证明具有下列情形之一，且在发布一拍拍卖公告或者直接进入变卖程序之前提出异议的，人民法院应当按照执行监督程序进行审查处理：①议价中存在欺诈、胁迫情形；②恶意串通损害第三人利益；③有关机构出具虚假定向询价结果；④依照本规定第 22 条、第 23 条作出的处理结果确有错误。"

关于执行异议程序和执行监督程序二者的关系和区别，笔者不做过多介绍。但要注意，二者的适用情形和审查程序如上文所述，有所不同。在实践中，应当按照当事人、利害关系人的不同请求和不同情形，准确适用相应程序予以救济。需要说明的是，按照上述规定，当事人议价和定向询价的参考价结果也并不具有绝对稳定性，虽然司法解释规定不得针对二者提出执行异议，但是规定在特定情形下可以针对二者提出执行监督。

（三）参考价偏离市场价值异议的审查问题

关于参考价结果如果偏离市场价格，执行法院能否对其进行审查后修正的问题，在实践中争议很大。其中，当事人议价结果如果是意思自治的结果，一般无需修正。关于定向询价结果能否修正的问题，《善意文明执行意见》第 8 条第 1 款规定："……定向询价结果严重偏离市场价格的，可以进

---

[1] 参见广东省高级人民法院（2019）粤执复 209 号执行裁定书。

行适当修正。……"委托评估的参考价结果是由专业机构作出,理论上与市场价格差异不大,在实践中亦鲜有人对委托评估的参考价结果提出异议;而网络询价则是计算机根据大数据分析、运用技术手段确定的价格,由于基础参数相对固化、数据库丰富程度以及分析技术等原因,导致网络询价的参考价结果有时会偏离市场价格。此时,法院是否能够依职权或者依申请审查通过网络询价方式确定的参考价?笔者倾向于认为,执行法院以自身对市场价格的了解审查网络询价结果,一是专业性存在质疑,二是可能有偏袒一方当事人之嫌。所以,原则上不应仅以网络询价结果偏离市场价格为由剔除相应结果,这也是维持网络询价程序稳定性的需要,否则,依照法定程序产生的网络询价结果会受到执行法院或者当事人、利害关系人意思左右。但是,参考价结果是后续变价程序定价的基础,决定了财产是否能拍卖成交以及迟延履行期间的债务利息数额。笔者建议,如果发现此类情况,首先,应当按照《处置参考价规定》第 22 条规定审查;其次,如果当事人能举证证明存在关键参数未予考虑,可以加入该参数后重新进行网络询价;再次,可以按照《处置参考价规定》第 13 条规定,在征得申请执行人和被执行人同意后剔除相应参考价结果。除此之外,山东省高级人民法院还提出,《处置参考价规定》第 22 条明确了应当由人民法院按照执行异议程序审查的四类情形,即针对财产基本信息错误、超出财产范围或者遗漏财产、评估机构或者评估人员不具备相应评估资质、评估程序严重违法等情形提出的异议。而当事人、利害关系人针对网络询价的计算方法或询价结果等提出的异议,不属于执行异议审查的范畴,执行法院不作为异议案件审查。当事人如以涉案财产上存在装修、添附未评估等遗漏财产为由,对网络询价结果提出异议,执行法院可直接委托评估。[1]

---

[1] 参见山东省高级人民法院执三庭:《山东高院:执行疑难法律问题审查参考(五)——财产处置专题》,载微信公众号"山东高法",最后访问时间:2023 年 6 月 30 日。

# 第三章
# 财产变价程序

财产变价程序，即人民法院依照法定程序对执行财产采取拍卖、变卖等执行措施，将执行财产转化为变价款的执行程序。《处置参考价规定》第30条规定："人民法院应当在参考价确定后10日内启动财产变价程序。拍卖的，参照参考价确定起拍价；直接变卖的，参照参考价确定变卖价。"财产变价程序主要包括拍卖、变卖、以物抵债、第三人申请购买、强制管理等执行措施。

## 一、财产变价方式

目前，财产变价方式主要有两类：委托变价和网络变价。《民诉法解释》第486条第1款规定："依照民事诉讼法第254条规定，人民法院在执行中需要拍卖被执行人财产的，可以由人民法院自行组织拍卖，也可以交由具备相应资质的拍卖机构拍卖。"《民诉法解释》第488条第1款规定："人民法院在执行中需要变卖被执行人财产的，可以交有关单位变卖，也可以由人民法院直接变卖。"需要注意的是，1991年施行的《民事诉讼法》规定人民法院可以使用拍卖的方式处置被扣押、查封的财产，并且赋予法院强制拍卖权。2005年施行的《拍卖管理办法》正式提出人民法院拍卖被执行人财产的执行措施，要求委托的拍卖机构应具备相应的资质证明。2017年施行的《网拍规定》进一步完善、精简、优化了司法拍卖模式，使司法拍卖在民事诉讼执行活动中有章可循。[1]现阶段，在执行财产处置程序中，委托变价和网络变价两种方式并存。

---

[1] 参见曹辉：《关于司法拍卖不动产交付问题的研究》，载《法制与经济》2021年第6期。

（一）委托变价

委托变价，又称传统方式变价，即人民法院委托具有相应资质的拍卖机构将被执行人的财产拍卖、变卖。《拍卖规定》第 3 条规定："人民法院拍卖被执行人财产，应当委托具有相应资质的拍卖机构进行，并对拍卖机构的拍卖进行监督，但法律、司法解释另有规定的除外。"

委托变价程序，包括第一次拍卖、第二次拍卖、第三次拍卖和变卖。《拍卖规定》第 23 条规定："拍卖时无人竞买或者竞买人的最高应价低于保留价，到场的申请执行人或者其他执行债权人不申请以该次拍卖所定的保留价抵债的，应当在 60 日内再行拍卖。"即第二次拍卖程序。《拍卖规定》第 25 条第 1 款规定："对于第二次拍卖仍流拍的不动产或者其他财产权，人民法院可以依照本规定第 16 条的规定将其作价交申请执行人或者其他执行债权人抵债。申请执行人或者其他执行债权人拒绝接受或者依法不能交付其抵债的，应当在 60 日内进行第三次拍卖。"即第三次拍卖程序。《拍卖规定》第 25 条第 2 款规定："第三次拍卖流拍且申请执行人或者其他执行债权人拒绝接受或者依法不能接受该不动产或者其他财产权抵债的，人民法院应当于第三次拍卖终结之日起 7 日内发出变卖公告。……"即变卖程序。

（二）网络变价

网络变价，是指人民法院依法通过互联网拍卖平台，以网络电子竞价方式公开处置财产的行为。[1]需要说明的是，司法拍卖是人民法院依法行使强制执行权，就查封的财产强制进行拍卖变价进而清偿债务的强制执行行为，本质上属于司法行为，具有公法性质。该强制执行权并非来自当事人的授权、无须征得当事人的同意、也不以当事人的意志为转移，而是由法律赋予人民法院的，即这一权力来源于《民事诉讼法》及相关司法解释的规定。因此，人民法院通过互联网拍卖平台进行的司法拍卖属于强制执行措施，对网络司法拍卖中产生的争议，也应当适用《民事诉讼法》及相关司法解释的规定。[2]

---

[1]《网拍规定》第 1 条规定："本规定所称的网络司法拍卖，是指人民法院依法通过互联网拍卖平台，以网络电子竞价方式公开处置财产的行为。"

[2] 参见最高人民法院（2017）最高法执监 250 号执行裁定书。

网络变价程序，包括第一次拍卖、第二次拍卖和变卖。《网拍规定》第 26 条第 1 款规定："网络司法拍卖竞价期间无人出价的，本次拍卖流拍。……"即第二次拍卖程序。《网拍规定》第 26 条第 2 款规定："再次拍卖流拍的，可以依法在同一网络司法拍卖平台变卖。"《网络拍卖变卖衔接通知》规定："网拍二拍流拍后，人民法院应当于 10 日内询问申请执行人或其他执行债权人是否接受以物抵债。不接受以物抵债的，人民法院应当于网拍二拍流拍之日起 15 日内发布网络司法变卖公告。"即变卖程序。需要说明的是，《拍卖规定》规定，对查封的财产，当事人双方及有关权利人同意变卖的，可以变卖。其中，变卖系当事人协商后直接变卖，是指对尚未进入司法拍卖程序的财产进行变卖。若执行标的物已进入拍卖程序且经历两次流拍，此时启动变卖程序则无须征得被执行人的同意。[1]另外，区别于委托变价方式，网络变价方式没有第三次拍卖；换言之，网络司法拍卖二拍流拍的，可以依法在同一网络司法拍卖平台直接变卖，无须进行第三次拍卖程序。[2]但是，这不代表《网拍规定》替代了《拍卖规定》而取消了第三次拍卖程序，如果适用委托变价方式，依然适用第三次拍卖程序。

在实践中，关于国有股权是否能够通过司法拍卖方式处置的问题，《网拍规定》第 2 条规定："人民法院以拍卖方式处置财产的，应当采取网络司法拍卖方式，但法律、行政法规和司法解释规定必须通过其他途径处置，或者不宜采用网络拍卖方式处置的除外。"股权作为被执行人财产之一，也应适用前述规定；但在实践中，存在争议的是，当被执行财产系国有股权时，能否采用网络拍卖的方式进行处置。有观点认为，《企业国有资产法》第 54 条第 2 款规定："除按照国家规定可以直接协议转让的以外，国有资产转让应当在依法设立的产权交易场所公开进行。……"因此，人民法院拍卖国有股权不能采取网络司法拍卖的方式。但笔者经研究认为，参考《企业国有资产法》第 54 条第 1 款规定："国有资产转让应当遵循等价有偿和公开、公平、公正的原则。"该条第 2 款规定国有资产应当通过产权交易所公开进行的目的，主要是避免国有资产流失，突出强调不能协议转让。从实践情况

---

[1] 参见河北省高级人民法院（2020）冀执复 550 号执行裁定书。
[2] 参见宁夏回族自治区高级人民法院（2020）宁执复 19 号执行裁定书。

看，人民法院的网络司法拍卖已经形成了竞价更充分、参与更便利的公开市场，通过网络司法拍卖处置国有股权，更能起到避免国有资产被贱卖的目的。所以，对于国有股权的拍卖，仍应适用网络司法拍卖的方式。[1]

（三）网络司法拍卖优先原则

在现行规定下，委托变价与网络变价仍是并行的财产变价方式。但是，网络司法拍卖能够顺应时代潮流和技术发展趋势，更加公开、公正、透明、便捷，极大提升了拍卖的成交率、溢价率和处置效率，降低了拍卖成本，减少了司法腐败的发生，最大程度地实现了当事人合法权益，成效显著。[2]因此，要遵循网络司法拍卖优先原则。《网拍规定》第2条规定："人民法院以拍卖方式处置财产的，应当采取网络司法拍卖方式，但法律、行政法规和司法解释规定必须通过其他途径处置，或者不宜采用网络拍卖方式处置的除外。"《学习贯彻网拍规定通知》中提到，严格坚持网络司法拍卖优先原则。各法院以拍卖方式处置财产的，应当优先采取网络司法拍卖方式。对法律、行政法规和司法解释规定必须通过其他途径处置或者不宜采用网络拍卖方式处置的，各法院采用委托拍卖方式或其他方式对财产进行变价的，必须报经主管院长审批，并报市高级法院执行局备案。在实践中，各地法院绝大多数均是通过网络变价方式处置财产，很少采用委托变价方式处置财产。[3]

## 二、拍卖、变卖程序

（一）物的相关问题

1. 现状处置原则与尽职调查责任的问题

现状处置原则与尽职调查责任是在财产处置过程中，人民法院处理查封财产的实物状况、权利负担、法律限制等相关问题时的重要原则。

---

[1] 参见最高人民法院执行局编著：《〈最高人民法院关于人民法院强制执行股权若干问题的规定〉理解与适用》，人民法院出版社2023年版，第241~242页。

[2] 参见最高人民法院：《最高人民法院执行局负责人就〈关于进一步规范网络司法拍卖工作的指导意见〉答记者问》，载微信公众号"最高人民法院"，最后访问时间：2024年11月20日。

[3] 现阶段执行法院拍卖、变卖被执行人财产绝大多数采用网络司法拍卖方式，故后文除特殊说明外，主要介绍网络司法拍卖的相关规则。

(1) 现状处置原则

现状处置原则是司法处置中关于确定对于物的质量和状况的保证责任以及物交付时状态的重要原则，即人民法院处置财产时需要按照财产现有状况拍卖、变卖以及交付。《网拍规定》第14条第4项规定："实施网络司法拍卖的，人民法院应当在拍卖公告发布当日通过网络司法拍卖平台对下列事项予以特别提示：拍卖财产以实物现状为准，竞买人可以申请实地看样。"《网拍规定》第14条第5项规定，实施网络司法拍卖的，人民法院应当在拍卖公告发布当日通过网络司法拍卖平台对下列事项予以特别提示：竞买人决定参与竞买的，视为对拍卖财产完全了解，并接受拍卖财产一切已知和未知瑕疵。《网拍规定》第15条第2款规定："人民法院已按本规定第13条、第14条的要求予以公示和特别提示，且在拍卖公告中声明不能保证拍卖财产真伪或者品质的，不承担瑕疵担保责任。"

(2) 尽职调查责任

现状处置原则并不意味着人民法院可以在全然不了解财产状况的情况下采取拍卖、变卖措施，法律和司法解释规定人民法院负有查明财产状况并披露的责任。《网拍规定》第14条第3项规定，实施网络司法拍卖的，人民法院应当在拍卖公告发布当日通过网络司法拍卖平台对下列事项予以特别提示：拍卖财产已知瑕疵和权利负担。《网拍指导意见》第1条规定："尽职调查财产现状。执行法院应当对财产现状进行调查，不得以'现状拍卖'为由免除调查职责。对下列财产，应当重点调查以下事项：①对不动产，应当通过调取登记信息、实地勘察、入户调查等方式，调查权属关系、占有使用情况、户型图、交易税目和税率、已知瑕疵等信息；②对机动车，应当调查登记信息、违章信息、排放标准、行驶里程等对车辆价值有重要影响的信息；③对食品，应当调查是否过期、是否腐败变质、是否属于禁止生产销售物品等信息，防止假冒伪劣食品通过网络司法拍卖流入市场，损害人民群众身体健康和生命安全；④对股权，应当调查持股比例、认缴出资额、实缴出资额、出资期限、财务报表，以及股息、红利等对股权价值有重要影响的信息。"《网拍指导意见》第6条规定："如实披露拍卖财产信息。执行法院应当全面如实披露财产调查所掌握的拍卖财产现状、占有使用情况、已知瑕疵和权利负担等信息,严禁隐瞒或者夸大拍卖财产瑕疵。拍卖财产为不动产的,执行法院应当在拍卖公告中公示不动产占有使用情况,不得在拍卖公告中使用'占有不明'、'他人占用'等表述。决定'带租赁权'或者'带居住权'拍卖的,应当如实披露占有使用情况、租金、期限以及有关权利人情况等重要信息。法律、行政法规和司法解释对买受人有竞买资格限制的,应当在拍卖公告中予以公示。"《北京市高级人民法院关于进一步规范执行程序中财产处置有关事项的解答(一)》中提到,网络司法拍卖中如何规范拍卖财产的调查与信息披露?执行法院应当严格履行尽职调查职责,在确定财产处置参考价前,全面、客观、详细查明拍卖财产的现状,包括拍卖财产的权属、权利负担、占有使用、欠缴税费、已知瑕疵等情况。执行法院应当在拍卖公告发布当日通过网络司法拍卖平台公示拍卖财产现状的文字说明、视频或照片等;相关文字说明应当客观、真实;相关视频或照片应当尽可能展示拍卖财产的整体外观及可展示的重要内部细节。执行法院应当在拍卖公告发布当日通过网络司法拍卖平台对拍卖财产的已知瑕疵、拍卖财产瑕疵的责任承担等予以特别提示。严禁未经尽职调查即在拍卖公告、网拍平台公示及特别提示信息中载明"瑕疵详见现状""瑕疵以现状为准"等内容;严禁故意隐瞒拍卖财产瑕疵诱导竞买人竞拍;严禁故意夸大拍卖财产瑕疵误导竞买人竞拍。

(3)现状处置原则与尽职调查责任的相关典型案例

在实践中,常因交付时及后续使用中财产实物状况或者其他问题产生争议。在现状处置原则下,最大的争议焦点在于人民法院在多大范围内负有瑕疵担保责任以及人民法院在拍卖公告中载明的免除瑕疵担保责任条款在多大范围内有效。这类问题非常复杂,具体标准亦难以把握。以下提供几则案例的裁判要旨,以供参考:

①执行法院在网络司法拍卖公告中已经披露了车辆存在内饰显旧、发霉、划痕和车辆停放已逾2年等瑕疵信息,并附有咨询、展示看样的时间和方式;买受人仍以评估报告没有披露车辆实际里程数为由主张其产生重大误解,请求撤销本次网络司法拍卖的,不予支持。[1]

---

[1] 参见广东省高级人民法院(2019)粤执复898号执行裁定书。

②车辆拍卖公告提示竞买人须实地看样并可查阅评估报告,评估报告附有车辆购买发票,且车辆型号与发票载明的型号一致。拍卖成交后,买受人以车辆型号与拍卖公告展示图片显示的型号不一致为由请求撤销拍卖的,人民法院不予支持。[1]

③执行法院在拍卖公告、拍卖须知中特别提示拍卖财产为罚没品,法院不保证拍卖财产的真伪、质量,不承担瑕疵担保责任,竞买人参与竞买即视为知悉上述说明并自愿承担风险。[2]

④在司法拍卖中,签订拍卖成交确认书后,竞拍人、买受人以拍卖标的物存有瑕疵为由,请求重新拍卖或核减变价款的,法院可以拍卖目的已实现且竞买协议中已明确瑕疵免责条款为由,裁定不予支持。[3]

⑤执行法院司法拍卖的二手物品价格远低于全新商品,竞买人应当预见以此价格竞得的拍卖物外观可能与全新商品存在差距。买受人竞买成功后仅以外观瑕疵主张购买目的难以实现请求撤销拍卖的,不予支持。[4]

⑥执行法院在网络司法拍卖公告中对拍卖标的物的现状已经予以明示,且明确竞买人可以实地看样等内容。竞买人决定参与竞买的,视为对拍卖财产完全了解。拍卖完成后,竞买人以拍卖财产的文字说明、视频或者照片展示严重失实,致使其产生重大误解,无法实现购买目的为由提出撤销拍卖的,不予支持。[5]

⑦拍卖中影响标的地块价值的重要因素容积率已发生重大变化,拍卖公告未予披露,导致竞买人竞拍成功后不能实现其竞买目的的,属于《异议复议规定》第21条第4项的情形,拍卖应予撤销。[6]

⑧执行法院在司法拍卖程序中未对车辆已经强制报废的情况进行查实并予以瑕疵说明,导致买受人的购买目的无法实现,买受人请求撤销司法拍卖的,应予支持。[7]

---

[1] 参见广东省高级人民法院(2019)粤执监9号执行裁定书。
[2] 参见广东省高级人民法院(2020)粤执复744号执行裁定书。
[3] 参见最高人民法院(2015)执复字第41号执行裁定书。
[4] 参见广东省高级人民法院(2020)粤执复1066号执行裁定书。
[5] 参见广东省高级人民法院(2018)粤执复208号执行裁定书。
[6] 参见湖北省高级人民法院(2017)鄂执异14号执行裁定书。
[7] 参见广东省高级人民法院(2019)粤执复247号执行裁定书。

⑨在网络司法拍卖中,执行法院对于标的物已知的权利瑕疵要按照法律、司法解释的要求予以公示和特别提示,使竞买人知晓并在参加竞买时考虑前述瑕疵因素,不能以不保证声明为由免除瑕疵公示责任。若执行法院明知拍卖标的存在瑕疵而未如实进行公示,致使买受人购买目的无法实现的,应撤销该网络司法拍卖。[1]

⑩地基问题属于重大工程质量问题,关乎社会公共利益。在建工程的地基不能满足原设计要求,人民法院在司法拍卖、变卖中未事先披露的,不属于有关瑕疵担保免除责任的范围。买受人以因此导致其竞买目的无法实现为由主张撤销的,人民法院予以支持。[2]

⑪在对车辆的拍卖中,车辆的行车里程数是评判车辆价值的一个重要因素,也是竞买人参与竞拍意愿的一个重要考量。由于拍卖案涉车辆的文字说明、视频、照片展示以及瑕疵说明严重失实,致使竞买人产生重大误解,购买目的无法实现,且该失实的信息披露并不属于拍卖时的技术水平不能发现或者已经就相关瑕疵及责任承担予以公示说明的情形,竞买人请求撤销网络司法拍卖的,符合《网拍规定》第31条规定,人民法院应当支持。[3]

基于上述规定和案例,关于瑕疵担保责任的承担与免除的标准,笔者认为,关键在于人民法院是否履行查明职责、已知瑕疵是否披露以及瑕疵是否超出买受人预见。如果履行查明职责、已知瑕疵已经披露且瑕疵未超出买受人预见,则免除瑕疵担保责任。反之,则可能因此而撤销拍卖。

2. 分批次拍卖与合并拍卖的问题

原则上,拍卖财产价值应当与债务总额相当。拍卖多项财产时,应当以分批次拍卖为原则。《拍卖规定》第14条规定:"拍卖多项财产时,其中部分财产卖得的价款足以清偿债务和支付被执行人应当负担的费用的,对剩余的财产应当停止拍卖,但被执行人同意全部拍卖的除外。"《拍卖规定》第15条规定:"拍卖的多项财产在使用上不可分,或者分别拍卖可能严重减损其价值的,应当合并拍卖。"《执行股权规定》第13条第2款规定:"依据处

---

[1] 参见广东省高级人民法院(2020)粤执监65号执行裁定书。
[2] 参见最高人民法院(2023)最高法执监193号执行裁定书。
[3] 参见福州市中级人民法院(2023)闽01执复208号执行裁定书。

置参考价并结合具体情况计算,拍卖被冻结股权所得价款可能明显高于债权额及执行费用的,人民法院应当对相应部分的股权进行拍卖。对相应部分的股权拍卖严重减损被冻结股权价值的,经被执行人书面申请,也可以对超出部分的被冻结股权一并拍卖。"《广东省深圳市中级人民法院关于网络司法拍卖的工作指引(试行)》第9条规定:"拍卖多项财产时,原则上应当分别拍卖;当部分财产的成交价款足以清偿债务和支付被执行人应当负担的费用的,对于剩余的财产应当停止拍卖,但被执行人同意全部拍卖的除外。拍卖的多项财产在使用上不可分,或者分别拍卖可能严重减损其价值的,应当合并拍卖。"

需要注意的是,分批次拍卖与合并拍卖,二者并非机械适用,适用何种途径主要还是取决于何者能够最大限度实现财产真实价值。《善意文明执行意见》第11条规定:"……同一类型的执行财产数量较多,被执行人认为分批次变价或者整体变价能够最大限度实现其价值的,人民法院可以准许……"

关于分批次拍卖与合并拍卖存在不少争议,以下提供几则案例的裁判要旨,以供参考:

①人民法院将属于整体的房屋及设施设备分为多个标的物进行强制处置,严重减损执行财产的价值,人为增加了拍卖财产的瑕疵,直接影响潜在竞买人的竞买意愿,应予撤销。[1]

②在执行过程中,申请执行人与被执行人双方共同选定评估机构对被执行人的土地承包经营权及其所有的资产进行整体评估。资产是被执行人整体承租他人的土地,主要财产为土地承包经营权及其所有的地上附着物。财产属于整体承租土地,在使用上不可分,若不进行整体拍卖,可能严重减损其价值,且资产经第一次拍卖、第二次拍卖均流拍。因此,执行法院对财产进行整体评估拍卖,并无不当。[2]

③拟拍卖的多项财产在使用上有紧密联系,如果分开拍卖可能会严重影响各项财产的有效利用,或者会造成变价款总额降低的,应当整体处置、合

---

[1] 参见最高人民法院(2021)最高法执监384号执行裁定书。
[2] 参见最高人民法院(2023)最高法执监344号执行裁定书。

并拍卖。该规定的目的就是尽可能地将使用上有密切联系的财产整体处置，以避免降低财产使用价值、影响变价款总额。申请执行人虽主张执行法院未将土地使用权及地上全部在建工程整体拍卖违法，却没有提供充分、有效的证据予以证明；另一方面，根据一般生活经验，房屋彼此独立，就使用功能而言，并无明显关联，故对其前述主张，不予支持。[1]

④执行法院能否将设定抵押的同一宗地中的未建部分进行分割予以评估拍卖。人民法院在民事执行中拍卖、变卖被执行人财产，并未排除对分割的土地使用权进行拍卖、变卖。执行法院基于便于执行的需要，协调自然资源和规划局根据用地规划条件和建筑工程规划许可条件，对被执行人名下的土地，明确已建地块和未建地块面积、四至范围，出具用地红线图，分割成两宗土地的行为，并无不当之处。[2]

⑤对于不动产的处置拍卖，执行法院有权根据实际情况决定是否整体拍卖。在执行法院经核查确认执行标的建筑物无法部分拍卖而需整体拍卖的情况下，申请执行人仍提出异议，请求将部分建筑物以物抵债的，不予支持。[3]

总之，在实践中应当综合财产登记情况和实物状况加以判断。例如，如果不动产虽然分别登记为数个产权证书，但是实际上已经连通使用，甚至原有的物理界限已经不存在，则此时宜合并拍卖。但是，如果物理界限便于测绘且便于恢复原状，也可以分别拍卖。

3. 特殊类型财产的处置原则

理论上，只要被执行人的责任财产具有相应价值，则可在财产变价后用于清偿债务。但在实践中，存在特殊类型的财产，还有在一些情况下受到其他交易限制，导致并非被执行人名下财产均可以采取查封措施，即使可以采取查封措施也不一定能够采取变价措施。

（1）无证房屋

无证房屋能否处置以及如何处置是长期以来争论不休的问题。问题的核

---

[1] 参见最高人民法院（2022）最高法执复59号执行裁定书。
[2] 参见河北省高级人民法院（2020）冀执复302号执行裁定书。
[3] 参见广东省高级人民法院（2019）粤执监115号执行裁定书。

心并非无证房屋有无价值,而是司法处置是否会导致无证房屋合法化以及风险转移。目前,实践中区分两种情况予以考虑:

一是如果无证房屋系合法建设,属于未办理权属登记的房屋,且被执行人仍对其享有相关财产权益,经评估该权益具有相应的财产价值的,执行法院可以根据该执行标的物的现状依法进行处置。[1]具体在执行中,应就该房屋是否可转化为有证房屋向房屋登记机关征求意见,并作为确定无证房屋价值的参考。按照《无证房产协助执行通知》的规定:"执行程序中处置未办理初始登记的房屋时,具备初始登记条件的,执行法院处置后可以依法向房屋登记机构发出《协助执行通知书》;暂时不具备初始登记条件的,执行法院处置后可以向房屋登记机构发出《协助执行通知书》,并载明待房屋买受人或承受人完善相关手续具备初始登记条件后,由房屋登记机构按照《协助执行通知书》予以登记;不具备初始登记条件的,原则上进行'现状处置',即处置前披露房屋不具备初始登记条件的现状,买受人或承受人按照房屋的权利现状取得房屋,后续的产权登记事项由买受人或承受人自行负责。"[2]《广东省高级人民法院关于执行案件法律适用疑难问题的解答意见》中提到:"相关产权证件不完善的房产能否强制执行?……处理意见:……针对产权证件不完善的房产,如不具备初始登记条件,原则上进行'现状处置',即处置前披露房产产权证件不完善的现状,买受人或承受人按照房产的权利现状取得房屋,后续的产权登记事项由买受人或承受人自行负责;如具备初始登记条件的,执行法院处置后可以依法向房屋登记机构发出《协助执行通知书》;暂时不具备初始登记条件的,执行法院处置后可以向房屋登记机构发出《协助执行通知书》,并载明待房屋买受人或承受人完善相关手续具备初始登记条件后,由房屋登记机构按照《协助执行通知书》予以登记。"

二是如果无证房屋系违法建设,对未经批准建造的房屋可以进行现状处置,买受人应当符合相关法律或政策要求的资格,处置时应在拍卖公告中披

---

[1] 参见最高人民法院(2021)最高法执监89号执行裁定书。
[2] 参见山东省高级人民法院执三庭:《山东高院:执行疑难法律问题审查参考(五)——财产处置专题》,载微信公众号"山东高法",最后访问时间:2023年6月30日。

露房屋不具备登记条件的现状及土地性质，买受人或承受人按照房屋现状取得房屋，后续的产权登记事项及将来可能面临的拆除、拆迁及补偿不能等风险由买受人或承受人自行负责。[1]《广东省高级人民法院关于执行案件法律适用疑难问题的解答意见》中提到："……未经报建的建筑能否进行拍卖？处理意见：针对未经报建的建筑能否拍卖的问题，执行法院应将建筑物情况函告建设行政主管部门，如行政主管部门确认属违章建筑责令拆除或作没收处理的，该建筑物不得作为执行标的；如行政机关对建筑行为作出行政处罚决定并责令补办手续，而被执行人又不配合的，法院可商请申请执行人或拍卖人先行垫付补办手续费用，再进行拍卖。"

关于无证房屋系违法建设时的处置，应当慎之又慎。关于违法建设的处置，河南省高级人民法院认为可以分情况处理。第一，对违法建筑的拍卖、变卖，要根据具体情况处理。若待变价的违法建筑可以通过改正或补办手续转化成合法建筑，则人民法院可对其进行瑕疵拍卖或者变卖，但需要注意的是，要在拍卖公告中明示所拍违法建筑物的性质、补办手续或者改正所需的费用及需从拍卖款中优先支付的款项有哪些等问题。若行政管理部门已认定被执行人所有的违法建筑必须拆除，则人民法院可对该违法建筑建筑材料的价值和拆除费用进行估价比对，如拆除费用大于建筑材料的价值的，则无继续执行的必要，可以交由行政管理部门处理；反之，则可拆除该建筑，对建筑材料进行评估拍卖，以所得款支付完拆除费用后的余款偿付申请执行人。第二，对违法建筑的以物抵债。在违法建筑无法拍卖、变卖的情况下，人民法院可采取以物抵债的方式来实现申请执行人的债权。但要注意的是，因违法建筑本身存在违法性，对违法建筑的以物抵债并不是对违法建筑所有权的转移，而只是将违法建筑的占有权转移给了申请执行人，申请执行人从被执行人那里继受了对违法建筑的占有状态，从而获取一定的经济利益以抵偿债务。其后占有人取得合法权证或者违法建筑被行政机关拆除，也不会与法院转移占有的裁定产生冲突。第三，对违法建筑的强制管理。人民法院可根据执行案件及违法建筑的实际情况选择是否采取强制管理的措施实现债权，即

---

[1] 参见山东省高级人民法院执三庭：《山东高院：执行疑难法律问题审查参考（五）——财产处置专题》，载微信公众号"山东高法"，最后访问时间：2023年6月30日。

由人民法院对已查封的房产实施管理，并以管理所得偿还申请执行人的债务。综上，违法建筑并非不得执行，对于被执行人的执行异议，人民法院应视情形予以处理。[1]

对于集体土地上未经批准建造的房屋是否可以处置的问题，河南省高级人民法院认为，可分情况处理。第一，在集体土地上未经批准建造的房屋，是否可以处置？参照《无证房产协助执行通知》，可以进行现状处置。处置时应在拍卖公告中披露房屋不具备登记条件的现状及土地性质，买受人或承受人按照房屋现状取得房屋，后续的产权登记事项及将来可能面临的拆除、拆迁及补偿不能等风险由买受人或承受人自行负责。变价不成的，债权人可以接受该房屋抵债。变价或抵债裁定中应载明上述内容和风险。第二，在租赁的集体土地上建造的厂房及厂区内的办公楼、宿舍、仓库等，是否可以处置？在不改变租赁合同前提下，可在不征得集体经济组织同意的情况下进行现状处置，但处置前应告知集体经济组织。处置时应当充分披露租赁合同内容，特别是公告租赁剩余期限、租金标准及支付等情况。确定保留价需考虑租金支付情况。成交或抵债后，被执行人作为承租人的权利义务由受让人继受。拍卖前租赁期限已届满、租赁合同对于房屋归属及补偿有约定的，尊重租赁合同的约定；如约定房屋收归集体组织但给予承租人（被执行人）补偿的，执行补偿款；没有约定收归集体组织的，被执行人继续使用租赁土地，集体组织没有提出异议的，原租赁合同继续有效，但租赁期限为不定期，执行法院可以对房屋进行处置。租金标准及支付方式由执行法院与集体组织协商确定。不能协商确定的，执行法院可以参照市价标准确定。[2]

对于在国有建设用地上建造的无证房屋是否可以处置的问题，河南省高级人民法院认为，依据《无证房产协助执行通知》，对于在国有建设用地上建造的无证房屋可以处置。执行法院应就该房屋是否可转化为有证房屋征求行政机关意见，并作为确定无证房屋价值的参考。处置未办理初始登记的房屋，具备初始登记条件的，执行法院处置后应当依法向房屋登记机构发出

---

[1] 参见河南省高级人民法院：《干货 | 不动产执行中常见问题裁判规则10条》，载微信公众号"豫法阳光"，最后访问时间：2018年9月6日。

[2] 参见河南省高级人民法院：《最高法明确：小产权房、无证房、预售商品房统统能执行！（附相关文件）》，载微信公众号"豫法阳光"，最后访问时间：2022年6月16日。

《协助执行通知书》;暂时不具备初始登记条件的,执行法院处置后应当向房屋登记机构发出《协助执行通知书》,并载明待房屋买受人或承受人完善相关手续具备初始登记条件后,由房屋登记机构按照《协助执行通知书》予以登记;不具备初始登记条件的,原则上进行现状处置,即处置前应披露房屋不具备初始登记条件的现状,买受人或承受人按照房屋的权利现状取得房屋,后续的产权登记事项由买受人或承受人自行负责。[1]

需要说明的是,虽然主流观点倾向于无论无证房屋是否系合法建设,对无证房屋均可以采取执行措施。但是笔者认为,在具体执行方式、风险转移等方面,仍然存在相当大的争议,在实务中还应谨慎处理。另外,如果房屋涉及城管等部门因违法建设采取的轮候查封,房屋是否符合处置条件,应当提前与相关部门沟通。在实践中,有的同意执行法院处置,有的则不然。在不同意处置的情况下,可能导致处置后无法为买受人办理过户。需要说明的是,在违法建筑被相关部门行使公权力拆除或自行拆除前,应视为被执行人具有使用价值的可供执行财产。执行裁定只对违法建筑占有的事实状态进行了变更,未涉及建筑物所有权的归属,不存在将违法建筑通过协助执行行为合法化的情形,不影响行政机关今后对违法建筑作出处理决定。[2]

(2)在建工程

关于在建工程的执行,《善意文明执行意见》第 5 条规定:"……对资金周转困难、暂时无力偿还债务的房地产开发企业,人民法院应按照下列情形分别处理:①查封在建工程后,原则上应当允许被执行人继续建设。②查封在建工程后,对其采取强制变价措施虽能实现执行债权人债权,但会明显贬损财产价值、对被执行人显失公平的,应积极促成双方当事人达成暂缓执行的和解协议,待工程完工后再行变价;无法达成和解协议,但被执行人提供相应担保并承诺在合理期限内完成建设的,可以暂缓采取强制变价措施。③查封在建商品房或现房后,在确保能够控制相应价款的前提下,可以监督被执行人在一定期限内按照合理价格自行销售房屋。人民法院在确定期限时,应当

---

[1] 参见河南省高级人民法院:《最高法明确:小产权房、无证房、预售商品房统统能执行!(附相关文件)》,载微信公众号"豫法阳光",最后访问时间:2022 年 6 月 16 日。

[2] 参见最高人民法院(2016)最高法执监 161 号执行裁定书。

明确具体的时间节点，避免期限过长影响执行效率、损害执行债权人合法权益。"《江西高院执行局民事执行实务疑难问题解答（1）》中提到："未竣工验收的工程俗称'烂尾楼'，如果其占用范围内的土地使用权属国有出让，该工程系合法建设，只是因资金短缺等因素无法续建，该工程及其占用范围内的土地使用权完全可以执行，只是不能改变土地用途和建设规划；如果'烂尾楼'占用范围内的土地使用权属国有划拨或集体建设用地，该工程系合法建设，只是因资金短缺等因素无法续建，由于该土地使用权执行受到限制，参照划拨土地及集体所有土地方法处理。如果'烂尾楼'占用范围内的土地使用权属国有出让，该工程虽符合该区域的整体规划，但未经建设主管部门审批而被勒令停建。这种情况，只有受让人能补办该工程建设相关审批手续，该工程及其占用范围内的土地使用权才能执行。"[1] 河南省高级人民法院认为："未竣工验收的工程如果其占用范围内的土地使用权属国有出让，该工程系合法建设，只是因资金短缺等因素无法续建，该工程及其占用范围内的土地使用权可以执行，只是不能改变土地用途和建设规划；如果占用范围内的土地使用权属国有划拨或集体建设用地，该工程系合法建设，只是因资金短缺等因素无法续建，由于该土地使用权执行受到限制，参照划拨土地及集体所有土地方法处理。如果占用范围内的土地使用权属国有出让，该工程虽符合该区域的整体规划，但未经建设主管部门审批而被勒令停建。这种情况，只有受让人补办该工程建设相关审批手续，该工程及其占用范围内的土地使用权才能执行。"[2]

另外，关于建设工程的处置，法律关系复杂、涉及主体众多、疑难复杂。尤其是建设工程价款优先受偿权是法定优先权，可能涉及农民工工资等社会问题。执行法院处置建设工程过程中或完成后，经常面临相关主体主张建设工程价款优先受偿权，造成执行程序迟滞，甚至因未及时保护优先权人权利而引发执行回转等问题。对此，《网拍指导意见》第 3 条要求执行法院在处置建设工程价款时，应当区分不同情况进行处理，基本思路是争取一次

---

〔1〕参见江西省高级人民法院执行局：《【实务答疑】江西高院执行局民事执行实务疑难问题解答（1）》，载微信公众号"江西执行"，最后访问时间：2017 年 9 月 22 日。

〔2〕参见河南省高级人民法院：《干货丨不动产执行中常见问题裁判规则 10 条》，载微信公众号"豫法阳光"，最后访问时间：2018 年 9 月 6 日。

性解决纠纷和明确权利人权利救济途径。主要体现在以下三个方面：一是明确在建设工程处置过程中，执行法院不能消极等待权利申报，而应当通过张贴拍卖公告、调取工程合同、询问被执行人等方式主动查明有关权利人，通知其及时主张权利。这样做有两个好处：第一，尽量争取在执行程序中一次性解决争议，减少相关权利人的诉累，节约司法成本；第二，避免在执行过程中，因不同权利人分别主张权利而进行大量重复性工作。二是明确执行法院在执行实施阶段，要对尚未取得执行依据的案外人关于建设工程价款优先权的主张进行审查。在执行实践中，有的执行法院以案外人未取得执行依据为由，对其提出的关于建设工程价款优先受偿权的主张一律不予审查，而是告知其另行通过诉讼程序救济。这种做法既违反法律规定，也不符合诉讼经济理念，造成司法资源的浪费。这次《网拍指导意见》第3条明确规定，执行法院在处理此类请求时，应当围绕案外人的主张，对建设工程施工合同、建设工程完成情况等内容进行审查。经审查，认定案外人具有优先受偿资格的，应当将其工程价款债权纳入分配方案，当事人、其他债权人等对案外人建设工程价款优先权的真实性、优先受偿顺位和比例等提出异议的，可以通过分配方案异议及分配方案异议之诉程序救济。认定案外人不具有优先受偿资格的，案外人可以通过执行异议程序或者另诉救济。三是明确建设工程价款优先受偿权人以"以房抵债"为由，要求排除强制执行的处理程序。在执行实践中，存在建设工程价款优先受偿权人主张已与被执行人达成"以房抵债"协议，要求排除对相应房产强制执行的情况。这属于案外人对执行标的提出实体权利主张而排除执行的情形，执行法院应依照《民事诉讼法》第238条即案外人异议程序处理。经审查，认为案外人理由成立的，应当停止对相关标的执行。[1]

笔者认为，在建工程相较于无证房屋，处置时所涉及的问题更为复杂，尤其是确定财产处置参考价更为困难。即使被执行人能够提供资料，也需要较长时间确定财产处置参考价。除此之外，还涉及在建工程产权转移后，新的产权人继续建设时，与原产权人、管理部门之间的变更、审批等问题。因

---

〔1〕 参见最高人民法院：《最高人民法院执行局负责人就〈关于进一步规范网络司法拍卖工作的指导意见〉答记者问》，载微信公众号"最高人民法院"，最后访问时间：2024年11月20日。

此，谨慎地执行在建工程、丰富执行方式，非常必要。

(3) 保障性住房

保障性住房的执行，特殊之处在于法律、行政法规等对保障性住房的交易限制，包括转让限制、资格限制、上市年限限制等。保障性住房的执行能否突破这些交易限制，本质上是执行权和行政权之间的关系问题。总体来说，执行权与行政权应该相互尊重、彼此协作。一方面，法院、行政机关应当各司其职、不得僭越；另一方面，法院、行政机关应当相互尊重、彼此协作。[1]关于保障性住房的处置规则，《北京市法院执行局局长座谈会（第十次会议）纪要——关于强制执行中财产处置若干问题的意见》中提到："对经济适用房、限价商品房、共有产权房等保障性住房上市交易年限的限制性规定，属于对一般性市场交易的限制，不适用于司法处置。处置时，应当将竞买人的主体资格明确限定为具有购买经济适用房、限价商品房、共有产权房等保障性住房的主体资格。依法拍卖、变卖成交或以物抵债后，执行法院协调不动产登记部门办理过户登记手续。协调不成的，依法强制其办理对该房屋的过户登记手续。"[2]

另外，中央在京单位已购公有住房（简称"央产房"）的交易规则更为复杂，需要经过特定的审批程序才能进入交易市场。所以，执行法院处置央产房时，除提前与不动产登记管理部门沟通外，还应当与央产房管理单位等部门沟通、征询其意见（在实践中，确有部门不同意处置的情况），并在向不动产登记中心送达协助执行手续前，向管理单位送达相关手续。

此外，回迁安置房属于广义上的保障性住房，其在被处置时也比较特殊，目前并无回迁安置房不得执行的规定。回迁安置房的处置风险有如下几点：一是拆迁安置周期长，导致多数回迁安置房交房和办理产权登记时间跨度较大，常出现开发商预查封的情况；二是有的部门要求回迁安置房在拍卖后，人民法院应当告知买受人不动产需进行二次过户，即先过户给被安置人，再过户至买受人名下；三是政策因素复杂，在实践中常出现多头、多部

---

[1] 参见肖建国、庄诗岳：《论民事执行权与行政权的冲突与协调》，载《东岳论丛》2020年第6期。

[2] 参见北京市高级人民法院：《会议纪要 | 北京法院：关于强制执行中财产处置若干问题的意见》，载微信公众号"中国破产法论坛"，最后访问时间：2019年11月14日。

门负责拆迁安置工作的情况，使得回迁安置房的执行工作更为复杂。

（4）宅基地使用权及地上房屋

我国现行法律并不禁止宅基地使用权进行司法拍卖，只是对其拍卖的条件和程序提出了很高的要求。《国土房产协助执行通知》第24条第2款规定："对处理农村房屋涉及集体土地的，人民法院应当与国土资源管理部门协商一致后再行处理。"由此可以看出，宅基地以及其上的住房，人民法院在满足相关条件下仍然可以进行处置。[1]但是，就我国现行宅基地使用权的规定以及地上房屋的管理情况来看，所谓满足相关条件并与国土资源管理部门以及其他部门协商一致，这两个条件较难实现。所以，在实务中处理宅基地使用权以及地上房屋，不仅要慎之又慎，确保符合相关法律、行政法规等规定，而且必须提前做好调查和沟通工作。

（5）划拨方式取得的国有土地使用权

《最高人民法院关于人民法院执行以划拨方式取得的土地使用权的请示的答复》中提到："安徽省高级人民法院：你院［2004］皖执监字第175号《关于中国农业银行砀山县支行申请执行安徽省国营砀山葡萄酒罐头工业公司、安徽省砀山果园场借款合同纠纷一案的请示》收悉。经研究，答复如下：经审查，原则同意你院审判委员会倾向性意见。宿州市中级人民法院［2003］宿中法执字第130-1号民事裁定书所处置的财产虽然涉及国有划拨土地使用权，但事先已经双方当事人同意，事后砀山县土地主管部门又予以认可，符合《中华人民共和国城市房地产管理法》和《中华人民共和国城镇国有土地使用权出让和转让暂行条例》的相关规定及国家土地局［1997］国土函字第96号《对最高人民法院法经［1997］18号函的复函》[2]精神。因此，宿州市中级人民法院上述民事裁定并无不当。但是在具体工作中应严格程序，注意及时同相关部门沟通协商。"需要注意的是，执行法院可依法

---

[1] 参见黄世增：《宅基地在司法拍卖中的几个难点问题》，载中国法院网，https://www.chinacourt.org/article/detail/2020/04/id/4876674.shtml，最后访问时间：2024年8月29日。

[2] 《国家土地管理局对最高人民法院法经（1997）18号函的复函》内容如下："……对通过划拨方式取得的土地使用权，由于不属于当事人的自有财产，不能作为当事人财产进行裁定。但在裁定转移地上建筑物、附着物涉及有关土地使用权时，在与当地土地管理部门取得一致意见后，可裁定随地上物同时转移。凡属于裁定中改变土地用途及使用条件的，需征得土地管理部门同意，补交出让金的，应在裁定中明确，经办理出让手续，方可取得土地使用权……"

拍卖被执行人名下通过划拨方式取得的国有土地使用权,但应在拍卖过程中依法妥善处理函商当地政府、充分披露信息等执行工作具体事宜。[1]

(6) 被执行人及所扶养家属维持生活必需的居住房屋

被执行人及所扶养家属维持生活必需的居住房屋,即通常所说的唯一住房。关于唯一住房能否处置的问题,曾长期处于争议状态。《异议复议规定》施行后,其处置规则尘埃落定。《异议复议规定》第20条规定:"金钱债权执行中,符合下列情形之一,被执行人以执行标的系本人及所扶养家属维持生活必需的居住房屋为由提出异议的,人民法院不予支持:①对被执行人有扶养义务的人名下有其他能够维持生活必需的居住房屋的;②执行依据生效后,被执行人为逃避债务转让其名下其他房屋的;③申请执行人按照当地廉租住房保障面积标准为被执行人及所扶养家属提供居住房屋,或者同意参照当地房屋租赁市场平均租金标准从该房屋的变价款中扣除5至8年租金的。执行依据确定被执行人交付居住的房屋,自执行通知送达之日起,已经给予3个月的宽限期,被执行人以该房屋系本人及所扶养家属维持生活的必需品为由提出异议的,人民法院不予支持。"对此,河南省高级人民法院提出了被执行人对此提出执行异议后的处理思路:"《民事诉讼法》第244条规定,'被执行人未按执行通知履行法律文书确定的义务,人民法院有权查封、扣押、冻结、拍卖、变卖被执行人应当履行义务部分的财产。但应当保留被执行人及其所抚养家属的生活必需品。采取前款措施的,人民法院应当作出裁定。'据此人民法院在执行过程中应当保留被执行人及其所抚养家属的生活'必需品'。在执行实践中要注意'唯一住房'在法律上绝不等同于被执行人及其所抚养家属生活所'必需的住房',而是要看其是否超过了'生活必需'的标准。'唯一住房'是否为被执行人'生活必需'应综合考量被执行人的经济状况、房屋的实际占有使用权情况以及房屋的价值、地理位置等相关情况来确定。若房屋存在出租、出借给他人使用等并非用来实际居住的情形,则可以充分说明被执行人并非依靠涉案房产维持其基本生存,故人民法院可以对房产进行依法处置。另外,地段位置等其他因素也可能对涉案房产价值具有重要影响。人民法院在评估过程中也应当综合考虑予以认定。对于

---

[1] 参见四川省高级人民法院(2016)川执复168号执行裁定书。

面积虽然小，但总体价值仍然较高的房产，也可予以强制执行。《执行异议和复议规定》第 20 条规定，'金钱债权执行中，符合下列情形之一，被执行人以执行标的系本人及所抚养家属维持生活必需的居住房屋为由提出异议的，人民法院不予支持；①对被执行人有抚养义务的人名下有其他能够维持生活必需的居住房屋的；②执行依据生效后，被执行人为逃避债务转让其名下其他房屋的；③申请执行人按照当地廉租住房保障面积标准为被执行人及其所抚养家属提供居住房屋的或者同意参照当地房屋租赁市场平均租金标准从该房屋的变价款中扣除 5 至 8 年租金的。'对于可执行的'唯一住房'的执行，以置换和预留租金两种方式为主。在执行过程中，经过评估拍卖程序后所得价款远超过申请执行人债权数额，人民法院可根据实际情况采取'以大换小'或'以近换远'的方式为被执行人另外按照当地廉租住房保障面积标准提供住房以解决被执行人及其所抚养家属的居住问题。此种执行方式便于减少社会矛盾，利于执行工作的推进。然而，相关置换房屋的选择、过渡房的产权、腾退等问题，可能由于被执行人的不配合而引发新的纠纷，执行中应注意与被执行人的沟通协调。另外一种执行方式为预留租金，被执行人房产被拍卖后，可从拍卖款中参照当地房屋租赁市场平均租金标准预留被执行人 5 至 8 年的房屋租赁、物品搬迁费用，由被执行人自行解决居住问题。"[1]

需要说明的是，执行被执行人及所扶养家属维持生活必需的居住房屋还需要注意以下问题：

一是拍卖被执行人名下唯一住房并不一定是最优执行方式。拍卖被执行人名下唯一住房时，应当根据比例原则，依次审查拍卖的适当性、必要性及衡量性，可用比例原则的三个子原则以"三步法"对拍卖行为予以规范审查：拍卖房屋难以实现执行到位的执行目的的，不符合适当性原则；可选择其他替代执行措施而减少对权益的侵害的，不符合必要性原则；拍卖房屋对被执行人及案外人权益的损害后果与拍卖可达目的之间不成比例的，不符合衡量性原则。若有其一不符合，则不宜对被执行人名下唯一住房予以拍卖，

---

[1] 河南省高级人民法院：《干货｜不动产执行中常见问题裁判规则 10 条》，载微信公众号"豫法阳光"，最后访问时间：2018 年 9 月 6 日。

以保障被执行人基本生存与居住权益。[1]

二是即便房屋系被执行人的唯一住房，但只要对被执行人有扶养义务的人名下有其他能够维持生活必需的居住房屋的，执行法院仍然可以执行。[2]

三是处置唯一住房并非只能选择从该房屋的变价款中扣除5至8年租金，申请执行人同意按照当地廉租住房保障面积标准为被执行人及所扶养家属提供居住房屋的，法院仍然可以执行。[3]

四是关于租金计算标准的问题，需要综合考虑以下几点因素：①计算公式。可以参照下列公式：租金＝被执行人及所扶养家属人数（人）×当地廉租住房保障人均面积（平方米/人）×当地房屋租赁市场平均租金（元/平方米）×时限（年/月）。②当地房屋租赁市场平均租金的标准。首先，租金标准的认定。同一城市不同区域和地段的租金差异较大，"当地"应当理解为所在城市或者区县，以官方发布的近期房屋租赁市场平均租金为计算标准；如果没有官方数据，可以综合考虑原房屋所在位置、是否上学或就医等因素认定租金。其次，人均租房面积的确定。可按照当地最低生活保障或廉租住房保障面积的标准予以认定。③所扶养家属的核定。首先，被执行人所扶养家属可解释为依照《民法典》具有抚养、扶养或赡养义务的家属，但并不意味着该家属可以自然纳入安置。如果该家属与被执行人共同居住且没有其他住房，可以纳入安置范围；如果该家属没有共同居住或有其他住房，则不能纳入。其次，如果该亲属除了被执行人外还有其他具有抚养、扶养或赡养义务的人员，可以按具有义务的人员数量平摊租金。在实践中，有些老人或者未成年人可能在若干个具有抚养或赡养义务的亲属之间轮流居住，此时不宜完全由该案被执行人承担全部租金。再次，不在上述家属范围的共同居住人也不能纳入统计范围，在实践中可能存在其他亲属或者朋友与其共同居住的情况。④确定时限的标准。首先，可根据人员收入情况、年龄结构、身体状况等因素综合认定年限。针对没有收入或者收入较低者、未成年人或者生活不便的老人，在5至8年内可以酌情从宽计算年限。其次，可根据被执行人

---

[1] 参见广西壮族自治区柳州市中级人民法院（2022）桂02执复60号执行裁定书。
[2] 参见河北省高级人民法院（2021）冀执复87号执行裁定书。
[3] 参见福建省高级人民法院（2022）闽执复43号执行裁定书。

的配合和履行意愿酌情从宽或从严审查确定年限,以激励被执行人及其家属主动履行法律义务、节约司法资源。⑤应当由被执行人及所扶养家属就存在扶养关系承担举证责任并自行承担举证不利的后果。该标准仅限于金钱给付类案件,不适用于以继承、交付等为执行行为的案件。如果房屋变价款在清偿债务后仍有剩余、需要退还被执行人,且该金额足以覆盖上述租金标准的,不再单独扣除租金。

五是从该房屋的变价款中扣除5至8年租金的具体数额的确定,执行法院有一定的自由裁量权。《北京市法院执行局局长座谈会(第十次会议)纪要——关于强制执行中财产处置若干问题的意见》中提到,参照《异议复议规定》第20条的规定,被执行人只有一处住房的,不构成豁免执行的事由,执行法院应当积极推进处置工作。处置中,告知被执行人将视其配合腾退的态度及进展,决定为被执行人及其所扶养家属保留租金的年限,以督促其自动履行。[1]在实践中,执行法院关于预留租金具体数额的自由裁量权,能够有效解决拍卖后腾退和交付难的问题。

六是《刑事财产部分执行规定》第16条规定:"人民法院办理刑事裁判涉财产部分执行案件,刑法、刑事诉讼法及有关司法解释没有相应规定的,参照适用民事执行的有关规定。"因此,对于罚金刑的刑事执行案件中被执行人名下唯一住房的执行问题,可参照适用民事执行中的相关规定办理。[2]需要注意的是,在刑事裁判涉财产刑执行案件中,如果处置的是被执行人的合法财产,那么为被执行人及所扶养家属提供维持生活必需的居住房屋或者保留相应租金,符合法律规定。但是,在责令退赔被害人损失或者追缴违法所得等判项中,如果查封财产系涉案财产,即赃物或者赃款购置的赃物,则不能为被执行人及所扶养家属提供维持生活必需的居住房屋或者保留相应租金。

(7)上市公司股票转让限制的问题

《最高人民法院执行办公室关于执行股份有限公司发起人股份问题的复

---

〔1〕参见北京市高级人民法院:《会议纪要|北京法院:关于强制执行中财产处置若干问题的意见》,载微信公众号"中国破产法论坛",最后访问时间:2019年11月14日。

〔2〕参见人民法院报:《法答网精选问答(第三批)》,载中国法院网,https://www.chinacourt.org/article/detail/2024/03/id/7861213.shtml,最后访问时间:2024年8月29日。

函》中答复称，人民法院强制执行股权不受发起人 3 年限售期的限制。[1]被执行人持有发起人股份的有关公司和部门应当协助人民法院办理转让股份的变更登记手续。为保护债权人的利益，该股份转让的时间应从人民法院向有关单位送达转让股份的裁定书和协助执行通知书之日起算。《北京市法院执行局局长座谈会（第十次会议）纪要——关于强制执行中财产处置若干问题的意见》中提到："对股份有限公司的股份进行处置，不受《公司法》第 141 条[2]所规定的转让期限、转让比例的限制。"[3]上市公司实际控制人之股票可以通过网络司法拍卖进行处置，并不受减持规定的限制。人民法院在网拍平台上整体处分实际控制人股票，则拍卖成交的买受人将取得股票的所有权益，包括大股东的身份及控股权，不属于减持的情形；且中国证券监督管理委员会发布的《上市公司股东、董监高减持股份的若干规定》系规范性文件，效力低于法律规定，不得以此为由暂缓执行。[4]

（8）京牌小客车

根据《北京市高级人民法院京牌小客车司法处置工作有关问题解答》，为了有效缓解北京市交通拥堵状况，降低能源消耗和减少环境污染，2011 年起北京市开始实施小客车数量调控政策，但为了保障诉讼当事人的权益，规范小客车的司法处置。2013 年，《（北京市小客车数量调控暂行规定）实施细则（2013 年修订）》第 33 条第 3 款规定，因本市法院司法拍卖本市号牌小客车发生所有权转移的，竞买人须符合小客车配置指标申请条件，竞拍成功后买受人持市高级人民法院和指标管理机构共同出具的相关证明文件，到公安机关交通管理部门办理转移登记手续。原车辆所有人不能因此获得更新指标。即允许从 2014 年起，小客车司法处置的买受人可将竞买获得的小客车过户到自己名下，但不享有原车号牌号码，需要重新申请新号牌号码。

根据《北京市高级人民法院京牌小客车司法处置工作实施细则（试行）》，本市法院司法处置京牌小客车在北京产权交易所开发的司法处置网

---

[1] 根据《公司法》（2023 修订）第 160 条，发起人股份转让的限售期为 1 年。
[2] 现为《公司法》（2023 修订）第 160 条。
[3] 参见北京市高级人民法院：《会议纪要 | 北京法院：关于强制执行中财产处置若干问题的意见》，载微信公众号"中国破产法论坛"，最后访问时间：2019 年 11 月 14 日。
[4] 参见广东省深圳市福田区人民法院（2018）粤 0304 执异 1 号执行裁定书。

络平台上进行。采用"设定最高限价的竞价模式"，以车辆评估价为起拍价进行处置。同时规定车辆最高限价，暂定为车辆评估价的150%。多人报出最高限价时，司法处置网络平台根据统一设定的条件，自动确定最终买受人。统一设定的条件为参与北京市小客车指标调控管理信息系统累计摇号次数最多的竞买人成为最终买受人；多名竞买人累计摇号次数相同，则北京市小客车指标调控管理信息系统注册时间最早的竞买人为最终买受人。

《北京市法院执行局局长座谈会（第十次会议）纪要——关于强制执行中财产处置若干问题的意见》规定，对机动车进行处置，可带号拍卖，也可裸车拍卖。处置前，应当向车籍地公安机关调取机动车登记信息。拍卖中，对车辆品牌、车辆类型、营运性质、违章信息、排放标准、检验状态等信息予以明确披露。

北京、天津、河北三家高级人民法院于2023年会签了《关于进一步深化京津冀三地法院执行联动协作工作的备忘录》，自此明确了带指标京牌小客车司法处置协作机制。天津、河北法院可以将需要处置的京牌车辆，委托北京法院开展"一站式""全流程"处置。

（9）碳排放配额和核证自愿减排量

碳排放配额、核证自愿减排量属于一种新类型的财产性权利，与知识产权等企业无形财产相似，作为一种交易产品，可以被认定为可供执行的财产范畴。人民法院可以对企业未使用的碳排放配额、核证自愿减排量采取执行措施，拓展民事执行新思路，以高质量执行工作充分激发碳市场活力，将被执行企业财产价值最大化，从而提升执行质效。[1]《最高人民法院关于完整准确全面贯彻新发展理念 为积极稳妥推进碳达峰碳中和提供司法服务的意见》第20条规定："依法办理涉碳排放配额、核证自愿减排量金钱债权执行案件。对被执行人的存款、现金、有价证券、机动车等可以执行的动产和其他方便执行的财产执行完毕后，债务仍未能得到清偿的，可依法查封、扣押、冻结被执行人的碳排放配额、核证自愿减排量。查封、扣押、冻结的财产不得超出被执行人应当履行义务部分的范围。应当向碳排放权、核证自愿

---

[1] 参见赵岩：《现场挂牌，1万余吨碳排放额当场成交!》，载《人民法院报》2024年4月12日，第01版。

减排注册登记机构、交易机构送达执行裁定书和协助执行通知书。"

(10) 钢铁产能

钢铁产能指钢铁企业在生产计划期内参与生产的全部固定资产，即在既定的钢铁冶炼技术条件下，所能生产出钢铁成品的产品数量或能够处理的铁矿石数量。2013年，《国务院关于化解产能严重过剩矛盾的指导意见》首次明确提出，鼓励各地积极探索政府引导、企业自愿、市场化运作的产能置换指标交易，形成淘汰落后与发展先进的良性互动机制。根据该指导意见，各地也纷纷施行钢铁产能使用权交易管理办法。2015年，工业和信息化部印发的《部分产能严重过剩行业产能置换实施办法》第6条规定，在特定情形下，产能指标通过市场化运作，可以进行交易。2021年6月1日，工业和信息化部施行的《钢铁行业产能置换实施办法》明确了大气污染防治重点区域严禁增加钢铁产能总量，同时详细规定了钢铁产能置换的规则和办法。根据上述规定，钢铁产能作为企业的无形财产，具备财产属性和非常高的价值，法院可以对钢铁产能指标采取查封、评估和拍卖等执行措施。

(11) 排污权

排污权是指经排污单位核定，允许其排放的污染物种类和数量；换言之，就是企业或其他主体在符合相关规定的前提下，在一定空间和时间内，被允许向环境排放一定量某类污染物的权利。根据《环境保护法》《国务院办公厅关于进一步推进排污权有偿使用和交易试点工作的指导意见》以及各地制定的相关条例和办法，部分地区实行了排污权交易制度，也使排污权成为了一种可以交易的财产。法院可以通过司法拍卖等方式对排污权进行变价，最大限度实现债权人合法权益，既能盘活闲置财产保证排污权的合理流动、促进环境资源的优化配置，又兼顾了环境效益、社会效益、经济效益。

(12) 采矿权

原则上，采矿权属于财产性权利，执行法院可以处置。但在采矿权的执行过程中，采矿权是否可以延期、是否准许延期等是行政机关的职权范围。执行采矿权以及与采矿权相关退款时，执行法院应当加强与行政机关的沟通协调，确保执行采矿权以及与采矿权相关的退款符合相关条件，避免由此产生新的纠纷、激化矛盾。[1]

(二) 价的相关问题

1. 起拍价与变卖价的确定

《网拍规定》第 10 条第 1 款规定："网络司法拍卖应当确定保留价，拍卖保留价即为起拍价。"需要说明的是，起拍价与参考价并不一定相同，前者是在参考价的基础上确定的，有可能与参考价一致，也有可能低于或者高于参考价。

(1) 第一次拍卖起拍价的确定

第一次拍卖起拍价应参照参考价或者市价确定。《网拍规定》第 10 条第 2 款规定："起拍价由人民法院参照评估价确定；未作评估的，参照市价确定，并征询当事人意见。起拍价不得低于评估价或者市价的 70%。"《2009 委托评估拍卖变卖规定》与《网拍规定》不一致的，基于特殊法优于一般法原则，应当适用《网拍规定》，且不区分动产或不动产。[2]

关于第一次拍卖起拍价的确定，需要注意的是：

一是司法解释并没有规定第一次拍卖起拍价不得高于参考价，且执行办案系统中的网络司法拍卖平台也并未对此做技术限制。

二是为了确保财产顺利成交、充分竞价并保障当事人合法权益，执行法院倾向于以合理起拍价启动拍卖，吸引更多竞买人参与，由市场竞争决定成交价值。例如，《北京市高级人民法院关于网络司法拍卖工作若干问题的通知》规定，关于网拍起拍价的确定。第一次拍卖，起拍价原则上按照评估价或市价的 70% 确定，高于 70% 的，报主管院长或局长批准，高于 80% 的，报市高院备案。流拍后再次拍卖的，起拍价原则上按第一次拍卖起拍价的 80% 确定，高于 80% 的，报市高院备案。

三是"无益拍卖"时起拍价确定另有规则，但仍受"起拍价不得低于评估价或者市价的 70%"的限制。《拍卖规定》第 6 条第 1 款规定："保留价确定后，依据本次拍卖保留价计算，拍卖所得价款在清偿优先债权和强制执行费用后无剩余可能的，应当在实施拍卖前将有关情况通知申请执行人。

---

[1] 参见最高人民法院（2023）最高法执监 348 号执行裁定书。
[2] 参见最高人民法院（2022）最高法执复 55 号执行裁定书。

申请执行人于收到通知后 5 日内申请继续拍卖的，人民法院应当准许，但应当重新确定保留价；重新确定的保留价应当大于该优先债权及强制执行费用的总额。"

四是股权、股份的评估价值为零或负值时，起拍价确定规则较为特殊。《北京市法院执行局局长座谈会（第十次会议）纪要——关于强制执行中财产处置若干问题的意见》中提到，股权、股份的评估价值为零或负值的，按照《拍卖规定》第 9 条[1]的规定办理。申请执行人要求继续拍卖的，确定的拍卖保留价不得低于评估费用及强制执行费用的总额。[2]需要说明的是，股权的价值构成非常复杂，其与公司的资产负债情况也并非对应关系。有些股权的评估价值虽然为零或负，但如果公司有良好的企业商誉或者市场发展前景，或者有为公众认可的知名商标，或者其产业链、市场布局恰巧为其他公司所欠缺，有时也能拍出非常可观的价格。[3]

五是股权无法评估价值时第一次拍卖起拍价的确定。《执行股权规定》第 12 条第 2 款规定："评估机构根据现有材料无法出具评估报告的，经申请执行人书面申请，人民法院可以根据具体情况以适当高于执行费用的金额确定起拍价，但是股权所在公司经营严重异常，股权明显没有价值的除外。"

六是适用无保留价拍卖有严格的前提条件。《刑事财产部分执行规定》第 12 条规定："被执行财产需要变价的，人民法院执行机构应当依法采取拍卖、变卖等变价措施。涉案财物最后一次拍卖未能成交，需要上缴国库的，人民法院应当通知有关财政机关以该次拍卖保留价予以接收；有关财政机关要求继续变价的，可以进行无保留价拍卖。需要退赔被害人的，以该次拍卖保留价以物退赔；被害人不同意以物退赔的，可以进行无保留价拍卖。"最新发布的《网拍指导意见》第 5 条规定，完善刑事涉案财产变价程序。刑事裁判涉财产部分执行，涉案财物最后一次拍卖未能成交的，执行法院应当按照《刑事财产部分执行规定》第 12 条第 2 款规定，征询财政部门、被害人

---

[1] 现为《拍卖规定》（2020 修正）第 6 条。

[2] 参见北京市高级人民法院：《会议纪要 | 北京法院：关于强制执行中财产处置若干问题的意见》，载微信公众号"中国破产法论坛"，最后访问时间：2019 年 11 月 14 日。

[3] 参见杨兵生、叶煜楠：《类案裁判方法 | 涉有限责任公司股权执行的办理思路和执行要点》，载微信公众号"上海一中院"，最后访问时间：2020 年 4 月 14 日。

是否同意接收财产或者以物退赔等意见。财政部门、被害人不同意接收财产或者以物退赔的，可以进行无保留价拍卖。但对不动产、采矿权、大宗股票等价值较高的财产进行无保留价拍卖的，应当合理确定保证金和加价幅度，经合议庭合议后，报主管院领导批准。对此，最高人民法院还专门就修正《刑事财产部分执行规定》第12条规定的程序问题作出解释，称刑事涉财案件的财产处置一直是执行工作的难点。对于涉财产刑、无被害人的刑事退赔案件，必须要对执行财产进行变价，然而此类案件涉及的财产往往权属关系复杂、还可能存在案外人主张民事债权参与分配等情况，变现难度大。在财产难以变价又无法以物退赔的情况下，执行财产长期搁置，还将不断增加保管成本。为解决上述问题，2014年最高人民法院施行的《刑事财产部分执行规定》第12条设计了特殊的财产处置方式，即对于刑事裁判所涉财产的拍卖，在国家财政机关、被害人等权利主体不同意接收流拍财产的情况下，可不拘于民事执行拍卖程序的一般规定，实行无保留价拍卖。通过这种制度设计，尽可能推进执行财产变现，尽快实现追赃挽损目的。在执行实践中，个别法院机械适用无保留价拍卖，对不动产等价值较高的财产进行无保留价拍卖时，未设定符合财产价值的保证金和加价幅度，过分依赖市场对价格的检验，但在参与主体有限、保证金低、加价幅度小、竞价不足的情况下，极易导致拍卖程序过于烦琐冗长或高价财产以明显不合理的低价成交。针对上述问题，《网拍指导意见》第5条在现有法律和司法解释的框架内，进一步完善了刑事涉案财产变价程序，明确规定刑事涉案财产最后一次拍卖未能成交的，应当严格依照《刑事财产部分执行规定》第12条第2款规定，征询财政部门、被害人是否同意接收财产或者以物退赔等意见；财政部门、被害人不同意接收财产或者以物退赔的，才可以进行无保留价拍卖。此外，对不动产、采矿权、大宗股票等价值较高的财产，确需进行无保留价拍卖的，也应当对适用程序严格把关，在拍卖前要确定合理的保证金和加价幅度，并须经合议庭评议后报主管院领导批准。[1]

但是，鉴于实践中办案系统和适用情形的问题，有的法院另对该程序进

---

[1] 参见最高人民法院：《最高人民法院执行局负责人就〈关于进一步规范网络司法拍卖工作的指导意见〉答记者问》，载微信公众号"最高人民法院"，最后访问时间：2024年11月20日。

行修正。例如,《北京市高级人民法院关于进一步规范执行程序中财产处置有关事项的解答(一)》中提到,刑事财产执行案件涉案财产网络司法拍卖第二次拍卖流拍后如何处理。刑事涉案财产经网络司法拍卖第二次拍卖流拍,有关财政机关、退赔权利人不同意接收或者不同意以物退赔的,应当按照《网拍规定》第26条第2款的规定,在同一网络司法拍卖平台变卖。刑事涉案财产经网络司法变卖未成交,有关财政机关、退赔权利人仍不同意接收或者不同意以物退赔的,应当按照《网拍规定》,重新启动拍卖程序。根据上述规定,应当重新启动拍卖、变卖程序,而非采取无保留价拍卖程序。还有的法院采用"多轮降价拍"方式,即法院无需重新合议审定拍卖公告、重新操作一轮上拍流程,只需明确降价幅度、公告时间,系统便可以在流拍后自动按照法院合议的规则重新设定起拍价、保证金、加价幅度等。[1]

此外,在罚金刑执行过程中,执行财产经拍卖未能成交时,是否可以进行无保留价拍卖?山东省高级人民法院认为,《刑事财产部分执行规定》第12条第2款规定:"涉案财物最后一次拍卖未能成交,需要上缴国库的,人民法院应当通知有关财政机关以该次拍卖保留价予以接收;有关财政机关要求继续变价的,可以进行无保留价拍卖。"但无保留价拍卖仅限于"涉案财物",而罚金刑的执行对象系被执行人的合法财产,不属于涉案财物,不可以进行无保留价拍卖。[2] 需要说明的是,根据上述意见,无保留价拍卖仅适用于涉案财物,但在实践中关于涉案财物的认定,仍存在争议。尤其是在现阶段刑事判决书中关于涉案财物的认定和判决并不明确的情况下,适用无保留价拍卖程序,应当慎之又慎。

(2)第二次拍卖起拍价的确定

第二次拍卖起拍价应参照第一次拍卖起拍价确定,此时第一次拍卖的起拍价也是第一次拍卖的流拍价。关于具体数额的确定,《网拍规定》第26条第1款规定:"……再次拍卖的起拍价降价幅度不得超过前次起拍价的20%。"

---

[1] 参见阿里拍卖:《全国首创!重新定义无底价拍卖——康定法院创新"多轮降价拍"财产处置模式》,载微信公众号"阿里拍卖",最后访问时间:2024年10月15日。

[2] 参见山东省高级人民法院:《山东高院执行疑难法律问题解答(二)》,载微信公众号"山东高法",最后访问时间:2020年7月29日。

(3) 变卖价的确定

变卖价应参照第二次拍卖起拍价确定，此时第二次拍卖的起拍价也是第二次拍卖的流拍价。关于具体数额的确定，《网络拍卖变卖衔接通知》第4点规定："……网络司法变卖的变卖价为网络司法拍卖二拍流拍价。各级人民法院应当认真领会《网拍规定》关于确定一拍、二拍起拍价的精神，在评估价（或市场价）基础上按《网络规定》进行降价拍卖。"

(4) 委托变价程序的特殊定价规则

《拍卖规定》第5条规定："拍卖应当确定保留价。拍卖财产经过评估的，评估价即为第一次拍卖的保留价；未作评估的，保留价由人民法院参照市价确定，并应当征询有关当事人的意见。如果出现流拍，再行拍卖时，可以酌情降低保留价，但每次降低的数额不得超过前次保留价的20%。"需要注意的是，委托变价程序包括第一次拍卖、第二次拍卖、第三次拍卖和变卖。第一次拍卖起拍价为参考价，第二次拍卖起拍价可以在第一次拍卖保留价基础上最多降价20%，第三次拍卖起拍价可以在第二次拍卖保留价基础上最多降价20%，变卖价即为第三次拍卖保留价。

2. 增价幅度的确定

《网拍规定》第20条第1款规定："网络司法拍卖从起拍价开始以递增出价方式竞价，增价幅度由人民法院确定。……"《规范网拍工作通知》规定："关于加价幅度如何确定问题。司法解释要求加价幅度应经过合议庭合议后确定，但实践中部分法院认为较难把握，加价幅度的确定也较为混乱，存在过低或过高的问题。加价幅度可参考以下原则确定：起拍价为10万元以下（含10万元）的标的物，加价幅度不宜超过起拍价的2%；起拍价为10万元至100万元（含100万元）的标的物，加价幅度不宜超过起拍价的1%；起拍价为100万元以上的标的物，加价幅度不宜超过起拍价的0.5%。"需要说明的是，各拍卖阶段的增加幅度确定的基础是相应阶段的起拍价，而非参考价。

(三) 保证金的相关问题

实名交纳保证金是参与竞买的前提条件。《网拍规定》第17条第2款规定："竞买人应当在参加拍卖前以实名交纳保证金，未交纳的，不得参加竞买……"

1. 拍卖保证金的确定

关于保证金应参照起拍价确定,《拍卖规定》第 10 条第 1 款规定:"……保证金的数额由人民法院确定,但不得低于评估价或者市价的 5%。"《网拍规定》第 17 条第 1 款规定:"保证金数额由人民法院在起拍价的 5% 至 20% 范围内确定。"需要说明的是,各拍卖阶段的保证金确定的基础是相应阶段的起拍价,并非参考价。另外,第一次拍卖和第二次拍卖的保证金均按照上述规则确定。

在执行股权时,如果无法评估股权价值,保证金的确定可以由人民法院酌定。《执行股权规定》第 12 条第 2 款规定:"评估机构根据现有材料无法出具评估报告的,经申请执行人书面申请,人民法院可以根据具体情况以适当高于执行费用的金额确定起拍价,但是股权所在公司经营严重异常,股权明显没有价值的除外。"《执行股权规定》第 12 条第 3 款规定:"依照前款规定确定的起拍价拍卖的,竞买人应当预交的保证金数额由人民法院根据实际情况酌定。"但现阶段执行办案系统中的网络司法拍卖平台有"起拍价的 5% 至 20%"的限制,所以在实践中也需要在此范围内酌定。

关于在幅度内确定具体数额的程序,《网拍规定》第 27 条规定:"起拍价及其降价幅度、竞价增价幅度、保证金数额和优先购买权人竞买资格及其顺序等事项,应当由人民法院依法组成合议庭评议确定。"需要注意的是,在实践中,当事人或者抵押权人等利害关系人申请按照某一具体的"价"作为起拍价、竞价增价幅度、保证金数额等,是否应予支持。根据上述规定,确定上述"价"的方式是合议庭评议确定,而非依据当事人或者利害关系人的申请;甚至即使当事人协商一致,也不能作为依据,只能作为合议庭评议时的参考。

另外,需要说明的是,《最高人民法院关于竞买人迟延交付部分保证金是否影响拍卖效力的答复》中提到:"执行程序中竞买人迟延交付部分保证金的,并不能当然否定竞拍资格及拍卖效力。"但现阶段,执行法院绝大多数通过网络变价方式处置财产,竞买人交纳全部保证金后方可参与竞拍,所以适用该批复的情况已极少出现。

2. 变卖保证金的确定

《网络拍卖变卖衔接通知》第5点规定:"……竞买人交齐变卖价全款后,取得竞买资格。竞买人可以向法院指定的账户交纳,也可以在变卖平台上在线报名并交纳。竞买人向法院指定账户交纳的,人民法院应当及时通过操作系统录入并推送给确定的变卖平台。"可见,网络司法变卖不同于网络司法拍卖,前者必须交纳全部款项后才可以启动变卖出价和竞价程序,而后者在交纳一定比例的保证金后即可启动拍卖出价和竞价程序。

因为网络司法变卖需要预交全部变价款,所以保证金不用单独交纳。虽然参与变卖需要交纳全部变卖款,但是并不是全部变价款都是保证金。变卖的保证金在变卖价的5%至20%范围内确定。该问题在变卖悔拍时尤为重要。变卖悔拍时,执行法院没收的只是保证金,并不能没收全部变卖款,变卖款(包括尾款)中超出保证金的部分,应退还买受人。

需要说明的是,变卖价类似于起拍价,并非不允许竞价。竞买人交纳变卖款后取得竞买资格,但出现其他竞买人参与竞价后,变卖成交价有可能超过预交的变价款。超出部分作为尾款,买受人应当及时交纳。

3. 申请执行人申请免交保证金的处理原则

因申请执行人享有债权请求权,从简化执行程序、提高执行效率、减轻申请执行人负担等角度考虑,司法解释规定申请执行人作为竞买人参与竞买时可以不预交竞买保证金,允许以其债权数额冲抵应交纳的保证金数额。《网拍规定》第17条第2款规定:"……申请执行人参加竞买的,可以不交保证金;但债权数额小于保证金数额的按差额部分交纳。"

需要说明的是,申请执行人免交保证金的数额,应小于其通过执行程序得以受偿的数额。在实践中应注意两个问题:一是如果按照现有起拍价成交,申请执行人通过执行财产分配程序可以分得的部分少于保证金数额,则不应准许其免交保证金,尤其是涉及无益拍卖的情况下;[1] 二是申请执行人的债权被另案扣留,即申请执行人系其他执行案件中被执行人,且另案执行法院向执行法院送达协助执行手续扣留该笔案款,此时,如果财产拍卖成交,申请执行人应得的变价款将被另案执行法院提取,如果准许其申请免交

---

[1] 参见江西省高级人民法院(2019)赣执复118号执行裁定书。

保证金并拍卖成交，则有逃避另案执行法院扣留措施之嫌。

4. 保证金的后续处理

《网拍规定》第 23 条规定："拍卖成交后，买受人交纳的保证金可以充抵价款；其他竞买人交纳的保证金应当在竞价程序结束后 24 小时内退还或者解冻。拍卖未成交的，竞买人交纳的保证金应当在竞价程序结束后 24 小时内退还或者解冻。"

（四）竞买人的相关问题

1. 竞买资格或者条件的问题

关于竞买人参与竞买是否需要竞买资格的问题，《网拍规定》第 14 条第 1 项规定："竞买人应当具备完全民事行为能力，法律、行政法规和司法解释对买受人资格或者条件有特殊规定的，竞买人应当具备规定的资格或者条件"。《拍卖房产规定》第 1 条规定："人民法院组织的司法拍卖房产活动，受房产所在地限购政策约束的竞买人申请参与竞拍的，人民法院不予准许。"《拍卖房产规定》第 5 条规定："司法拍卖房产出现流拍等无法正常处置情形，不具备购房资格的申请执行人等当事人请求以该房抵债的，人民法院不予支持。"另有意见称，竞买人应当符合相应的资格或条件，是在强制执行的同时遵循行政许可的要求，体现出执行权应与行政权相容而非互斥的治理理念。[1]

需要注意的是，以物抵债时同样要求承受人有相应资格或者条件。申请执行人在接受以物抵债时并未取得相应资质亦未获得相关监管部门批准的，执行法院不宜直接作出以物抵债裁定。[2]

关于竞买人资格审核的问题，《拍卖房产规定》第 3 条规定："人民法院在司法拍卖房产成交后、向买受人出具成交裁定书前，应当审核买受人提交的自其申请参与竞拍到成交裁定书出具时具备购房资格的证明材料；经审核买受人不符合持续具备购房资格条件，买受人请求出具拍卖成交裁定书的，人民法院不予准许。"《执行股权规定》第 15 条第 2 款规定："拍卖成交后，

---

[1] 参见人民法院报：《法答网精选答问（第一批）》，载中国法院网，https://www.china-court.org/article/detail/2024/03/id/7826303.shtml，最后访问时间：2024 年 8 月 29 日。

[2] 参见最高人民法院（2023）最高法执监 50 号执行裁定书。

人民法院应当通知买受人持成交确认书向相关部门申请办理股权变更批准手续。买受人取得批准手续的，人民法院作出拍卖成交裁定书；买受人未在合理期限内取得批准手续的，应当重新对股权进行拍卖。重新拍卖的，原买受人不得参加竞买。"可见，上述规定均采用不审核竞买人的资质而审查买受人资质的思路，在拍卖成交后出具成交裁定前进行审核。[1]

关于竞买人不具备竞买资格或者条件时如何处理的问题，《网拍规定》第31条和《异议复议规定》第21条均规定，买受人不具备法律、行政法规和司法解释规定的竞买资格的，当事人、利害关系人可以提出异议请求撤销拍卖。将买受人不具备法律规定的竞买资格的情形规定为可撤销拍卖的情形，是出于国家安全和经济安全的需要，是妥善处理执行权与行政权之间关系的制度设计。国家对特定财产权属的变动规定特殊的资格要求，属于国家对公共秩序进行管控的一部分，人民法院的强制执行活动亦应当遵守。[2]如果撤销拍卖，在实践中有两种后续处理方式：一是参照扰乱司法行为处理。《拍卖房产规定》第6条规定："人民法院组织的司法拍卖房产活动，竞买人虚构购房资格或者当事人之间恶意串通，侵害他人合法权益或者逃避履行法律文书确定的义务的，人民法院应当根据情节轻重予以罚款、拘留；构成犯罪的，依法追究刑事责任。"二是按照悔拍处理。《执行股权规定》第15条第3款规定："买受人明知不符合竞买资格或者条件依然参加竞买，且在成交后未能在合理期限内取得相关部门股权变更批准手续的，交纳的保证金不予退还。保证金不足以支付拍卖产生的费用损失、弥补重新拍卖价款低于原拍卖价款差价的，人民法院可以裁定原买受人补交；拒不补交的，强制执行。"需要说明的是，执行股权时，如果撤销拍卖的情形符合悔拍的规定，则人民法院应当按照悔拍处理。[3]因此，如果竞买人明知没有竞买资格，仍在竞价程序程序中给出最高价，显然具有更大的主观恶意，从维护司法秩序

---

[1] 参见何东宁等：《〈最高人民法院关于人民法院强制执行股权若干问题的规定〉的理解与适用》，载《中国应用法学》2022年第2期。

[2] 参见江必新、刘贵祥主编：《最高人民法院关于人民法院办理执行异议和复议案件若干问题规定理解与适用》，人民法院出版社2015年版，第271~272页。

[3] 参见最高人民法院执行局编著：《〈最高人民法院关于人民法院强制执行股权若干问题的规定〉理解与适用》，人民法院出版社2023年版，第269页。

的角度,应给予不低于悔拍的否定评价。[1]

另外,买受人不具备法律规定的竞买资格的,无论认定悔拍或者扰乱司法秩序,均应当撤销拍卖,[2]但是撤销拍卖后处理方式不同。房屋和股权执行因此撤销拍卖后,法律规定了具体处理方式;但是,法律并未对其他财产因此拍卖撤销后的情况作出明确规定,应参照何种方式处理尚无定论。笔者认为,其他财产撤销拍卖后如何处理,参照上述两种方式均可;但为妥善计,应当提前在拍卖公告中予以明确并披露,同时起到警示竞买人的作用,防止其无竞买资格恶意参与竞买。

2. 参与竞买人数的问题

关于一人参与竞拍,拍卖程序是否有效的问题,《网拍规定》第 11 条规定:"网络司法拍卖不限制竞买人数量。一人参与竞拍,出价不低于起拍价的,拍卖成交。"

另外,现阶段网络司法拍卖平台仅支持一个账号参与竞拍。如竞买人没有账号,需要委托他人代为竞买的,《网拍规定》第 14 条第 2 项规定:"委托他人代为竞买的,应当在竞价程序开始前经人民法院确认,并通知网络服务提供者"。如果有竞买人是数人的情况,即共同竞买,且拍卖成交后以共同共有或者按份共有方式共有财产权利,则应当在竞价程序开始前向人民法院提交申请书,并同时指定其中一人或者第三人代为竞买。需要注意的是,如果竞买人没有提前申请,拍卖成交后申请过户给第三人的,则该请求不会得到支持。

3. 申请执行人或者被执行人参与竞买的问题

关于申请执行人和被执行人是否可以参与竞买,《拍卖规定》第 12 条第 2 款规定:"申请执行人、被执行人可以参加竞买。"

4. 禁止参与竞买的情形

《网拍规定》第 34 条规定:"实施网络司法拍卖的,下列机构和人员不得竞买并不得委托他人代为竞买与其行为相关的拍卖财产:①负责执行的人

---

[1] 参见王赫:《蹭热点研究丨执行程序适用"限购政策"的相关问题简析》,载微信公众号"赫法通言",最后访问时间:2021 年 12 月 23 日。

[2] 参见最高人民法院(2016)最高法执监 53 号执行裁定书。

民法院；②网络服务提供者；③承担拍卖辅助工作的社会机构或者组织；④第1至3项规定主体的工作人员及其近亲属。"但是，如果相关人员参与竞买，并不一定导致撤销拍卖。以下通过案例裁判要旨把握相关司法精神：①负责执行的人民法院工作人员的亲姐妹不具备竞买资格。[1]②负责执行的人民法院工作人员子女的配偶具备竞买资格。[2]③拍卖公司股东与买受人之间存在亲属关系或关联关系，在买受人无法提供相反证据时，推定买受人与拍卖公司之间存在恶意串通的行为。[3]④拍卖辅助机构股东的股东，不等同于拍卖辅助机构的工作人员或近亲属，其有权参与竞拍。[4]综合以上裁判要旨，认定关联关系不能简单机械认定，应当通过具体案情把握。

另外，如果被执行人被采取限制消费措施，是否可以参与竞拍？最高人民法院认为，不能认定被限制消费的人不具备参与竞买的资格。竞买人作为另案被执行人参与竞拍的，依据《限制消费规定》的相关规定，若其违反限制消费令应当承担相应的法律责任，但并不必然导致其丧失竞买的资格。[5]

5. 优先购买权的问题

优先购买权作为民商法上当事人的一种法定权利，在拍卖过程中有获得保护的必要和可能。我国在实践中一直支持在司法拍卖程序中行使优先购买权。[6]

（1）优先购买权相关规定

关于优先购买权人的确定，《山东省高级人民法院关于进一步明确网络司法拍卖有关事项的通知》规定："网拍司法解释明确了优先购买权人可以在网络司法拍卖前进行信息添加和公告，但实践中，部分法院存在扩大优先购买权人范围的问题，将申请执行人和抵押权人列入优先购买权人，混淆了优先购买权和优先受偿权。根据有关法律法规的规定，在网拍中添加优先购买权人可参考以下原则确定：①有限责任公司的其他股东有优先购买权；

---

[1] 参见山东省淄博市中级人民法院（2020）鲁03委赔10号赔偿决定书。
[2] 参见吉林省白山市中级人民法院（2022）吉06执复23号执行裁定书。
[3] 参见最高人民法院（2012）执复字第6号执行裁定书。
[4] 参见云南省红河哈尼族彝族自治州中级人民法院（2022）云25执复39号执行裁定书。
[5] 参见最高人民法院（2021）最高法执监3号执行裁定书。
[6] 参见肖建国：《强制拍卖中优先购买权的保护》，载《人民法院报》2005年3月30日，第B02版。

②房屋的承租人有优先购买权；③合伙人、财产的按份共有人享有优先购买权；④知识产权法上的优先购买权等。"

需要说明的是，承租人承租的房屋系在抵押设立后的抵押土地使用权范围内建造的无证房屋或有证房屋，执行法院拍卖该土地使用权时对地上房屋所涉租赁关系依法应予以涤除，承租人的优先购买权法院可不予确认。[1]换言之，只有在承租权依法能够排除执行交付的情况下，其优先购买权才能得到保护。

另外，关于股份有限公司章程中有关股东享有股权对外转让优先购买权的规定能否约束法院的执行拍卖行为的问题。法律仅明确了有限责任公司的股东具有优先购买权，而股份有限公司不适用《公司法》第84条的规定。公司章程虽规定了股东优先购买权，但该章程系约束股东自主转让股权行为，对人民法院强制执行活动没有当然约束力。即使股东行使优先购买权，也应当在依法开展的拍卖、变卖程序中行使。[2]

在实践中，常有申请执行人主张优先购买权。对此，现行法律和司法解释并无关于申请执行人享有优先购买权的规定，因此申请执行人不享有此权利。需要注意的是，因为财产处置涉及的程序和权利较多且复杂，在实践中常有错误主张权利的情况出现。

（2）优先购买权的行使方式

《网拍规定》第19条规定："优先购买权人经人民法院确认后，取得优先竞买资格以及优先竞买代码、参拍密码，并以优先竞买代码参与竞买；未经确认的，不得以优先购买权人身份参与竞买。顺序不同的优先购买权人申请参与竞买的，人民法院应当确认其顺序，赋予不同顺序的优先竞买代码。"

《网拍规定》第21条规定："优先购买权人参与竞买的，可以与其他竞买人以相同的价格出价，没有更高出价的，拍卖财产由优先购买权人竞得。顺序不同的优先购买权人以相同价格出价的，拍卖财产由顺序在先的优先购买权人竞得。顺序相同的优先购买权人以相同价格出价的，拍卖财产由出价在先的优先购买权人竞得。"

---

[1] 参见江苏省高级人民法院（2017）苏执复29号执行裁定书。
[2] 参见最高人民法院（2020）最高法执监18号执行裁定书。

(3) 通知的问题

《网拍规定》第 16 条第 1 款规定："网络司法拍卖的事项应当在拍卖公告发布 3 日前以书面或者其他能够确认收悉的合理方式，通知当事人、已知优先购买权人。权利人书面明确放弃权利的，可以不通知。无法通知的，应当在网络司法拍卖平台公示并说明无法通知的理由，公示满 5 日视为已经通知。"《网拍规定》第 16 条第 2 款规定："优先购买权人经通知未参与竞买的，视为放弃优先购买权。"在实践中，关于通知程序瑕疵而产生的争议，解决上较为复杂。可通过以下案例裁判要旨，把握通知程序瑕疵的一般处理原则：

一是《网拍规定》的相关规定，执行法院在网络司法拍卖前向优先购买权人履行相关通知义务的前提是，该优先购买权人的资格已经得到执行法院确认，是确定的、已知的优先购买权人。申诉人未按照执行法院有关通知要求提交材料申请确认其优先购买权人资格的，在此情况下，申请人主张执行法院拍卖财产未尽到通知义务使其丧失优先购买权机会，并以此请求撤销拍卖的，不予支持。[1]

二是执行法院拍卖前已经将被执行财产的共有人列为第一顺位优先购买权人，并且分别以法院专递方式邮寄送达和发布拍卖公告形式公告的，视为执行法院已经履行了通知义务。共有人没有通过执行法院公告的联系方式自行向法院或者拍卖辅助机构工作人员询问了解如何行使优先购买权，后以执行法院拍卖行为损害其优先购买权为由申请撤销拍卖的，不予支持。[2]

三是执行法院刊登的拍卖公告已起到公示公告效果，此时，具有优先购买权的股东以执行法院对优先购买权人未尽到通知义务为由，请求确认拍卖无效、撤销拍卖成交裁定的，执行法院不予支持。[3]

四是在网络司法拍卖中，《网拍规定》第 19 条规定优先购买权人需要在拍卖前经人民法院确认其资格，才可能以优先购买权人的地位参与竞拍，并获得竞拍优势，否则只能作为一般竞买人参加拍卖。人民法院应当严格依法

---

[1] 参见广东省高级人民法院（2020）粤执监 40 号执行裁定书。
[2] 参见海南省高级人民法院（2023）琼执监 22 号执行裁定书。
[3] 参见北京市高级人民法院（2016）京执监 5 号执行裁定书。

依规履行其职责,包括事先通知优先购买权人。但是在实践中优先购买权人仍可能未及时收到通知,原因多种多样,有的是因为当事人未向人民法院说明拍卖财产上是否有优先购买权负担,而人民法院尽其职责也未能发现的,也不排除人民法院因其工作失误而导致未能及时发现、通知优先购买权人的情况。情况各不相同,具体如何处理,应以保证优先购买权人的合法权益为原则,在个案中具体问题具体分析。考虑到一般的民事法律规则,以及未通知当事人原因的复杂多样性,优先购买权未能保证行使时,拍卖本身并不必然被撤销。若符合《网拍规定》第31条规定之情形时,可以撤销拍卖。[1]

(4)侵害优先购买权异议的审查

一般情况下,即使存在侵害优先购买权的行为,也并不构成撤销拍卖的法定事由,相关权利应当另行通过其他合法途径解决。最高人民法院认为,共有人的优先购买权是典型的物权性质的优先购买权,而房屋承租人的优先购买权则是典型的债权性质的优先购买权。正是因为房屋承租人享有的是债权性质的优先购买权,当房屋所有人与第三人签订房屋买卖合同、侵害其优先购买权时,其并不能主张该买卖合同无效,但可以主张相应的损害赔偿。出租人出卖租赁房屋未在合理期限内通知承租人或者存在其他侵害承租人优先购买权的情形,承租人请求出租人承担赔偿责任的,人民法院应予支持;但请求确认出租人与第三人签订的房屋买卖合同无效的,人民法院不予支持。参照该条规定精神,在执行程序中,房屋承租人仅以没有接到司法拍卖通知导致其优先购买权受侵害为由,主张拍卖程序无效或要求撤销拍卖的,亦不应予以支持。[2]

(五)竞价的相关问题

1. 网络服务提供者的选择

网络服务提供者,即司法拍卖时的公告发布平台和竞价平台。2016年11月25日最高人民法院发布了《最高人民法院关于司法拍卖网络服务提供者名单库的公告》,确定将淘宝网、京东网、人民法院诉讼资产网、公拍网

---

[1] 参见人民法院出版社编:《司法解释理解与适用全集·执行卷2》,人民法院出版社2018年版,第874页。

[2] 参见最高人民法院(2021)最高法执监424号执行裁定书。

及中国拍卖行业协会网 5 家平台纳入名单库。2019 年 6 月，最高人民法院又新增 2 个入围平台，分别是工商银行融 e 购、北京产权交易所。

对于网络服务提供者如何确定的问题，《网拍规定》第 5 条规定："网络服务提供者由申请执行人从名单库中选择；未选择或者多个申请执行人的选择不一致的，由人民法院指定。"需要说明的是，按照该规定，网络服务提供者的选择并不需要被执行人参与协商或者征询被执行人意见。关于网络司法变卖平台选择的问题，《网络拍卖变卖衔接通知》第 1 点规定，网络司法拍卖二拍流拍后，原则上沿用网拍程序使用的平台，但申请执行人在网拍二拍流拍后 10 日内书面要求更换到名单库中的其他平台上实施的，执行法院应当准许。

2. 公告期的问题

关于确定财产处置参考价后发布拍卖公告的期限，《北京市高级人民法院关于进一步提升财产查控处置质效的意见》第 9 条第 1 款规定："执行部门应当在参考价确定后异议期满或异议依法处理完毕后 10 日内发布网络司法拍卖公告。"

（1）第一次拍卖公告期的确定

《网拍规定》第 12 条第 1 款规定："网络司法拍卖应当先期公告，拍卖公告除通过法定途径发布外，还应同时在网络司法拍卖平台发布。拍卖动产的，应当在拍卖 15 日前公告；拍卖不动产或者其他财产权的，应当在拍卖 30 日前公告。"

（2）第二次拍卖公告期的确定

《网拍规定》第 26 条第 1 款规定："……流拍后应当在 30 日内在同一网络司法拍卖平台再次拍卖，拍卖动产的应当在拍卖 7 日前公告；拍卖不动产或者其他财产权的应当在拍卖 15 日前公告。……"

（3）变卖公告期与变卖期的确定

《网络拍卖变卖衔接通知》第 3 点规定："关于网络司法变卖公告期、变卖期的问题。网络司法变卖期为 60 天，人民法院应当在公告中确定变卖期的开始时间。变卖动产的，应当在变卖期开始 7 日前公告；变卖不动产或其他财产权的，应当在变卖期开始 15 日前公告。变卖公告应当包括但不限于变卖财产、变卖价、变卖期、变卖期开始时间、变卖流程、保证金数额、加价幅度等内容，应当特别提示变卖成交后不交纳尾款的，保证金不予退还。"

（4）特殊财产公告期的确定

《最高人民法院办公厅关于在财产保全和执行工作中对危险标的物加强安全监管的紧急通知》第8条规定："查封、扣押危险物品、重大危险源后，应当在执行程序中依照法定期限要求及时处置财产。确有合理理由的，可以不受法定期限的限制，但应当说明理由，并报执行局长或者相关负责人审批。"

（5）委托变价公告期的确定

《拍卖规定》第8条规定："拍卖应当先期公告。拍卖动产的，应当在拍卖7日前公告；拍卖不动产或者其他财产权的，应当在拍卖15日前公告。"《拍卖规定》第25条第2款规定："第三次拍卖流拍且申请执行人或者其他执行债权人拒绝接受或者依法不能接受该不动产或者其他财产权抵债的，人民法院应当于第三次拍卖终结之日起7日内发出变卖公告。自公告之日起60日内没有买受人愿意以第三次拍卖的保留价买受该财产，且申请执行人、其他执行债权人仍不表示接受该财产抵债的，应当解除查封、冻结，将该财产退还被执行人，但对该财产可以采取其他执行措施的除外。"

（6）违反公告期规定异议的审查

当事人、利害关系人认为执行法院违反公告期相关规定的，应当如何处理？最高人民法院认为，公告期限明显少于司法解释规定期限的，构成"其他严重违反网络司法拍卖程序且损害当事人或其他竞买人利益的情形"，相关拍卖应予撤销；[1]拍卖公告期稍晚，但不至于实质影响公告的受众范围的，该程序瑕疵不足以实际影响公告的有效性，不应以此为由撤销司法拍卖。[2]按照上述意见，执行法院违反关于公告期的规定是否影响拍卖效力，关键在于其是否实质影响受众范围以及当事人实体权利。但是，现阶段执行办案系统的网络司法拍卖平台模块已经可以通过技术手段有效规避此类问

---

[1] 参见最高人民法院（2021）最高法执监231号执行裁定书。
[2] 参见最高人民法院（2018）最高法执复87号执行裁定书。

题，因此在实践中此类问题已经很少发生。

3. 竞价周期的问题

（1）拍卖竞价周期的确定

《网拍规定》第 20 条第 2 款规定："网络司法拍卖的竞价时间应当不少于 24 小时。竞价程序结束前 5 分钟内无人出价的，最后出价即为成交价；有出价的，竞价时间自该出价时点顺延 5 分钟。竞买人的出价时间以进入网络司法拍卖平台服务系统的时间为准。"

需要说明的是，拍卖竞价周期由两部分构成：一是 24 小时竞价周期。该部分竞价周期系从拍卖公告载明的开拍时点起算，至第 2 日的同一时间。二是顺延竞价周期。竞价程序结束前 5 分钟内有出价的，竞价时间自该出价时点顺延 5 分钟。此竞价周期会在每一次出价后重新计算顺延 5 分钟，直至 5 分钟内无人出价为止。

（2）变卖竞价周期的确定

《网络拍卖变卖衔接通知》第 6 条规定："关于网络司法拍卖流程问题。变卖期开始后，取得竞买资格的竞买人即可以出价。自第一次出价开始进入 24 小时竞价程序，其他取得竞买资格的竞买人可在竞价程序内以递增出价方式参与竞买。竞价程序参照《网拍规定》第 20 条规定进行，加价幅度参照我院法明传（2017）第 253 号通知要求进行设置。竞价程序内无其他人出价的，变卖财产由第一次出价的竞买人竞得；竞价程序内有其他人出价的，变卖财产由竞价程序结束时最高出价者竞得。变卖成交的，竞价程序结束时变卖期结束。"

需要说明的是，无论拍卖还是变卖，公告期（拍卖和变卖前均有相应公告期）内均无法出价。但是，变卖相较于拍卖，前者有变卖期，而后者没有。拍卖系在竞价周期内出价，而变卖则要在变卖期内出价。变卖期内有人出价后，开始进入 24 小时竞价程序，其他取得竞买资格的竞买人可在竞价程序内以递增出价方式参与竞买，即转入竞价周期，剩余变卖期失效，不再计算。变卖竞价周期与拍卖竞价周期的规则相同，只是起算时间不同，其计算起点是变卖期第一次出价时点，竞价周期至第 2 日的同一时间。同样，变卖也有顺延竞价周期。对此，《广东省高级人民法院执行局关于执行程序法律适用若干问题的参考意见（2018）》中提到，关于网络司法变卖程序，应适用先到先得规则，还是适用再次竞价的规则？处理意见：适用再次竞价规则。主要理由：《网拍规定》第37条规定，人民法院通过互联网平台以变卖方式处置财产的，参照本规定执行。本规定对网络司法拍卖行为没有规定的，适用其他有关司法拍卖的规定。《网络拍卖变卖衔接通知》第6点，关于网络司法拍卖变卖流程问题。变卖期开始后，取得竞买资格的竞买人即可以出价。自第一次出价开始进入24小时竞价程序，其他取得竞买资格的竞买人可在竞价程序内以递增出价方式参与竞买。竞价程序内无其他人出价的，变卖财产由第一次出价的竞买人竞得；竞价程序内有其他人出价的，变卖财产由竞价程序结束时最高出价者竞得。变卖成交的，竞价程序结束时变卖期结束。该明传这一内容明确了对网络司法变卖程序适用再次竞价规则。

（3）违反竞价周期规定异议的审查

在实践中，存在因为技术原因导致无法拍卖的系统故障问题。此处不同于违反法定公告期瑕疵等问题，网络竞价系统竞价、交易均违反了限时竞价阶段应当给予竞买人完整的竞买周期以实现充分竞价的交易规则，导致无法充分竞价的，人民法院应予撤销。[1]

4. 竞价方式的问题

《网拍规定》第20条第1款规定："网络司法拍卖从起拍价开始以递增出价方式竞价……"一般情况下，网络司法拍卖不设置最高限价。但在实践中，基于特殊情况的考虑，亦存在设置最高限价的情形。《北京市高级人民法院京牌小客车司法处置工作管理办法（试行）》第1条规定："北京市法院司法处置京牌小客车拟采用'设定最高限价的竞价模式'，以车辆评估价为起拍价进行处置，同时规定每辆小客车的最高限价。"《北京市高级人民法院京牌小客车司法处置工作实施细则（试行）》第2条规定："本市法院司法处置京牌小客车在北京产权交易所开发的司法处置网络平台上进行。采用'设定最高限价的竞价模式'，以车辆评估价为起拍价进行处置。同时规定车辆最高限价，暂定为车辆评估价的150%。多人报出最高限价时，司法处置网络平台根据统一设定的条件，自动确定最终买受人。统一设定的条件为参

---

[1] 参见最高人民法院（2015）民二终字第351号民事判决书。

与北京市小客车指标调控管理信息系统累计摇号次数最多的竞买人成为最终买受人;多名竞买人累计摇号次数相同,则北京市小客车指标调控管理信息系统注册时间最早的竞买人为最终买受人。"

(六)交纳尾款的相关问题

1. 尾款的交纳期限

《网拍规定》第25条规定:"拍卖成交后,买受人应当在拍卖公告确定的期限内将剩余价款交付人民法院指定账户。拍卖成交后24小时内,网络服务提供者应当将冻结的买受人交纳的保证金划入人民法院指定账户。"《拍卖规定》第21条规定:"拍卖成交后,买受人应当在拍卖公告确定的期限或者人民法院指定的期限内将价款交付到人民法院或者汇入人民法院指定的账户。"需要说明的是,在变卖程序中,如果数个竞买人竞价,则变价款数额将超过变卖款,仍存在限期交纳尾款的问题。另外,尾款的交纳期限一般由执行法院酌定,并在拍卖公告确定的期限内公示。虽然交纳期限由执行法院酌定,但应当合理,不应过长损害当事人利益,亦不应过短造成买受人资金准备时间不足。而且,悔拍与尾款交纳期限有直接关系,期限过短容易导致认定悔拍而发生争议。

2. 申请执行人申请以债权抵交尾款的问题

申请执行人竞买成功后,申请以其在该案中的债权抵交拍卖尾款的,应当如何处理?理解这个问题,首先要明确,以债权抵交尾款是拍卖程序与案款分配程序的简化结合,实质上是申请执行人以其应受清偿的金钱债权履行了交付尾款的义务。[1]另需明确,申请执行人竞买成功,并不意味着其债权据此而具有优先性,债权原本的性质(属优先债权、普通债权或者劣后债权)并不改变。在实践中,有的法院不同意其以债权抵交尾款,而是要求交纳尾款后再通过执行财产分配程序处理;有的法院同意其请求,但即使同意,其可以抵交部分也仅为其通过执行财产分配程序应得的部分。山东省高级人民法院提出:"执行拍卖中,申请执行人参与竞拍的,竞买成交后能否以其债权抵付应缴拍卖款项?参考意见:申请执行人参与被执行人财产拍卖的,原则上可以主张以债权抵付应付的拍卖尾款。抵付前,执行法院应查明

---

[1] 参见广东省高级人民法院(2020)粤执复629号执行裁定书。

被拍卖财产上是否存在其他在先权益;被执行人为公民或者其他组织的,执行法院应查明是否有其他债权人申请参与分配。在保障在先权益且不损害其他债权人合法权益的情况下,申请执行人可以其债权抵付应缴拍卖款项。"[1]江西省高级人民法院也认为,申请执行人系所拍卖房产价款唯一受偿的债权人且拍卖房产不存在其他优先受偿权时,执行法院可以同意申请执行人提出的将执行标的款抵扣拍卖成交款的申请。[2]

(七) 撤销拍卖、变卖的相关问题

拍卖成交后,因法定原因,执行法院可以撤销拍卖、变卖程序,重新组织拍卖、变卖,或者终结财产处置程序;但是,如果没有撤销拍卖程序,则执行法院不得重新拍卖。[3]在实践中,以上所称法定原因一般包含三种情形:买受人悔拍、执行程序瑕疵和其他法定事由。

1. 买受人悔拍的问题

悔拍,是指拍卖成交后,买受人逾期未支付价款或者在其他法定情形下拍卖目的难以实现的情形。《拍卖规定》第22条第1款规定:"拍卖成交或者以流拍的财产抵债后,买受人逾期未支付价款或者承受人逾期未补交差价而使拍卖、抵债的目的难以实现的,人民法院可以裁定重新拍卖。重新拍卖时,原买受人不得参加竞买。"

(1) 悔拍的认定

在实践中,悔拍一般有两种情况:一是逾期未支付价款致使拍卖目的难以实现。悔拍一般具备两个要素,买受人在竞拍成功后,在法院指定期间内拒不交付尾款的行为;或者买受人以明示或默认、拖延的方式表现其拒绝交付尾款的意思表示。[4]具体而言,买受人悔拍的情形主要有四种:因出价过高而悔拍、因拍卖财产的瑕疵而拒付尾款、因违约成本较低而恶意竞拍(多出现在被执行人阻挠拍卖财产的情形)、基于猎奇心理竞拍后未支付

---

[1] 参见山东省高级人民法院执三庭:《山东高院:执行疑难法律问题审查参考(五)——财产处置专题》,载微信公众号"山东高法",最后访问时间:2023年6月30日。

[2] 参见江西省高级人民法院(2019)赣执复118号执行裁定书。

[3] 参见广东省高级人民法院(2018)粤执复288号执行裁定书。

[4] 参见李春双:《竞买人无购房资格竞拍法拍房后的相关处理》,载微信公众号"强制执行实务指导",最后访问时间:2024年2月8日。

尾款。[1]二是买受人明知不符合竞买资格或者条件依然参加竞买，且在成交后未能在合理期限内取得相关部门批准手续。《执行股权规定》第15条第3款规定："买受人明知不符合竞买资格或者条件依然参加竞买，且在成交后未能在合理期限内取得相关部门股权变更批准手续的，交纳的保证金不予退还。……"

需要说明的是，《拍卖房产规定》第6条规定："人民法院组织的司法拍卖房产活动，竞买人虚构购房资格或者当事人之间恶意串通，侵害他人合法权益或者逃避履行法律文书确定的义务的，人民法院应当根据情节轻重予以罚款、拘留；构成犯罪的，依法追究刑事责任。"因上述规定，房产拍卖成交后，买受人明知不符合竞买资格依然参加竞买，且在成交后未能在合理期限内取得相应资格的，一般不能认定为悔拍，在实践中应谨慎处理。

（2）悔拍的处理

《网拍规定》第24条第1款规定："拍卖成交后买受人悔拍的，交纳的保证金不予退还，依次用于支付拍卖产生的费用损失、弥补重新拍卖价款低于原拍卖价款的差价、冲抵本案被执行人的债务以及与拍卖财产相关的被执行人的债务。"《拍卖规定》第22条第2款规定："重新拍卖的价款低于原拍卖价款造成的差价、费用损失及原拍卖中的佣金，由原买受人承担。人民法院可以直接从其预交的保证金中扣除。扣除后保证金有剩余的，应当退还原买受人；保证金数额不足的，可以责令原买受人补交；拒不补交的，强制执行。"《网拍规定》第24条第2款规定："悔拍后重新拍卖的，原买受人不得参加竞买。"在实践中，还应关注以下几个问题：

一是认定悔拍和认定扰乱司法秩序的处理结果不同。前者没收的保证金用于支付执行费用和清偿民事债务，后者的罚款应当上缴国库。

二是《拍卖规定》规定补交差价款，而《网拍规定》作为后施行的司法解释却未规定补交差价款。关于网络变价程序是否继续适用补交差价款规定的问题，有的据此认为，新的网络司法拍卖特别规则改变了原有悔拍规

---

[1] 参见朱跃星：《网络司法拍卖中撤销与悔拍的区分认定》，载《人民法院报》2021年4月1日，第08版。

则,[1]保证金不足以支付费用损失和两次拍卖差价的,无须买受人补交。[2]新的网络司法拍卖如继续适用原规则,可能会产生"多不退、少还要补"的结果,有失公平;[3]但是,最高人民法院明确,《拍卖规定》第 22 条第 2 款关于"保证金数额不足的,可以责令原买受人补交;拒不补交的,强制执行"的规定,继续适用于网络司法拍卖。结合网络司法拍卖的特点,为保证竞买人充分了解竞买规则和法律风险、减少执行争议,执行法院在拍卖公告和竞买须知中应对此予以特别提醒,明确上述处理原则。[4]《广东省高级人民法院执行局关于执行程序法律适用若干问题的解答(五)》中也提到,可以责令原买受人承担两次拍卖的差价;但是执行法院应当在拍卖公告及竞买须知中明确该处理原则。本问题主要涉及对悔拍人预交的保证金的处理原则变化问题。2005 年 1 月 1 日起施行的《拍卖规定》第 25 条第 2 款明确规定对原买受人交纳的保证金采用"多退少补"的处理原则,即原买受人悔拍的,对于因重新拍卖造成的差价、损失及佣金等,从原买受人交纳的保证金中扣除,扣除之后尚有剩余的,退还原买受人;不够扣除的,原买受人应补足,否则强制执行。2017 年 1 月 1 日起施行的《网拍规定》第 24 条第 1 款规定:"拍卖成交后买受人悔拍的,交纳的保证金不予退还,依次用于支付拍卖产生的费用损失、弥补重新拍卖价款低于原拍卖价款的差价、冲抵本案被执行人的债务以及与拍卖财产相关的被执行人的债务。"第 37 条第 3 款规定:"本规定对网络司法拍卖行为没有规定的,适用其他有关司法拍卖的规定。"第 38 条规定:"本规定自 2017 年 1 月 1 日起施行。施行前最高人民法院公布的司法解释和规范性文件与本规定不一致的,以本规定为准。"上述第 24 条对悔拍人预交的保证金明确了"不退"的原则,但对保证金数额不足以支付拍卖产生的费用损失、弥补重新拍卖价款低于原拍卖价款的差价时

---

[1] 参见王飞:《竞买人悔拍后保证金的处理》,载《人民司法》2021 年第 5 期。
[2] 参见夏从杰:《争鸣 | 网络司法拍卖中保证金不能弥补差价,悔拍人应否补交?》,载微信公众号"赫法通言",最后访问时间:2016 年 9 月 20 日。
[3] 参见王赫:《执行热点问题 | 网络司法拍卖保证金不能弥补差价,悔拍人应否补交?》,载微信公众号"赫法通言",最后访问时间:2017 年 9 月 11 日。
[4] 参见最高人民法院执行局编著:《最高人民法院执行司法解释条文适用编注》,人民法院出版社 2019 年版,第 487 页。

是否可以责令原买受人补交的问题未作明确规定，结合上述第37条、第38条的内容，执行实务中对原买受人悔拍后保证金的处理原则问题产生了分歧：第一种观点认为，根据上述第38条规定，对网络司法拍卖悔拍的，《网拍规定》第24条第1款对原买受人交纳的保证金确定的处理原则为"多不退少不补"，即对于因原买受人悔拍而重新拍卖造成的费用损失、差价等，原买受人仅以其交纳的保证金为限承担责任，即使保证金数额不足，也不能责令原买受人补交。第二种观点认为，对原买受人交纳的保证金不足以弥补两次拍卖之间的差价时是否还需补交这一问题，《网拍规定》并未明确规定，应根据该规定第37条第3款"本规定对网络司法拍卖行为没有规定的，适用其他有关司法拍卖的规定"之规定，对该问题适用《拍卖规定》第25条第2款的规定，采用"多不退少补"的处理原则。即当原买受人交纳的保证金数额不足的，可以责令原买受人补交；拒不补交的，强制执行。《最高人民法院执行司法解释条文适用编注》对此予以明确："《拍卖规定》第25条'保证金数额不足的，可以责令原买受人补交；拒不补交的，强制执行'的规定，继续适用于网络拍卖"。为避免此问题在执行实务中的不同理解导致实际操作不统一，应以最高人民法院该解释为准，即确认对该问题的处理原则是"多不退少补"。为保证竞买人充分了解竞买规则和法律风险，减少执行争议，执行法院在拍卖公告中对此应予以特别提醒、明确。

三是人民法院根据生效判决对被执行人的财产予以拍卖，拍卖完成后，因拍卖买受人拒绝履行造成的差价损失，被执行人就此提起的诉讼不属于人民法院民事案件受理范围，应通过执行程序加以解决。[1]原因在于，一方面差价损失较为容易认定和判断，另一方面可以减轻当事人的讼累，故不通过诉讼、直接裁定执行。[2]

四是《网络拍卖变卖衔接通知》第8点规定："关于变卖成交后买受人不交纳尾款如何处理的问题。经过竞价变卖成交后，买受人反悔不交纳尾款的，从所交纳变卖价款中扣留变卖公告中所确定的保证金不予退还，扣留的

---

[1] 参见最高人民法院（2014）民二终字第220号民事裁定书。
[2] 参见孙超：《民事执行中财产变价程序的立法理念与规则设计》，载《山东法官培训学院学报》2021年第2期。

保证金参照《网拍规定》第 24 条处理……"需要说明的是，变卖报名时需要预缴全部变卖款，但是其中仅有部分具有保证金功能，其余部分不具有保证金功能。换言之，如果变卖悔拍，执行法院没收的仅是变卖款中具有保证金功能的部分，其余部分应当退还买受人。

（3）悔拍与迟延交纳尾款的区分

逾期未支付价款并不必然导致认定为悔拍。按照司法解释规定，逾期支付价款同时致使拍卖目的难以实现的，应认定为悔拍。在实践中，对于公告指定期限内未交纳尾款、到期后迟延交纳尾款的情形，是否认定为悔拍，则应综合案件情况认定。以下列举人民法院裁判要旨或者意见以明确裁判思路：一是《最高人民法院关于竞买人迟延交付部分保证金是否影响拍卖效力的答复》提到："关于竞买人迟延交付部分保证金后又悔拍的，拍卖的效力如何确定的问题。执行程序中竞买人迟延交付部分保证金的，并不能当然否定竞拍资格及拍卖效力。你院应当围绕竞买人迟延缴纳部分竞买保证金是否损害当事人、其他竞买人合法权益，是否明显影响公平竞价及充分竞价等因素综合判断本案第一次拍卖效力。"二是对于逾期支付尾款的情况，是否只要逾期即认定悔拍。根据《最高人民法院关于竞买人逾期支付价款是否应重新拍卖的复函》[1]的精神，为了促使买受人尽快支付价款、确保债权尽快实现，买受人虽然逾期支付拍卖价款，但已全部付清的，不应仅因其迟延付款而认定拍卖目的难以实现，拍卖效力应予维持，但逾期付款期间的迟延履行利息由其承担。地方法院的裁判也持类似观点，如买受人因办理贷款或筹资等行为导致逾期支付变价款的，因买受人主观上不存在悔拍目的、客观上又积极履行合同筹措资金，并在合理期限内缴纳变价款，此类情形不宜直接认定为悔拍。[2]三是买受人已经按时支付部分拍卖款的，延迟支付少量拍卖款不构成撤销司法拍卖的情形。[3]需要说明的是，是否准许迟延交纳属人民

---

[1]《最高人民法院关于竞买人逾期支付价款是否应重新拍卖的复函》答复内容："最高人民法院《关于人民法院民事执行中拍卖、变卖财产的规定》第 25 条规定，是为了促使买受人尽快支付价款、确保债权尽快实现。本案中，买受人福建关兴房地产开发有限公司（下称关兴公司）虽然逾期支付拍卖价款，但已于 2006 年 5 月 18 日全部付清，不应仅因其迟延付款而认定拍卖目的难以实现，故拍卖效力应予维持。"

[2] 参见上海市杨浦区人民法院（2020）沪 0110 执异 145 号执行裁定书。

[3] 参见最高人民法院（2022）最高法执监 106 号执行裁定书。

法院自由裁量权范畴,[1]并不意味着人民法院准许买受人迟延交纳尾款,买受人在迟延交纳尾款期间无需承担任何责任;相反,买受人迟延交纳尾款的,除非存在法定可以免责事由,否则应当承担迟延交纳尾款期间的债务利息。[2]

(4)悔拍与恶意竞价的区分

网络司法拍卖不同于普通的商品买卖,不仅要维护正常的市场交易秩序,而且要保障司法秩序不受破坏,参与者要同时遵守一般交易规则和司法拍卖特殊规则。在实践中,有的竞买人出于某种心理,无视司法权威,恶意竞价、哄抬价格、恶意悔拍,导致成交价远远高于市场价格,其后不交纳尾款,扰乱司法拍卖秩序。此时,人民法院有权对其进行罚款、拘留。[3]对此情形,有的观点认为,也可以按照悔拍处理,在没收保证金后重新拍卖,并要求恶意竞买人补交差价款。笔者认为,对于上述两种处理方式,法律并无明确规定。但执行法院在选择具体处理方式时,应当综合案情考虑所选方式的适当性,既要有效打击恶意竞价行为,维护司法权威;又不至于责任过重,导致恶意竞买人代价过大。

对于极端天价案例,已经偏离了规则所预设的目的,需要加以矫正。但极端情况不能作为检验规则合理性的主要依据,因为任何规则推到极端,都可能得出不合理的结论。除了从悔拍人自负其责的角度论证补差价的合理性外,确实也应当为悔拍人提供救济的渠道,以便纠正个案结论的偏差。[4]因此,在补足差价严重违背比例原则和公平原则的情况下,人民法院不能简单按照两次成交差价计算差额;可以由法院酌定一个损失限额,裁定悔拍买受人补交酌定的差额。如果悔拍买受人对补足差价的裁定有异议,可以提出执行异议,悔拍买受人认为自己有重大误解、符合撤销拍卖情形的,也可以申请撤销拍卖。对于恶意出价、扰乱司法拍卖秩序的行为,人民法院则可以通

---

[1] 参见湖北省高级人民法院(2019)鄂执复284号执行裁定书。
[2] 参见最高人民法院(2017)最高法执复4号执行裁定书。
[3] 参见惠州市中级人民法院:《【惠法君普法】拍到了法院拍卖的拍品能否反悔或要求退款、退货?》,载微信公众号"惠州市中级人民法院",最后访问时间:2021年4月7日。
[4] 参见王赫:《执行实务|"悔拍"到底要不要补差价?》,载微信公众号"赫法通言",最后访问时间:2022年8月16日。

过罚款、拘留的方式予以制裁。[1]

2. 执行程序瑕疵的问题

网络司法拍卖中的撤销是指拍卖成交后，基于法定事由，人民法院基于当事人、利害关系人提出的异议请求或者依职权撤销网络司法拍卖的情形。依据《网拍规定》第 31 条、《异议复议规定》第 21 条规定，网拍撤销原则上应当以当事人、利害关系人提出异议请求撤销网络司法拍卖为前提，执行机构不得依职权主动撤销司法拍卖；确需依职权撤销司法拍卖的，应当通过执行监督程序处理。[2] 之所以如此，是基于司法行为的公信力和司法拍卖的稳定性，没有法定事由或者足以撤销的理由，应当维持司法拍卖效力。

关于撤销拍卖变卖的具体情形，《异议复议规定》第 21 条规定："当事人、利害关系人提出异议请求撤销拍卖，符合下列情形之一的，人民法院应予支持：①竞买人之间、竞买人与拍卖机构之间恶意串通，损害当事人或者其他竞买人利益的；②买受人不具备法律规定的竞买资格的；③违法限制竞买人参加竞买或者对不同的竞买人规定不同竞买条件的；④未按照法律、司法解释的规定对拍卖标的物进行公告的；⑤其他严重违反拍卖程序且损害当事人或者竞买人利益的情形。当事人、利害关系人请求撤销变卖的，参照前款规定处理。"《网拍规定》第 31 条规定："当事人、利害关系人提出异议请求撤销网络司法拍卖，符合下列情形之一的，人民法院应当支持：①由于拍卖财产的文字说明、视频或者照片展示以及瑕疵说明严重失实，致使买受人产生重大误解，购买目的无法实现的，但拍卖时的技术水平不能发现或者已经就相关瑕疵以及责任承担予以公示说明的除外；②由于系统故障、病毒入侵、黑客攻击、数据错误等原因致使拍卖结果错误，严重损害当事人或者其他竞买人利益的；③竞买人之间，竞买人与网络司法拍卖服务提供者之间恶意串通，损害当事人或者其他竞买人利益的；④买受人不具备法律、行政法规和司法解释规定的竞买资格的；⑤违法限制竞买人参加竞买或者对享有同

---

[1] 参见最高人民法院执行局编著：《〈最高人民法院关于人民法院强制执行股权若干问题的规定〉理解与适用》，人民法院出版社 2023 年版，第 273 页。

[2] 参见朱跃星：《网络司法拍卖中撤销与悔拍的区分认定》，载《人民法院报》2021 年 4 月 1 日，第 08 版。

等权利的竞买人规定不同竞买条件的；⑥其他严重违反网络司法拍卖程序且损害当事人或者竞买人利益的情形。"山东省高级人民法院进一步提出："下列情形可以认定为网拍规定第 31 条第 6 项规定的情形，当事人、利害关系人以此请求撤销拍卖的，应予支持：①网拍公告中公示的拍卖网址与实际进行拍卖的平台不一致，损害当事人或竞买人利益的；②拍卖公告期限明显少于司法解释规定期限，可能对受众范围产生实质影响并导致不能实现充分竞价，损害当事人合法权益的。"[1]

另外，撤销网络司法拍卖需要同时具备两个条件：一是存在严重违反司法拍卖程序的情形，二是该情形对当事人或者竞买人的利益造成损害。[2]通过以下司法案例的裁判要旨，把握执行程序存在瑕疵时，应否撤销拍卖、变卖措施的裁判思路：

(1) 通知程序瑕疵的处理原则

一是人民法院未将拍卖事项通知被执行人，是否会导致拍卖被撤销。执行依据已明确被执行人应向申请执行人履行义务，其房屋也已被法院查封，则其作为被执行人应当预见到在其不履行生效法律文书确定义务的情况下法院将拍卖其房屋。因此，虽然执行法院在拍卖公告发布前未将拍卖事项通知被执行人存在程序瑕疵，但该程序瑕疵并未对被执行人的权益造成实质影响，不属于严重违反网络司法拍卖程序且损害当事人利益的情形，故要求撤销司法拍卖缺乏依据。[3]

二是人民法院未将拍卖事宜通知优先购买权人，可否成为撤销司法拍卖的事由。房屋承租人的优先购买权是典型的债权性质的优先购买权。正是因为房屋承租人享有的是债权性质的优先购买权，当房屋所有人与第三人签订房屋买卖合同、侵害其优先购买权时，其并不能主张该买卖合同无效，但可以主张相应的损害赔偿。出租人出卖租赁房屋未在合理期限内通知承租人或者存在其他侵害承租人优先购买权情形，承租人请求出租人承担赔偿责任的，人民法院应予支持。但请求确认出租人与第三人签订的房屋买卖合同无

---

[1] 参见山东省高级人民法院执三庭：《山东高院：执行疑难法律问题审查参考（五）——财产处置专题》，载微信公众号"山东高法"，最后访问时间：2023 年 6 月 30 日。

[2] 参见最高人民法院（2022）最高法执监 460 号执行裁定书。

[3] 参见北京市高级人民法院（2023）京执复 62 号执行裁定书。

效的,人民法院不予支持。参照该规定精神,在执行程序中,房屋承租人仅以没有接到司法拍卖通知导致其优先购买权受侵害为由,主张拍卖程序无效或要求撤销拍卖的,不予支持。〔1〕

三是未将评估、拍卖的事宜通知抵押权人,抵押权人是否有权请求撤销拍卖。《拍卖规定》第 28 条第 1 款规定:"拍卖财产上原有的担保物权及其他优先受偿权,因拍卖而消灭,拍卖所得价款,应当优先清偿担保物权人及其他优先受偿权人的债权,但当事人另有约定的除外。"担保物权重在支配拍卖财产的交换价值,保护担保物权的方式为担保物权人可以在拍卖之后从变价款中优先受偿。通过网络司法拍卖处置房屋,拍卖过程中竞价充分、拍卖成交价格高于评估价值,在拍卖后已将变价款全部优先分配给抵押权人,在实体上保障了抵押权人对执行标的享有的抵押优先受偿权,并未对抵押权人的实体权益构成损害。〔2〕

(2) 文书送达程序瑕疵的处理原则

一是被执行人以执行法院未向其送达评估报告书及拍卖公告、未在专业报刊上刊登拍卖公告、未通知其参与选择拍卖机构为由请求撤销拍卖但无证据证明损害其利益的,不符合撤销网络司法拍卖的法定条件,人民法院不予支持。〔3〕

二是执行法院撤销网络司法拍卖必须符合《网拍规定》第 31 条规定的法定情形。异议人以送达评估报告违反规定、评估价值低于市值、异议审查期间未中止拍卖等为由,认为执行法院的网络司法拍卖严重违反网络司法拍卖程序且损害当事人或者竞买人利益、主张撤销网络司法拍卖的,不属于上述司法解释规定的情形,人民法院不予支持。〔4〕

(3) 异议审查程序瑕疵的处理原则

被执行人认为对财产估价过低,就评估报告提出异议,执行法院未对该异议进行审查处理,确属程序瑕疵。但财产在第一次司法拍卖时流拍,在第二次司法拍卖时成交,被执行人以财产评估价过低、执行法院未审查其异议

---

〔1〕 参见最高人民法院(2020)最高法执监 183 号执行裁定书。
〔2〕 参见最高人民法院(2020)最高法执监 194 号执行裁定书。
〔3〕 参见广东省高级人民法院(2019)粤执监 95 号执行裁定书。
〔4〕 参见广东省高级人民法院(2019)粤执复 72 号执行裁定书。

为由要求撤销被拍卖的，不予支持。[1]

（4）抵押情况公示瑕疵的处理原则

执行法院在拍卖公告中未说明房屋存在抵押权的，不属于《异议复议规定》第21条第1款规定的未按照法律、司法解释的规定对拍卖标的物进行公告应予撤销的情形。[2]

（5）副本公示瑕疵的处理原则

在网络司法拍卖中，未公示副本行为是否会"造成重大误解""造成重大损失"应结合具体案情分析，综合判断是否存在因重大误解致使购房目的无法实现、应予撤销拍卖的情形。若不存在"造成重大误解""造成重大损失"，则虽然拍卖公告通过网络司法拍卖平台公示评估报告副本的行为有瑕疵，但仍不属于应予撤销拍卖的情形。[3]

（6）存在恶意串通竞买情形的处理原则

司法拍卖程序的核心价值在于通过公开竞价，最大限度实现拍卖标的物的客观、真实价值。司法拍卖程序中存在的恶意串通竞买情形一般是在没有依法对拍卖活动进行公告、不当限制其他竞买人参与竞买的情况下，有限参与的竞买人相互串通压低竞买价格，损害被执行人及其他潜在竞买人的利益。[4]在执行法院对拍卖程序已经进行充分公告的情况下，即使部分竞买人相互串通，潜在竞买人也能够进行自由报名并竞价，该司法拍卖未损害当事人或其他竞买人的利益，不应予以撤销。[5]

（7）无益拍卖异议的处理原则

无益拍卖属于申请执行人无法从拍卖中获益，但并不减损申请执行人利益的拍卖。当事人以此为由请求撤销拍卖，不符合《异议复议规定》第21条第1款第5项规定的"其他严重违反拍卖程序且损害当事人或者竞买人利益的情形"。[6]

---

[1] 参见广东省高级人民法院（2019）粤执复238号执行裁定书。
[2] 参见最高人民法院（2016）最高法执监411号驳回申诉通知书。
[3] 参见最高人民法院（2023）执监第260号执行裁定书。
[4] 参见最高人民法院（2020）最高法执监183号执行裁定书。
[5] 参见最高人民法院（2020）最高法执监170号执行裁定书。
[6] 参见广东省高级人民法院（2018）粤执监8号执行裁定书。

综上，需要说明的是，对于因执行程序瑕疵（或者当事人、利害关系人认为执行程序存在瑕疵）引发的要求撤销拍卖、变卖措施的异议，驳回异议请求并不代表否认程序瑕疵或者认为没有瑕疵，而是在执行程序瑕疵对当事人合法权益的影响与撤销拍卖、变卖程序对当事人合法权益的影响之间权衡。笔者认为，尽管上述案例在执行程序瑕疵的情况下仍维持司法拍卖效力，但这并不代表允许执行程序瑕疵，而是两害相权取其轻，执行法院仍应按照法律规定规范开展执行工作。这也可以看出，从立法和司法层面对于网络司法拍卖撤销权的行使持谨慎严苛的态度。[1]

3. 其他法定事由的问题

基于情势变更，可以撤销司法拍卖行为。人民法院组织司法强制拍卖的目的，在于公开、公平、公正地维护各方利益。当出现政府政策调整这一情势变更的情形，致使拍卖目的难以实现时，为维护当事人的合法权益，执行法院可对执行标的进行重新评估、拍卖。[2]

关于撤销拍卖、变卖，还需要注意相关的几个问题：

第一，撤销拍卖与拍卖无效关系的问题。我国现行法律法规并未明确拍卖无效的情形。笔者认为，现有司法解释对拍卖无效和撤销的情形有所混同，在概念和法律后果上并未予以明确区分。根据司法拍卖的性质和瑕疵拍卖的后果，在确定无效和撤销事由时，应当着重考虑四点：一是民事执行程序具有鲜明的特点，不宜直接照搬民事法律行为的效力标准，应当结合民事执行的特点和司法拍卖的效力综合判断；二是应严格限制司法拍卖无效事由的范围，评判标准应为"拍卖无依据或依据不合法""拍卖不具有效力"或"损害公共利益"，且必须是法定明确的情形，如标的物未经查封、查封无效，执行法院未取得处置权，买受人不具备法律、司法解释规定的竞买资格，违法限制竞买人条件，拍卖竞价过程或结果错误等严重影响司法拍卖效力的情形；三是明确司法拍卖可撤销的情形，评价标准应为"重大而显著的瑕疵"从而影响当事人或利害关系人的合法权利，如标的物的重要信息公示错误并造成重大误解、评估报告未依法送达且定价严重偏离市场价值等；四

---

[1] 参见杨娜：《网络司法拍卖撤销权适用问题探究》，载《法制博览》2021年第27期。

[2] 参见湖北省武汉市中级人民法院（2014）鄂武汉中执复字第00060号执行裁定书。

是将通过救济程序可以补正的瑕疵排除在拍卖无效和撤销事由之外，如文书未送达、未通知优先购买权人、公告信息表述不准确、参考价虽然不合理但成交价符合市场价值等情形。为了保障司法拍卖效力的稳定性、避免因认定拍卖无效或撤销而引发复杂的后续问题，在特殊情况下可以适当限制权利的行使，坚持效率优先原则，对于非重大瑕疵应当尽可能在拍卖程序中予以化解，即尽量通过执行救济程序予以处理。关于"依申请"与"依职权"的适用，确认拍卖无效应按照人民法院"依职权"和"依申请"并行的审查机制，人民法院依职权审查发现具有拍卖无效情形的，经向当事人、利害关系人释明后其在限期内仍未提出执行异议的，考虑到司法公信力和执行成本，人民法院可依职权裁定拍卖无效并重新拍卖。[1]对符合撤销情形的，应当由当事人或利害关系人提出执行异议，人民法院依申请进行审查，不宜依职权直接裁定撤销。[2]

第二，关于撤销司法拍卖后责任主体和救济程序的问题，《网拍规定》第32条规定："网络司法拍卖被人民法院撤销，当事人、利害关系人、案外人认为人民法院的拍卖行为违法致使其合法权益遭受损害的，可以依法申请国家赔偿；认为其他主体的行为违法致使其合法权益遭受损害的，可以另行提起诉讼。"

第三，撤销拍卖、变卖后执行回转的问题。《最高人民法院关于对第三人通过法院变卖取得的财产能否执行回转及相关法律规定的复函》中提到："人民法院在执行中依法采取拍卖、变卖措施，是基于国家公权力的行为，具有公信力，买受人通过法院的拍卖、变卖程序取得财产的行为，不同于一般的民间交易行为，对其受让所得的权益应当予以保护。根据本案的具体情况，买受人已经取得的土地使用权不宜再执行回转。"《广东省高级人民法院关于执行法律适用疑难问题的解答意见》中提到："执行依据被撤销后，被执行人已被拍卖的财产能否执行回转？处理意见：不能执行回转已被拍卖的财产，但可依法回转拍卖所得价款。"在实践中，关于拍卖、变卖措施是否

---

[1] 参见最高人民法院发布的第35号指导案例，确立了法院依职权认定拍卖无效的规则。

[2] 参见赵奇：《论"利益衡量"视域下司法拍卖效力的问题、考量和路径》，载《法律适用》2022年第7期。

撤销以及是否适用于回转程序，应结合具体情况讨论。如果执行依据被撤销时，财产所有权尚未裁定转移，可直接撤销拍卖；如果财产所有权已经转移，则按照上述批复，不宜执行回转原物，应当执行回转变价款。

（八）司法拍卖辅助机构

《网拍规定》第 7 条规定："实施网络司法拍卖的，人民法院可以将下列拍卖辅助工作委托社会机构或者组织承担：①制作拍卖财产的文字说明及视频或者照片等资料；②展示拍卖财产，接受咨询，引领查看，封存样品等；③拍卖财产的鉴定、检验、评估、审计、仓储、保管、运输等；④其他可以委托的拍卖辅助工作。社会机构或者组织承担网络司法拍卖辅助工作所支出的必要费用由被执行人承担。"根据上述规定，网络司法拍卖过程中的部分事务性工作可以委托社会机构或者组织承担；在实践中，多数法院在司法拍卖程序中引入司法拍卖辅助机构承担相应事务性工作，部分法院也由法院工作人员承担相应事务性工作。

需要注意的是，司法拍卖辅助机构与拍卖机构不同。在传统委托拍卖模式下，由执行法官负责拍卖决定、命令等裁决工作，由拍卖公司承担辅助工作并向买受人收取佣金，其中包括拍卖前的信息查询、现场勘察、拍照视频、公告制作和发布、仓储物流，拍卖中的接受咨询、引领看样、宣传推介，以及拍卖后的腾退交付、协助过户、保管运输等程序性、辅助性工作；而在网络司法拍卖背景下，拍卖公司逐步退出，拍卖工作由执行法院、网拍平台、辅助机构共同承担，同时衍生出丰富多样的社会需求，也有部分拍卖公司以辅助机构的身份为执行法院提供拍卖辅助服务。在实践中，辅助机构承担的事项覆盖了很多司法拍卖工作，我们对各地法院司法拍卖辅助机构实际承担的工作进行了调研，发现主要有财产调查、档案调取、入户勘察、拍照视频、公告制作、接受咨询、引领看样、宣传推介、样品封存、财产交付、协助过户、材料整理和流转等，并由执行法院从拍卖案款中优先支付一定的费用。

由此可见，司法拍卖辅助机构是基于法律和司法解释的规定辅助执行法院完成相应工作的机构，在实践中多是从事该领域业务的公司，虽然具有独立法律主体资格，但其并不具有拍卖主体资格，也不具有业务和工作上的独立性，这是区别于拍卖机构最根本的区别。从另外一个角度来看，拍卖机构依法从事拍卖业务，包括执行法院委托其从事的拍卖业务，有关司法拍卖过程中的相应法律后果原则上应由拍卖机构承担；但是司法拍卖辅助机构仅根据执行法院的委托开展工作，当事人、利害关系人有异议的，应当按照执行行为异议的法律途径寻求救济，而非直接主张司法拍卖辅助机构承担责任。[1]但是，司法拍卖辅助机构作为独立的法律主体，其行为并非完全与执行法院委托的事项重合，还存在其他市场行为；而准确划分执行法院委托所从事的业务和司法辅助机构自有业务是划分二者责任的前提。按照《网拍规定》第7条规定，能够委托司法辅助机构从事的业务包括：制作拍卖财产的文字说明及视频或者照片等资料、展示拍卖财产、接受咨询、引领查看、封存样品等，及拍卖财产的鉴定、检验、评估、审计、仓储、保管、运输等，同时规定了其他可以委托的拍卖辅助工作。另外，不同法院之间关于司法拍卖程序中的哪些事项可以委托司法拍卖辅助机构、哪些事项必须由法院工作人员承担没有清晰界定，该问题也需要等待实践中进一步探索和研究。

### 三、第三人购买、以物抵债、强制管理、再次拍卖与解封发还

财产经过拍卖、变卖流拍后，执行法院可以采取、第三人购买、以物抵债、强制管理、再次拍卖与解封发还等执行措施。

（一）第三人购买程序

拍卖、变卖流拍后准许第三人购买，是近年来规定的新的执行措施。以往，财产经变卖无人买受的且申请执行人拒绝接受以物抵债或管理的，执行法院应裁定解除查封措施，并将该财产退还被执行人。在执行过程中，部分案件中确实存在这种情况，即使被执行人名下有财产，但如果查封财产无法拍卖成功，流拍之后申请人也不愿意接受以物抵债；此时根据相关法律规定，案外人也无法购买流拍财产，案件即陷入僵局，影响了执行案件的进程，申请执行人的权益也无法实现。[2]为解决这一问题，《善意文明执行意

---

[1] 参见丁永锋、常曼：《论网络司法拍卖辅助工作机构的定位及管理》，载《法制与社会》2020年第10期。

[2] 参见刘铮：《拍品流拍咋办？郑州首例第三人以流拍价购买采矿权在金水法院确认成交!》，载微信公众号"豫法阳光"，最后访问时间：2020年7月23日。

见》第 9 条第 1 款第 4 项规定："财产经拍卖后流拍且执行债权人不接受抵债，第三人申请以流拍价购买的，可以准许。"《办案规范》第 585 条规定："网络司法拍卖竞价期间无人出价的，本次拍卖流拍。拍卖财产流拍后，有申请执行人或者其他执行债权人申请或者同意以该次拍卖保留价抵债的，可以适用本规范第 543 条的规定处理。财产经拍卖后流拍且执行债权人不接受抵债，第三人申请以流拍价购买的，可以准许。"[1]《办案规范》第 587 条第 1 款规定："网拍二拍流拍后，人民法院应当于 10 日内询问申请执行人或其他执行债权人是否接受以物抵债。执行债权人不接受抵债，第三人申请以流拍价购买的，可以准许。"[2]《办案规范》第 551 条规定："……第三次拍卖流拍且申请执行人或者其他执行债权人拒绝接受或者依法不能接受该不动产或者其他财产权抵债的，人民法院应当于第三次拍卖终结之日起 7 日内发出变卖公告。自公告之日起 60 日内没有买受人愿意以第三次拍卖的保留价买受该财产，且申请执行人、其他执行债权人仍不表示接受该财产抵债的，应当解除查封、冻结，将该财产退还被执行人，但对该财产可以采取其他执行措施的除外。前款中所指的'其他执行措施'，可以包括强制管理，以及执行法院根据市场价格变化，重新启动（议价、询价、评估）拍卖程序，以及准许第三人以流拍价购买等。"[3]需要注意的是，第一次拍卖、第二次拍卖和变卖结束后，第三人申请购买的，均可准许；但是，不得未经过拍卖，直接准许第三人购买。另外，准许第三人购买的前提条件，除经拍卖或者变卖流拍外，还需申请执行人不接受以物抵债。换言之，如有申请执行人申请以物抵债，则应当优先准许以物抵债。

另需要注意的是，第三人购买的要求应当在适当程序和合理期间内提出。山东省高级人民法院认为，根据《善意文明执行意见》第 9 条第 1 款第 4 项规定，财产经拍卖后流拍且执行债权人不接受抵债，第三人申请以流

---

[1] 参见最高人民法院执行局编：《人民法院办理执行案件规范（第二版）》，人民法院出版社 2022 年版，第 252 页。

[2] 参见最高人民法院执行局编：《人民法院办理执行案件规范（第二版）》，人民法院出版社 2022 年版，第 253 页。

[3] 参见最高人民法院执行局编：《人民法院办理执行案件规范（第二版）》，人民法院出版社 2022 年版，第 239 页。

价购买的,可以准许。第三人在第一次拍卖或者第二次拍卖流拍后有意购买的,应当在下一处置环节启动之前提出申请;在变卖程序结束后有意购买的,应当在合理期限内提出申请。二人以上书面申请以流拍价格购买的,告知其通过后续拍卖程序参与竞买。[1]关于执行法院能否出具执行裁定书,有观点认为,准许第三人以流拍价购买并已付清全部价款的,应当将第三人视为拍卖、变卖程序中的买受人,执行法院可以参照以物抵债等程序出具执行裁定书,并向登记机关出具协助执行通知书办理过户手续。[2]笔者也倾向于这种观点,因为第三人购买程序同样是强制执行程序,应区别于被执行人自行变价程序,可以参照拍卖、变卖、以物抵债等程序处理。

(二)以物抵债程序

流拍后以物抵债是财产处置方式的一种,也是较为复杂的执行程序之一。

1. 以物抵债的一般规定

《拍卖规定》第16条第1款规定:"拍卖时无人竞买或者竞买人的最高应价低于保留价,到场的申请执行人或者其他执行债权人申请或者同意以该次拍卖所定的保留价接受拍卖财产的,应当将该财产交其抵债。"

需要说明的是,在执行标的整体拍卖流拍后以整体抵债,才符合以物抵债规定的精神;若以其中部分财产抵债,则会导致所抵债部分财产与原拍卖标的物不同。为更充分体现财产价值、公平保障各方当事人利益,在财产可分割的前提下,如需就其中部分财产予以处置,则宜通过重新评估等方式确定该部分财产处置参考价并重新拍卖。[3]换言之,以物抵债程序应当与前期的拍卖、变卖程序保持连续性,其并非单独的变价程序。

另外,流拍后以物抵债需经申请执行人同意。执行法院仅向申请执行人发出可以申请以物抵债的通知,在申请执行人未明确表明同意以物抵债的情况下,执行法院直接作出以物抵债裁定,不符合法律规定。[4]

---

[1] 参见山东省高级人民法院执三庭:《山东高院:执行疑难法律问题审查参考(五)——财产处置专题》,载微信公众号"山东高法",最后访问时间:2023年6月30日。
[2] 参见王圣杰、林炜:《司法拍卖流拍了?浙江首例第三人以流拍价买受拍品确认成交》,载微信公众号"中国执行",最后访问时间:2020年6月15日。
[3] 参见最高人民法院(2018)最高法执监848、847、845号执行裁定书。
[4] 参见最高人民法院(2023)最高法执监277号执行裁定书、陕西省高级人民法院(2021)陕执复10号执行裁定书。

值得注意的是，广东省高级人民法院认为，相较于降价拍卖，宜优先同意申请执行人的以物抵债申请，以保证以更高数额清偿债务。不论是网络司法拍卖还是传统司法拍卖，如拍卖时无人竞买或者竞买人的最高应价低于保留价，申请执行人都有权利以该次拍卖保留价申请以物抵债。执行法院在网络拍卖首次流拍后，未准许申请执行人以物抵债的申请，即降价进行第二次拍卖，导致成交价明显降低，侵害了双方当事人的合法权益。执行法院对此予以纠正并撤销该次拍卖行为，并无不当。[1]但是，笔者认为，根据实务经验来看，以物抵债优先于继续拍卖并不一定是最优方式，在现实中第二次拍卖或者变卖成交价高于之前流拍价的案例也不少，所以仅以结果而论撤销拍卖程序的意见，值得商榷。

2. 以物抵债的时点问题

原则上，第一次拍卖、第二次拍卖和变卖结束后，申请执行人均可以申请以物抵债；法律、司法解释规定鼓励申请执行人以接受以物抵债的方式早日实现债权，也并未作出时间限制。[2]《办案规范》第 585 条第 2 款规定："拍卖财产流拍后，有申请执行人或者其他执行债权人申请或者同意以该次拍卖保留价抵债的，可以适用本规范第 543 条的规定处理。"[3]此处需要强调的是，关于网络司法拍卖程序中第一次拍卖流拍后是否可以直接以物抵债的问题，应继续适用《拍卖规定》中的相关规定，即在司法拍卖中，当拍卖财产流拍后，在下次拍卖、变卖开始前有申请执行人或者其他执行债权人申请或者同意以该次拍卖保留价抵债的，人民法院应予准许。[4]《办案规范》第 587 条第 1 款规定："网拍二拍流拍后，人民法院应当于 10 日内询问申请执行人或其他执行债权人是否接受以物抵债……"[5]《办案规范》第 605 条规定："变卖期内无人出价的，变卖期结束时变卖程序结束，相关财产可依

---

[1] 参见广东省高级人民法院（2019）粤执复 680 号执行裁定书。
[2] 参见最高人民法院（2023）最高法执监 32 号执行裁定书。
[3] 参见最高人民法院执行局编：《人民法院办理执行案件规范（第二版）》，人民法院出版社 2022 年版，第 252 页。
[4] 参见最高人民法院（2021）最高法执监 89 号执行裁定书。
[5] 参见最高人民法院执行局编：《人民法院办理执行案件规范（第二版）》，人民法院出版社 2022 年版，第 253 页。

据本规范第 550 条、第 551 条作出处理。"[1]需要说明的是，拍卖或者变卖流拍后，执行法院是否负有询问申请执行人是否同意以物抵债的义务。上述规定并未要求执行法院在第一次拍卖流拍或者变卖流拍后，必须询问申请执行人是否同意以物抵债，但有规定第二次拍卖流拍后应当询问申请执行人是否同意以物抵债。

以物抵债申请应当在合理期间内提出。如经第一次拍卖、第二次拍卖、变卖程序，均未能成功处置财产，后裁定终结本次执行程序，此时对财产的一轮处置程序已结束，新变更的申请执行人后又提出以物抵债申，显属不当。[2]拍卖流拍与以物抵债之间的具体时间跨度应该如何掌握？相关法律未明确规定以物抵债期限。但最高人民法院指出，在实际办案过程中，执行法院应对拍卖流拍与以物抵债之间的时间跨度长短、财产在该时间跨度内是否因自身续建或市场行情上涨等因素导致价值发生巨大变化等因素予以充分研究，以保护好各方当事人的合法权益。[3]

3. 以物抵债的主体资格问题

现行法律、司法解释等并未规定以物抵债一律须经全体债权人同意，司法拍卖流拍后，部分债权人不同意以物抵债并不妨碍其他债权人提出以物抵债申请并承受抵债财产。[4]如果已取得执行依据的债权人共同申请以物抵债的，执行法院应否准许？被执行人名下财产经拍卖流拍后，被执行人的所有已取得执行依据的债权人经过协商，共同申请对被执行人的财产以以物抵债的方式执行，如该申请没有损害债权人和被执行人的利益，则执行法院应当尊重各债权人的意思自治，予以准许。[5]

但如果数人申请以物抵债的，应如何确定以物抵债的权利主体？《拍卖规定》第 16 条第 2 款规定："有 2 个以上执行债权人申请以拍卖财产抵债

---

[1] 参见最高人民法院执行局编：《人民法院办理执行案件规范（第二版）》，人民法院出版社 2022 年版，第 258 页。
[2] 参见最高人民法院（2023）最高法执监 303 号执行裁定书。
[3] 参见广东省高级人民法院（2021）粤执监 109 号执行裁定书。
[4] 参见广东省高级人民法院（2020）粤执复 477 号执行裁定书。
[5] 参见山东省高级人民法院执三庭：《山东高院：执行疑难法律问题审查参考（五）——财产处置专题》，载微信公众号"山东高法"，最后访问时间：2023 年 6 月 30 日。

的，由法定受偿顺位在先的债权人优先承受；受偿顺位相同的，以抽签方式决定承受人。承受人应受清偿的债权额低于抵债财产的价额的，人民法院应当责令其在指定的期间内补交差额。"需要说明的是，优先债权人享有优先以物抵债的权利，但是这种优先性并不是其债权本身的优先性所决定的，而是出于案款分配的便利所作的规定。另外，法律与司法解释中并未要求启动评估、拍卖程序的法院与裁定以物抵债的法院必须是同一法院。人民法院裁定解除对股权的查封后，轮候查封法院查封生效、依法有权对执行财产进行处分，也可以裁定以执行财产抵偿生效法律文书确定的债权。[1]

4. 补交差价的问题

《拍卖规定》第20条规定："拍卖成交或者以流拍的财产抵债的，人民法院应当作出裁定，并于价款或者需要补交的差价全额交付后10日内，送达买受人或者承受人。"需要注意的是，以物抵债程序与申请执行人免交保证金、以债权抵交尾款等情形本质上相同，均是拍卖程序和案款发放程序的组合和简化；在有其他债权人申请参与分配的情况下，应当区分房屋承受主体和价款受偿金额两个程序的问题。强制执行变价措施并不对多个执行债权的清偿顺序产生影响。优先债权人放弃接受财产抵债，只是放弃这一变价措施，并不意味着其放弃对流拍财产变价所得优先受偿的权利。事实上，对抵押权或者其他法定优先权的放弃必然需要权利人通过明示方式作出。在优先受偿权人未明示放弃其优先权的情况下，接受抵债的债权人即承受人不会因接受以物抵债，获得优先于其他债权人就抵债财产变现后的价值受偿的地位。[2]进一步讲，《拍卖规定》第20条规定的补交差价，并不必然是以物抵债债权人的债权总额与财产流拍价之间的差；如果在存在案款分配、参与分配、其他债权优先受偿的情况下，需要补交的差价应当是财产流拍价与以物抵债的债权人通过财产分配程序能够受偿的债权数额之间的差。换言之，以物抵债相当于申请执行人以流拍的财产保留价购买执行财产，只不过作为申请执行人可以在应受偿的债权范围内与流拍的保留价进行抵销。因此，在存在多个债权人的情形下，执行法院仍然应当按照法定顺位计算多个债权各

---

[1] 参见最高人民法院（2016）最高法执监191号执行裁定书。
[2] 参见最高人民法院（2021）最高法执监414号执行裁定书。

自应受清偿金额,而非将流拍财产直接交由接受抵债的执行债权人受偿自身债权。[1]

另外,如果被执行人财产经拍卖流拍后,申请执行人申请以流拍价抵债,但流拍价超过债权数额,申请执行人又无法补足差价,执行法院是否应当出具以物抵债裁定。《拍卖规定》第 20 条规定:"拍卖成交或者以流拍的财产抵债的,人民法院应当作出裁定,并于价款或者需要补交的差价全额交付后 10 日内,送达买受人或者承受人。"因此,申请执行人申请以物抵债却不能补足差价的,执行法院不应作出以物抵债裁定。[2]本质上,这还是防止申请执行人通过以物抵债程序获得超过其本应通过财产分配程序可以获得的部分。

(三) 强制管理

强制管理,主要是指对于不适于拍卖或招标的不动产,由执行机构指定义务人之外的其他人对其实施经营管理;管理人取得的收益,在扣留必要的管理费用后,直接用于清偿义务人的债务的执行措施。[3]《办案规范》第 619 条规定:"具有下列情形之一的,经申请执行人申请或者同意,且不损害其他债权人合法权益和社会公共利益,人民法院可以将适宜管理的被执行人财产交付申请执行人管理,以所得收益清偿债务:①被执行人的财产不能或者不宜拍卖、变卖的;②被执行人的财产经法定程序拍卖、变卖未成交,申请执行人不接受抵债或者依法不能交付其抵债的;③人民法院认为可以交付申请执行人管理的其他情形。"[4]

理论上,强制管理应与拍卖构成并立的两大执行手段,强制管理制度恰好可以弥补强制拍卖的不足,继续对无法强制拍卖或流拍的财产进行管理,以管理收益抵偿债权,进一步保障债权人权利的实现。[5]故而,多种执行措

---

[1] 参见最高人民法院(2021)最高法执监 414 号执行裁定书。

[2] 参见山东省高级人民法院执三庭:《山东高院:执行疑难法律问题审查参考(五)——财产处置专题》,载微信公众号"山东高法",最后访问时间:2023 年 6 月 30 日。

[3] 参见杨荣馨主编:《强制执行立法的探索与构建——中国强制执行法(试拟稿)条文与释义》,中国人民公安大学出版社 2005 年版,第 376 页。

[4] 参见最高人民法院执行局编:《人民法院办理执行案件规范(第二版)》,人民法院出版社 2022 年版,第 263 页。

[5] 参见顾首明、秦玉罕:《民事强制执行法视阈下强制管理制度的完善进路》,载《法治实务》集刊 2023 年第 1 卷。

施并用,尤其是对于大宗标的物强制执行时多种执行措施并用,可以避免因资产闲置而造成的资源浪费,符合民事执行的内在价值要求。[1]但在实践中,由于强制管理的适用受到诸多限制,其适用领域远没有拍卖广泛;且我国迄今尚未确立真正意义上的强制管理制度。其中,财产无法拍卖或者变卖的,经申请执行人同意且不损害其他债权人合法权益和社会公共利益的,交付申请执行人或者第三人代为出租房屋是操作相对简单的一种强制管理方式。[2]

(四) 再次拍卖与解封发还的问题

财产经过第一次拍卖、第二次拍卖和变卖后,均告流拍,此时是否应当解封发还,存在争议。

1. 动产的处理原则

《拍卖规定》第 24 条规定:"对于第二次拍卖仍流拍的动产,人民法院可以依照本规定第 16 条的规定将其作价交申请执行人或者其他执行债权人抵债。申请执行人或者其他执行债权人拒绝接受或者依法不能交付其抵债的,人民法院应当解除查封、扣押,并将该动产退还被执行人。"

对于执行法院能否对拍卖流拍后退还的财产继续采取执行措施的问题,最高人民法院认为,依照《拍卖规定》的相关规定,将财产解封后退还给被执行人,并不意味着被执行人可以不再履行生效法律文书确定的义务,亦不意味着该财产成为豁免执行财产。该财产作为被执行人的责任财产,仍可用于清偿债务。只要申请执行人的债权未得到全部清偿,对被执行人的已解封、退还的执行财产,执行法院仍可依法采取执行措施。[3]

2. 不动产或其他财产权的处理原则

《拍卖规定》第 25 条第 2 款规定:"……自公告之日起 60 日内没有买受人愿意以第三次拍卖的保留价买受该财产,且申请执行人、其他执行债权人仍不表示接受该财产抵债的,应当解除查封、冻结,将该财产退还被执行人,但对该财产可以采取其他执行措施的除外。"《办案规范》第 551 条第 3

---

[1] 参见谭秋桂:《民事执行原理研究》,中国法制出版社 2001 年版,第 249 页。
[2] 参见四川省长宁县人民法院 (2023) 川 1524 执恢 26 号执行裁定书。
[3] 参见最高人民法院 (2014) 执复字第 19 号执行裁定书。

款规定:"前款中所指的'其他执行措施',可以包括强制管理,以及执行法院根据市场价格变化,重新启动(议价、询价、评估)拍卖程序,以及准许第三人以流拍价购买等。"[1]《广东省高级人民法院执行局关于执行程序法律适用若干问题的参考意见(2017年5月)》中提到,委托拍卖的不动产及其他财产权经三次拍卖流拍,或者动产经两次拍卖流拍,网络拍卖的财产经两次拍卖流拍,不能依法变卖或者以物抵债的,能否重新拍卖?处理意见:委托拍卖的不动产及其他财产权经三次拍卖流拍,或者动产经两次拍卖流拍,网络拍卖的财产经两次拍卖流拍,不能依法变卖或者以物抵债的,人民法院可以重新委托评估、拍卖。主要理由:《拍卖规定》第28条第2款规定,第三次拍卖流拍且申请执行人或者其他执行债权人拒绝接受或者依法不能接受该不动产或者其他财产权抵债的,人民法院应当于第三次拍卖终结之日起7日内发出变卖公告。自公告之日起60日内没有买受人愿意以第三次拍卖的保留价买受该财产,且申请执行人、其他执行债权人仍不表示接受该财产抵债的,应当解除查封、冻结,将该财产退还被执行人,但对该财产可以采取其他执行措施的除外。该款规定的"其他执行措施",可以包括强制管理,以及执行法院根据市场价格变化,重新启动(评估)拍卖程序等。据此,委托拍卖的不动产及其他财产权经三次流拍,不能依法变卖或者以物抵债的,执行法院可以根据市场价格变化,重新启动评估、拍卖程序,而非必须立即解除查封、冻结措施。同理,委托拍卖的动产及网络拍卖的动产、不动产和其他财产权经过两次拍卖流拍后,不能依法变卖或者以物抵债的,执行法院也可以根据市场价格变化,重新启动评估、拍卖程序,而非必须立即解除查封、冻结措施。

在实践中,之所以动产、不动产和其他财产权流拍后是否解封发还存在较大争议,主要原因在于现行法律中虽然有关于流拍后解封发还的规定,但是在债权未实现的情况下,解封发还对于执行法院而言责任和压力都比较大。这导致执行法院选择执行措施时相当慎重。综合上述规定和裁判思路,执行法院在实务中越来越慎重采取解封发还措施,而倾向于选择再次拍卖。

---

[1] 参见最高人民法院执行局编:《人民法院办理执行案件规范(第二版)》,人民法院出版社2022年版,第239~240页。

# 第四章
# 财产交付程序

财产交付程序是财产变价程序的延续。拍卖成交后,买受人按照拍卖公告载明的期限或者执行法院指定的期限交纳尾款后,执行法院应当依法向买受人交付财产。如果财产需要办理产权变更登记的,执行法院还应向相关部门送达协助执行手续,通知相关部门协助买受人办理产权变更登记。

**一、产权变更程序**

(一)过户的问题

在实践中,执行法院有处置权的情况下,办理过户一般不存在问题,但是仍应当注意几个问题:

1. 其他法院轮候查封登记的处理原则

《最高人民法院关于查封法院全部处分标的物后轮候查封的效力问题的批复》内容为,北京市高级人民法院:你院《关于查封法院全部处分标的物后,轮候查封的效力问题的请示》(京高法〔2007〕208号)收悉。经研究,答复如下:根据《查封规定》(法释〔2004〕15号)第28条[1]第1款的规定,轮候查封、扣押、冻结自在先的查封、扣押、冻结解除时自动生效,故人民法院对已查封、扣押、冻结的全部财产进行处分后,该财产上的轮候查封自始未产生查封、扣押、冻结的效力。同时,根据上述司法解释第30条[2]的规定,人民法院对已查封、扣押、冻结的财产进行拍卖、变卖或抵债的,原查封、扣押、冻结的效力消灭,人民法院无需先行解除该财产上的查封、扣押、冻结,可直接进行处分,有关单位应当协助办理有关财产权证

---

[1] 现为《查封规定》(2020修正)第26条。
[2] 现为《查封规定》(2020修正)第27条。

照转移手续。此复。

2. 担保物权登记的处理原则

《拍卖规定》第28条第1款规定："拍卖财产上原有的担保物权及其他优先受偿权，因拍卖而消灭，拍卖所得价款，应当优先清偿担保物权人及其他优先受偿权人的债权，但当事人另有约定的除外。"因此，处置设定了抵押、质押等担保物权的财产，要求财产登记管理部门协助办理产权变更手续时，拍卖财产上原有的担保物权及其他优先受偿权即因拍卖而消灭，直接在协助执行手续中注明强制解除抵押、质押登记即可，无需担保物权人同意；但是，应当通知担保物权人就变价款申请优先受偿，依法保护其优先受偿权。

3. 网签合同备案登记处理原则

商品房网签登记是政府部门依托其建立的商品房网上签约备案平台，以规范房地产开发企业、房屋中介公司等相关主体进行商品房预售管理活动为目的的网上备案登记行为，并不具有物权变动性质，不直接产生不动产物权设立或变动的效力。已办理网签备案的房屋买受人，请求排除强制执行的，人民法院不予支持。[1]换言之，网签合同备案登记并不必然排除执行，执行法院可在向不动产登记部门送达协助办理产权变更手续前，先行向住建部门送达协助解除网签合同备案登记手续。但是，在实践中，多数网签合同中的买受人可能已支付价款并占有房屋。因此，执行法院在拍卖、变卖时，宜通知网签合同中的买受人依法向执行法院提出异议，主张其权利。

4. 涉及二次过户的问题

《民法典》第229条规定："因人民法院、仲裁机构的法律文书或者人民政府的征收决定等，导致物权设立、变更、转让或者消灭的，自法律文书或者征收决定等生效时发生效力。"《民法典》第230条规定："因继承取得物权的，自继承开始时发生效力。"《民法典》第231条规定："因合法建造、拆除房屋等事实行为设立或者消灭物权的，自事实行为成就时发生效力。"《北京市高级人民法院关于执行查控时财产权属判断规则及案外人异议审查中权利（利益）冲突规则若干问题的意见——北京市法院执行局局长座谈会

---

[1] 参见最高人民法院（2018）最高法民申350号民事裁定书。

（第九次会议）纪要》第3条规定："司法机关、行政机关等公权力机关作出的生效法律文书，仲裁机构作出的仲裁裁决、仲裁调解书，或者在公权力机关备案或公示的文书确认属于被执行人的财产，人民法院可以参照本纪要第2条的规定办理。"依照《民法典》第229条、第230条和第231条规定享有物权的财产，人民法院可以采取强制执行措施。对于这类财产是应当按照《民法典》第232条规定，先过户至被执行人名下，再过户至买受人名下，还是直接过户至买受人名下，各地做法有所不同，各不动产登记部门要求亦有所不同。根据实务经验，在该种情形下，并不必然需要二次过户。所以，在可能涉及"二次过户"时，应当提前与不动产登记部门沟通，并在公告中予以披露，尤其需要披露与"二次过户"相关的税费等费用负担信息。

此外，在执行回迁安置房过程中，有的回迁安置房要求先过户至被安置人口名下，再过户至买受人名下，有的可以直接过户至买受人名下。此时，执行法院应提前做好调查工作，并就相关问题在拍卖公告中予以披露。

在实践中，另一常见情形是被执行人向房地产开发企业购买了商品房但尚未转移登记至被执行人名下，如果此类房屋可以作为被执行人财产执行，则同样涉及是否需要"二次过户"的问题。但是，该问题在实践中也存在争议。有的观点认为，此时并非处置房屋，而是处置被执行人的合同权益。因此，只涉及变更合同主体，没有必要先过户至被执行人名下，不涉及"二次过户"的问题。有的观点则认为，执行部门系将房屋作为被执行人责任财产予以处理，即涉及"二次过户"的问题，否则有逃避税收征管之嫌。笔者认为，这一问题不同于第三人书面承认其名下财产为被执行人所有，此时更类似于开发企业同意继续履行合同，而被执行人对开发企业享有债权，可以请求其过户和交付，执行法院处置的也即该债权请求权。只是，为了简化处理，执行法院通常会向不动产登记管理部门送达协助执行通知书，要求协助为买受人办理过户。此时，转让债权并不必然涉及"二次过户"的问题；但该问题在理论上确实争议很大，有待进一步研究。

（二）产权转移时点的问题

拍卖、变卖成交后，财产的产权何时转移至买受人名下？《民法典》第229条规定："因人民法院、仲裁机构的法律文书或者人民政府的征收决定等，导致物权设立、变更、转让或者消灭的，自法律文书或者征收决定等生效时发生效力。"《拍卖规定》第 26 条规定："不动产、动产或者其他财产权拍卖成交或者抵债后，该不动产、动产的所有权、其他财产权自拍卖成交或者抵债裁定送达买受人或者承受人时起转移。"《网拍规定》第 22 条第 2 款规定："拍卖财产所有权自拍卖成交裁定送达买受人时转移。"可见，司法处置中的物权变动规则并非一般的"不动产登记、动产交付"的基于法律行为物权变动模式，而是采用非基于法律行为的物权变动模式。其中，能够直接引起物权变动的裁定主要是执行程序中对不动产和有登记的特定动产拍卖时所作的拍卖成交裁定和以物抵债裁定，拍卖财产所有权自拍卖成交裁定送达买受人时转移。[1]

## 二、交付程序

交付程序是变价程序外的一个相对独立的执行程序，性质上属于物之交付请求权的执行。[2]拍卖、变卖成交或者以物抵债、第三人购买后，执行法院将拍卖的财产移交买受人或者承受人。《拍卖规定》第 27 条规定："人民法院裁定拍卖成交或者以流拍的财产抵债后，除有依法不能移交的情形外，应当于裁定送达后 15 日内，将拍卖的财产移交买受人或者承受人……"对于买受人而言，其在交付价款后取得拍卖标的物的所有权，这是司法拍卖程序的意义所在，也是买受人所追求的最终效果。[3]

但是，财产交付程序涉及法律关系复杂、利益冲突严重，在执行工作中需要与当事人直接接触，使得财产交付问题在实践中成为争议和矛盾高发区，也成为影响财产处置效率的重要因素。[4]

（一）自行交付与强制交付的问题

在实践中，部分被执行人或实际占有人会向买受人或者承受人自行交付，或者自行腾空后交执行法院再向买受人或者承受人交付。但是，仍有部

---

[1] 参见赵晋山：《非基于法律行为引起的物权变动》，载《人民司法》2007 年第 7 期。
[2] 参见荀应鹏：《论强制交付司法拍定不动产的正当程序》，载《中国不动产法研究》2023 年第 1 期。
[3] 参见毋爱斌：《民事执行拍卖制度研究》，厦门大学出版社 2014 年版，第 126 页。
[4] 参见曹辉：《关于司法拍卖不动产交付问题的研究》，载《法制与经济》2021 年第 6 期。

分需要执行法院采取强制措施强制腾空后交付买受人或者承受人的情况。《北京市高级人民法院关于进一步提升财产查控处置质效的意见》第11条规定："执行部门裁定拍卖、变卖成交或者以流拍的财产抵债后，除有依法不能移交的情形外，应当于裁定送达后15日内，将拍卖的财产移交买受人或者承受人。被执行人或者第三人占有拍卖财产应当移交而拒不移交的，强制执行。对不动产的交付具有腾退困难的，应当在做好安全、稳定工作同时，积极采用训诫、罚款、司法拘留、追究拒执罪等方式推进不动产腾退交付工作。"《北京市高、中级法院执行局（庭）长座谈会（第六次会议）纪要——关于强制执行腾房类案件若干问题的意见》规定："腾房类案件的执行过程中，发现案外人实际占有被腾退房屋的，首先对其进行说服教育，督促其自行腾退。案外人在执行依据作出后占有被腾退房屋的，经说服教育仍拒不腾退的，可将其作为协助执行义务人一并予以腾退。案外人提出执行行为异议或案外人异议的，依照《民事诉讼法》的相关规定进行审查。"《江西高院执行局民事执行实务疑难问题解答（1）》中提到："被执行人下落不明，法院拟拍卖或以物抵债的该被执行人房产，现拍卖前需要腾空房产内财产，能否能在司法拍卖裁定中一并裁定强制其腾出房屋，并在拍卖公告中送达？答：依据最高法院司法解释规定精神，对于人民法院在民事执行程序中决定拍卖或以物抵债的房产，被执行人应当主动腾出房屋，人民法院裁定拍卖成交或以物抵债后拒不腾出的，依法强制执行。由于人民法院作出的拍卖裁定和以物抵债裁定书与腾出房屋的执行通知书均应送达给被执行人，实践中，执行法院为便于操作在司法拍卖裁定书中一并裁定强制被执行人腾出房屋，并不违反法律规定。"[1]

需要注意的是，股权强制交付时，股权竞买人可否要求执行法院移交标的公司的公司营业执照、财务报表等资料。对此，最高人民法院认为，公司资产与公司股权有所不同，股权的权利人是股东，而公司资产的财产权利人是公司，而非股东。公司营业执照、公司章程、公司财务报表等资料是公司的资产，买受人作为股权的成功竞买人，无权要求执行法院交付标的公司经

---

[1] 参见江西省高级人民法院执行局：《【实务答疑】江西高院执行局民事执行实务疑难问题解答（1）》，载微信公众号"江西执行"，最后访问时间：2017年9月22日。

营资料。[1]在实践中，厘清各类财产的交付范围比较重要，执行法院应提前就相关问题披露，防止发生争议。

(二) 腾空后拍卖与拍卖后腾空的问题

关于房屋或者土地使用权等财产是腾空后再采取拍卖措施，还是先采取拍卖措施而后再腾空移交，各地法院做法不一。《河北省高级人民法院关于进一步规范执行评估、拍卖工作的指导意见》规定，除保留租赁关系拍卖或者有其他法定事由外，应当在拍卖成交前将不动产腾空。《北京市法院执行局局长座谈会（第十次会议）纪要——关于强制执行中财产处置若干问题的意见》第7条规定："对不动产的处置，可以先卖后腾，也可以先腾后卖。腾退困难的，通过积极推进处置工作，对被执行人及占有房屋的人形成压力。对于仍不主动迁出或退出的，坚决强制腾退，但要注意做好安全、稳定工作。"[2]笔者认为，这两种方式并无对错之分，只是执行方式不同。腾空后拍卖，有利于后期的拍卖溢价和顺利交付，但是如果变价期间过长，会影响被执行人的使用和收益；拍卖后腾空，可以确保被执行人在变价期间内仍能占有和使用房屋，但是将腾退风险滞后，且会影响买受人竞价积极性。在实践中，执行法院宜根据案件执行情况，综合考虑确定执行方式。

(三) 执行交付与另诉交付的问题

关于司法拍卖财产的交付应由执行部门负责，还是可以另诉交付，在实践中也存在争议。从执行领域规定来看，《拍卖规定》第27条规定："……被执行人或者第三人占有拍卖财产应当移交而拒不移交的，强制执行。"《善意文明执行意见》第10条规定："……拍卖财产为不动产且被执行人或他人无权占用的，人民法院应当依法负责腾退，不得在公示信息中载明'不负责腾退交付'等信息。……"《执行权意见》第18条第3款规定："拍卖财产为不动产且被执行人或者他人无权占用的，人民法院应当依法负责腾退，不得在公示信息中载明'不负责腾退交付'等信息。"《网拍指导意见》第8条规定："加大不动产腾退交付力度。对不动产进行处置，除有法定事由外，

---

[1] 参见最高人民法院（2018）最高法执复10号执行裁定书。
[2] 参见北京市高级人民法院：《会议纪要丨北京法院：关于强制执行中财产处置若干问题的意见》，载微信公众号"中国破产法论坛"，最后访问时间：2019年11月14日。

执行法院应当负责腾退交付，严禁在拍卖公告中声明'不负责腾退'。需要组织腾退交付的，执行法院应当制作腾退预案，积极督促被执行人及有关占用人员主动搬离。对于督促后仍不主动搬离的，应当严格依法腾退，并做好执法记录、安全保障等工作。腾退过程中，被执行人、案外人存在破坏财产、妨碍执行等行为的，应当根据情节轻重予以罚款、拘留；构成犯罪的，应当依法追究刑事责任。"根据上述规定，法律和司法解释对执行法院移交拍卖标的物的行为作出了明确规定，执行法院应当严格按照规定在期限内移交拍卖的标的物，切实维护买受人的合法权益和人民法院自身的威信。[1]从民事审判领域角度来看，由于买受人能够通过拍卖成交裁定取得不动产所有权，因此在被执行人或第三人拒不交付不动产的情况下，买受人经常主动或被动选择诉诸基于不动产所有权的交付请求诉讼。但对于买受人提起的交付请求诉讼，各地法院处理不一。有的法院认为，司法拍卖房屋的交付与办理产权证文书，属于执行法院的职责。买受人因未能交付问题另行起诉的，属于重复起诉，应裁定驳回起诉。[2]但也有法院受理交付请求诉讼，并作出相应判决。[3]从实践来看，不予受理交付请求诉讼的做法在实践中较为普遍。[4]

（四）依法不能移交的情形

《拍卖规定》第27条规定："人民法院裁定拍卖成交或者以流拍的财产抵债后，除有依法不能移交的情形外，应当于裁定送达后15日内，将拍卖的财产移交买受人或者承受人。……"在实践中，依法不能移交的情形主要包括两种：一是案外人基于已经确认的租赁权、用益物权而占有房屋，此时需要等租赁权、用益物权期限届满后才能移交；二是案外人异议正在审查或者案外人异议正在审理过程中，此时执行法院应当暂缓或者中止执行，不得采取进一步执行措施，需要等案外人异议或者异议之诉程序终结后才能移

---

〔1〕参见赵晋山：《〈关于人民法院民事执行中拍卖、变卖财产的规定〉的理解与适用》，载《人民司法》2005年第2期。

〔2〕参见北京市第三中级人民法院（2021）京03民初10175号民事判决书。

〔3〕参见广东省广州市越秀区人民法院（2019）粤0104民初6265号民事判决书。

〔4〕参见苟应鹏：《论强制交付司法拍定不动产的正当程序》，载《中国不动产法研究》2023年第1期。

交。在实践中，执行腾退工作是对抗性非常强的工作，很多因素共同决定是否能够腾退以及腾退时间。因此，执行法院在拍卖前应对财产进行全面调查以评估风险，竞买人亦应进行必要调查并仔细阅读法院公告以及提前向法院咨询。

（五）腾退时物品的处理原则

《北京市高、中级法院执行局（庭）长座谈会（第六次会议）纪要——关于强制执行腾房类案件若干问题的意见》规定："强制执行前，要求被执行人明确接收财物的处所，并告知其拒不接收财物的法律后果，包括因拒绝接收造成的损失由被执行人承担。被执行人不明确处所的，可根据案件的实际情况指定处所；由人民法院强制执行的因征收拆迁案件引发的房屋腾退案件，可协调有关部门指定临时周转房或安置房作为接收财物的处所。在其他腾房类执行案件中，可指定预先查明的被执行人的其他居所作为接收财物的处所；未查明被执行人有其他居所的，可要求申请执行人联系、租赁临时处所作为接收财物的指定处所，并由其预付或垫付一定期间的租赁费。对于预付或垫付的租赁费，申请执行人不愿承担的，由被执行人负担。应由被执行人负担的租赁费，被执行人拒不自动支付的，可对其强制执行。"同时提出："对于被执行人拒绝接收且不宜长期保管、保管困难或者保管费用过高的物品，可通过评估、拍卖、变卖等程序及时依法予以处置。"《江苏省高级人民法院关于执行疑难问题的解答》中也提到："房屋腾空过程中清理出的物品，如何处置？被执行人下落不明的，腾空房屋时，必须使用执法记录仪同步全程录音录像，同时邀请公证人员对清理出的物品清单进行公证。腾空清理出的被执行人及案外人（承租人、保管人、现居住人、非法占有人等）的物品，执行法院可以指定申请执行人或其他人保管，并通知权利人限期30日内领取。拒不领取或下落不明的，执行法院可以处分该财产。处分所得价款，扣除搬迁、保管及拍卖变卖等相关必要费用后，暂时保管于法院账户，并通知权利人限期领取，但权利人明确表示放弃的除外。处分被执行人物品所得价款，可用于清偿债务，清偿债务后有剩余的，退还给被执行人，被执行人下落不明的，可以向有关机构提存；处分案外人物品所得价款，经通知领取拒不领取的，可以向有关机构提存。依法不能处置或变价不成的物品经通知领取拒不领取的，可将物品向提存机构提存，构成妨碍执行的，可以根据民事诉讼法第 111 条处罚。但权利人明确表示抛弃该物品的，执行法院可以酌情处理。"〔1〕

关于案外人物品的处理，《最高人民法院关于〈执行程序中能否对案外人财产进行处理的请示〉的答复》规定："吉林省高级人民法院：你院《关于法院执行程序中能否对案外人财产进行处理的请示》收悉。经研究，答复如下：执行程序中案外人无合法依据占有被执行的标的物不动产的，执行法院依法可以强制迁出；案外人拒不迁出，对标的物上的财产，执行法院可以指定他人保管并通知领取；案外人不领取或下落不明的，为避免保管费过高或财产价值减损，执行法院可以处分该财产，处分所得价款，扣除搬迁、保管及拍卖变卖等相关费用后，保存于执行法院账户，通知该案外人领取。"另外，河南省高级人民法院认为，对于在强制交付过程中，案外人拒不接受强制迁出不动产或不动产上财产的，人民法院在执行程序中如何处理的问题。执行程序中案外人无合法依据占有被执行人的标的物不动产的，执行法院依法可以强制迁出。案外人拒不迁出的，对标的物上的财产，执行法院可以指定他人保管并通知领取；案外人不领取或下落不明的，为避免保管费用过高或财产价值减损，执行法院可以处分该财产，处分所得价款，扣除搬迁、保管及拍卖变卖等相关费用后，保存于执行法院账户，通知该案外人领取。〔2〕

（六）腾退费用的负担问题

《办案规范》第 617 条第 2 款规定："拍卖、变卖被执行人财产所发生的实际费用，从所得价款中优先扣除……"〔3〕腾退费用属于拍卖、变卖被执行人财产所发生的实际费用，应当从所得价款中优先扣除。

（七）迟延交付占有使用费的处理规则

拍卖成交后，执行法院张贴公告，通知被执行人或者实际占用人限期搬

---

〔1〕 参见江苏省高级人民法院：《江苏省高级人民法院关于执行疑难问题的解答》，载微信公众号"江苏高院"，最后访问时间：2018 年 6 月 13 日。

〔2〕 参见河南省高级人民法院：《干货丨不动产执行中常见问题裁判规则 10 条》，载微信公众号"豫法阳光"，最后访问时间：2018 年 9 月 6 日。

〔3〕 参见最高人民法院执行局编：《人民法院办理执行案件规范（第二版）》，人民法院出版社 2022 年版，第 262 页。

离而未搬离的，一般来说，买受人有权要求占用人支付迟延交付期间的占有使用费并赔偿相应损失。但是，买受人主张占有使用费应当向执行部门直接主张，还是另诉主张，在实践中存在争议。有的法院认为，执行法院清场移交法拍房后，买受人有权起诉占用人要求按照市场租金标准赔偿租金损失并承担占用期间的管理费。[1]买受人主张的房屋占有费及物业费损失，并非必须通过执行程序处理的事项，属于民事诉讼受案范围。[2]有的法院则认为，法拍房被违法侵占，买受人诉请占用人支付租金及物业管理费损失，属于执行程序中解决的问题，不属于民事诉讼的受理范围。[3]笔者倾向于认为，买受人主张占用人支付迟延交付期间占有使用费以及赔偿相应损失的，应当在执行程序中一并解决。主要原因在于，从实践来看，执行程序衍生诉讼或者相关诉讼，一般系法律规定的需要通过实体审理解决的问题；而此处，司法解释已经规定执行法院移交财产期限，超期移交财产除被执行人或者实际占用人拒不交付外，与法院强制执行工作的安排和力度有一定关系。如果此时准许买受人另行起诉，则与执行衍生诉讼或者关联诉讼受理范围的确定基础相悖。

（八）财产属性变更的禁止规定

拍卖成交后，买受人应当按照法律和行政法规等规定使用拍卖财产。《国土房产协助执行通知》第 25 条规定："人民法院执行土地使用权时，不得改变原土地用途和出让年限。"需要注意的是，经过司法拍卖程序取得的财产与通过民事交易取得的财产并无不同，司法拍卖只是一种强制手段，无权改变法律规定、政策限制和交易规则。尤其是在后续使用过程中，买受人仍应当按照相关法律、行政法规等规定使用拍卖财产。

---

[1] 参见广东省珠海市中级人民法院（2020）粤 04 民终 1359 号民事判决书。
[2] 参见北京市第三中级人民法院（2021）京 03 民终 9735 号民事裁定书。
[3] 参见四川省成都市中级人民法院（2019）川 01 民终 9584 号民事裁定书。

# 第五章
# 财产分配程序

执行财产分配的概念在实践中较为广泛,但其含义并不明确。从法律规定和实践经验来看,执行财产分配的概念主要包含几个层次:第一,执行财产分配,泛指执行过程中一切分配执行财产的行为。包括向一人发放案款的行为,也包括向数人发放案款的行为;包括财产足以清偿全部债务的情况,也包括财产不足以清偿全部债务的情形;包括发放优先支付和优先受偿的情形,也包括向债权人发放的情形;包括按照财产控制先后分配的情形,也包括按照债权比例发放的情形。第二,突出分配功能。但仅在向数人分配执行案款时,才具有分配功能,属于执行财产分配。第三,体现计算后分配的功能,即财产不足以清偿全部债务时,按照法定清偿顺序进行分配属于执行财产分配。如果财产足以清偿全部债务,则仅是计算后发放,没有计算分配的问题。第四,体现在债权人之间进行分配的意义。在执行过程中,优先保留部分、优先扣除部分和优先支付部分并非向债权人支付或者分配,因而该部分分配不能作为执行财产分配程序。第五,体现在普通债权人之间的债权之间的分配。除优先保留部分、优先扣除部分和优先支付部分,优先受偿部分亦不能纳入执行财产分配程序。在实践中,执行财产分配的定义和规则,同时需要借助执行财产分配方式、执行财产分配顺序、执行财产分配范围以及执行财产分配的债权范围等内容加以明确。

## 一、执行财产分配程序与其他财产分配程序

(一) 执行财产分配程序与破产分配程序

执行财产分配程序是在执行程序中依法向各债权人分配财产或者财产变价款的程序,破产分配程序则是在破产程序中依法向各债权人清偿债务的程

序。被执行人是法人的，其财产或者通过民事强制执行程序进行财产分配，或者通过破产程序进行财产分配，二者只能择一；而被执行人是自然人或者其他组织[1]的，无论财产是否足以清偿全部债务，均只能通过执行程序进行财产分配。[2]

需要说明的是，上述二者系不同财产分配程序，适用不同的法律规定。尤其需要注意的是，二者适用的分配规则并不完全相同，且彼此只能适用各自的分配规则。如工资薪酬的分配规则，一般在执行程序中工资薪酬仅为普通债权，并不具有优先性（此为原则，实践中有争议）；而破产程序中的工资薪酬清偿顺序则在普通债权之前。再如税费问题，在破产程序中债务人历史欠缴的税费应优先支付，但是在执行程序中是否应当优先支付被执行人历史欠缴的税费，争议很大。

（二）财产分配程序与刑事裁判涉财产刑时的执行财产分配

执行活动的依据不仅限于民事裁定书、判决书、调解书，还存在诸多其他类型的执行依据，如公证债权文书、仲裁裁决书或者调解书、行政判决书、刑事裁判涉财产刑部分等。其中公证机构和仲裁机构作出的具有强制执行效力的文书一般限于民事领域，其相应财产分配规则与民事强制执行财产分配规则相同；而刑事裁判涉财产部分的执行则与民事强制执行存在不同之处。

需要说明的是，由于刑事裁判涉财产部分的判项较为复杂，分为追缴违法所得、退赔被害人损失、没收财产、罚金等，其中各类判项的执行顺位与财物是涉案财物还是合法财产有关，也与属于处置财物类判项还是金钱类判项有关。《最高人民法院关于刑事裁判涉财产部分执行的若干规定》第13条规定："被执行人在执行中同时承担刑事责任、民事责任，其财产不足以支付的，按照下列顺序执行：①人身损害赔偿中的医疗费用；②退赔被害人的损失；③其他民事债务；④罚金；⑤没收财产。债权人对执行标的依法享有优先受偿权，其主张优先受偿的，人民法院应当在前款第1项规定的医疗费

---

[1]《民法典》施行后，其他组织的概念已被非法人组织所代替，但是执行领域法律和司法解释的规定尚未全面修订。为行文方便，本文仍多沿用其他组织的概念。

[2] 目前，我国个人破产制度尚处于试点阶段，待个人破产制度建立并全面施行后，对于自然人作为被执行人的执行财产分配制度可能产生较大影响。

用受偿后,予以支持。"上述规定,确定了被执行人在执行中同时承担刑事责任、民事责任,并明确了其财产不足以支付时财产分配的一般规则。但实践中的民刑交叉分配更为复杂,争议颇多,此处不作过多讨论。

## 二、财产分配方式与清偿顺序

### (一)财产分配方式

财产分配,即被执行人是企业法人或者自然人且案件涉及多个债权人对同一被执行人申请执行时,执行法院启动分配程序、制作分配方案、分配执行案款的行为。财产分配方式通常有两种:案款分配程序和参与分配程序。需要强调的是,无论是案款分配还是参与分配,有多个债权人对同一被执行人申请执行或者对执行财产申请参与分配的,执行法院都应制作分配方案,并不区分被执行人是法人还是公民、其他组织。区别在于,被执行人为公民或者其他组织的,分配方案应按债权比例平等清偿;被执行人为法人的,则一般按照查封顺序、结合优先受偿权等因素作出分配。[1]

1. 案款分配程序

(1)案款分配的概念

案款分配,指根据《执行规定》第55条第1款的规定,依据优先主义原则,按查封财产先后顺序对案款进行分配。[2]《执行规定》第55条第1款规定:"多份生效法律文书确定金钱给付内容的多个债权人分别对同一被执行人申请执行,各债权人对执行标的物均无担保物权的,按照执行法院采取执行措施的先后顺序受偿。"《执转破意见》第4条规定,执行法院在执行程序中应加强对执行案件移送破产审查有关事宜的告知和征询工作。执行法院采取财产调查措施后,发现作为被执行人的企业法人符合《破产法》第2条规定的,应当及时询问申请执行人、被执行人是否同意将案件移送破产审查。申请执行人、被执行人均不同意移送且无人申请破产的,执行法院应当按照《民诉法解释》第516条的规定处理,企业法人的其他已经取得执行依

---

[1] 参见最高人民法院(2023)最高法执复21号执行裁定书。
[2] 参见《北京市高、中级法院执行局(庭)长座谈会(第五次会议)纪要——关于案款分配及参与分配若干问题的意见》。

据的债权人申请参与分配的，人民法院不予支持。需要注意的是，《执转破意见》第4条和《民诉法解释》第516条中的"当事人不同意移送破产"均应理解为"执行案件的全体当事人即申请执行人和被执行人均不同意移送破产"。[1]但是，在实践中，查明、通知和征询全体债权人和被执行人是否移送破产的意见的工作难度较大，是否可以探索通过公告方式征询，需要进一步研究。

（2）案款分配的适用情形

关于案款分配程序适用的具体情形，山东省高级人民法院认为，案款分配适用于以下情形：①被执行人为公民或其他组织，可供执行的财产足以清偿全部债务的；②被执行人为企业法人，可供执行的财产足以清偿全部债务的；③被执行人为企业法人，可供执行的财产不足以清偿全部债务，但未进入破产程序的。[2]《浙江省高级人民法院关于多个债权人对同一被执行人申请执行和执行异议处理中若干疑难问题的解答》中提到，不同生效法律文书确定金钱给付内容的两个以上普通债权人分别对同一被执行人申请执行，哪些情况下适用《执行规定》第88条第1款的规定，按照执行法院采取执行措施的先后顺序受偿？答：具有以下情形之一的，适用《执行规定》第88条[3]第1款的规定，按照执行法院采取执行措施的先后顺序受偿：①被执行人为公民或其他组织，其可供执行的财产足以清偿全部债务；②被执行人为企业法人，其可供执行的财产足以清偿全部债务，或者虽不足清偿全部债务，但尚在经营。[4]需要说明的是，案款分配的前提条件是债务人的财产能够满足所有债权，只有在此情况下，普通债权才会按照查封顺序清偿；相反，如果债务人财产不能满足所有债权之清偿、需要进入参与分配程序的，则各债权应按比例平均受偿。[5]但是，被执行人为法人的，如果无法进入破

---

[1] 参见最高人民法院（2016）最高法执复22号执行裁定书。

[2] 参见山东省高级人民法院：《对同一被执行人的普通债权应当如何确定清偿顺序？》，载微信公众号"山东高法"，最后访问时间：2024年2月6日。

[3] 现为《执行规定》（2020修正）第55条。

[4] 参见浙江省高级人民法院：《关于多个债权人对同一被执行人申请执行和执行异议处理中若干疑难问题的解答》，载微信公众号"宜春市袁州区人民法院"，最后访问时间：2016年3月25日。

[5] 参见最高人民法院（2021）最高法执监59号执行裁定书。

产程序，仍在执行程序中进行财产分配，在扣除执行费用并清偿优先受偿的债权后，对于普通债权，按照执行财产分配规则，以财产保全或者执行措施的先后顺序确定清偿顺序。[1]此时，并非按照债权比例进行分配，亦非按照破产财产分配规则进行分配。

(3) 首先查封债权的优先性问题

关于案款分配规则是否意味着首先查封债权具有优先受偿权的问题，笔者认为，首先，数个债权人对于同一债务人先后发生数个普通债权时，其效力一律平等，不因其成立先后而有效力上的优劣之分，此为债权的平等性之特征。[2]《执行规定》第55条第1款的前提条件是债务人的财产能够满足所有债权，只有在此情况下，普通债权才会因首先查封而成为优先受偿债权；相反，如果债务人财产不能满足所有债权之清偿、需要进入参与分配程序的，各债权应按比例平均受偿，采取首先查封措施的普通债权不再具有优先受偿的地位。[3]另外，首先查封债权即使优先受偿，也并不意味着首先查封债权从普通债权变为法定或者意定的优先债权，而仅是执行案款分配时间上的优先性。如果存在其他债权是担保债权等优先债权的情况，优先债权仍要先于首先查封债权受偿。另需要注意的是，在首先查封法院可以优先受偿的情况下，理论上在分配时其他债权也均可足额受偿，这也更好地说明首先查封债权优先受偿仅是分配时间意义上的优先而已。

2. 参与分配程序

(1) 参与分配的概念

参与分配有广义和狭义两种概念：广义的参与分配，是指不管被执行人是否为企业法人，只要涉及多个债权人对其财产申请分配的，执行法院均应启动分配程序；而狭义的参与分配，则特指被执行人为公民或者其他组织时，在其财产不能清偿所有债权的情况下，按债权比例公平清偿的分配方式。[4]《民诉法解释》第506条规定：“被执行人为公民或者其他组织，在执行程序开始后，被执行人的其他已经取得执行依据的债权人发现被执行人

---

[1] 参见江苏省南京市中级人民法院（2016）苏01执复179号执行裁定书。
[2] 参见上海市第一中级人民法院（2012）沪一中民一（民）终字第2691号民事判决书。
[3] 参见最高人民法院（2021）最高法执监59号执行裁定书。
[4] 参见最高人民法院（2019）最高法执复14号执行裁定书。

的财产不能清偿所有债权的，可以向人民法院申请参与分配。对人民法院查封、扣押、冻结的财产有优先权、担保物权的债权人，可以直接申请参与分配，主张优先受偿权。"上述规定即狭义的参与分配。本章此处的参与分配，是指狭义的参与分配，即根据《执行规定》第 55 条第 3 款的规定，依据平等比例原则，按照债权比例对案款进行分配。[1]《执行规定》第 55 条第 3 款规定："一份生效法律文书确定金钱给付内容的多个债权人对同一被执行人申请执行，执行的财产不足清偿全部债务的，各债权人对执行标的物均无担保物权的，按照各债权比例受偿。"《民诉法解释》第 508 条规定："参与分配执行中，执行所得价款扣除执行费用，并清偿应当优先受偿的债权后，对于普通债权，原则上按照其占全部申请参与分配债权数额的比例受偿。清偿后的剩余债务，被执行人应当继续清偿。债权人发现被执行人有其他财产的，可以随时请求人民法院执行。"需要说明的是，案款分配方式与参与分配方式仅是普通债权分配时存在的分配方式差异；被执行人部分履行时，对于优先保留、优先支付、优先扣除、优先受偿、劣后受偿等部分的分配方式，并不存在差异。

（2）参与分配的适用情形

关于参与分配程序适用的具体情形，山东省高级人民法院认为，当多个普通债权人对于同一被执行人申请执行时，根据被执行人的主体性质和财产状况，平等主义原则适用于以下情形：①被执行人为公民或其他组织，其可供执行的财产不足清偿全部债务；②同一份生效法律文书确定的债权，且被执行人可供执行的财产不足清偿全部债务。符合上述情形之一的，依照《民诉法解释》的相关规定，应当通过参与分配程序，按照普通债权数额比例进行分配受偿。[2] 江苏省高级人民法院《关于正确理解和适用参与分配制度的指导意见》第 3 条规定："执行程序开始后，被执行人的其他债权人向人民法院申请参与分配，同时符合下列条件的，人民法院应当启动参与分配程序：①被执行人为自然人或者其他组织；②被执行人的财产不能清偿所有债

---

[1] 参见《北京市高、中级法院执行局（庭）长座谈会（第五次会议）纪要——关于案款分配及参与分配若干问题的意见》。

[2] 参见山东省高级人民法院：《对同一被执行人的普通债权应当如何确定清偿顺序？》，载微信公众号"山东高法"，最后访问时间：2024 年 2 月 6 日。

权；③债权人已经取得执行依据，或者虽未取得执行依据但对执行财产享有优先权、担保物权等应予分配情形；④债权人在执行程序开始后，被执行人财产执行终结前提出书面申请。"《浙江省高级人民法院关于多个债权人对同一被执行人申请执行和执行异议处理中若干疑难问题的解答》中提到："两个以上普通债权人分别对同一被执行人申请执行，哪些情况下按照各债权比例受偿？答：具有以下情形之一的，按照各债权比例受偿：①被执行人为公民或其他组织，其可供执行的财产不足清偿全部债务；②被执行人为企业法人，未经清理或清算而撤销、注销或歇业，其可供执行的财产不足清偿全部债务；③系同一份生效法律文书确定的债权，且被执行人可供执行的财产不足清偿全部债务。"[1]《江西省高级人民法院执行局关于进一步规范适用执行参与分配制度相关问题的解答》中也提到："被执行人的其他债权人申请参与分配，应具备哪些条件？答：申请参与分配应同时具备以下条件：①被执行人为自然人或者其他组织；②被执行人的财产不足以清偿所有债权；③参与分配申请人已经取得执行依据，或者虽未取得执行依据但对被执行的涉案财产享有优先权、担保物权等情形；④参与分配申请人应在执行程序开始后，涉案财产执行终结前提出书面申请。"[2]需要说明的是，被执行人是法人的，无论何种情形下，均不可能适用狭义的参与分配程序。其财产分配方式或为案款分配方式，或为破产分配方式，前者适用于法人财产足以清偿全部债务以及法人财产不足以清偿全部债务但无法通过破产程序处理的情形，后者适用于法人财产不足以清偿全部债务且通过破产程序处理的情形。

（3）"财产不足以清偿"的界定

财产是否足以清偿生效法律文书确定的义务，是初步判断适用案款分配、参与分配或者破产分配程序的重要标准。关于如何判断财产是否足以清偿全部债务的问题，山东省高级人民法院认为，符合下列情形之一的，可以认定为"被执行人的财产不能清偿所有债权"：①执行法院已通过网络执行查控系统及线下调查或者搜查发现的被执行人财产不足以清偿所有已知债权

---

[1] 参见浙江省高级人民法院：《关于多个债权人对同一被执行人申请执行和执行异议处理中若干疑难问题的解答》，载微信公众号"宜春市袁州区人民法院"，最后访问时间：2016年3月25日。

[2] 参见江西省高级人民法院：《江西高院执行局出台〈关于进一步规范适用执行参与分配制度相关问题的解答〉》，载微信公众号"江西执行"，最后访问时间：2021年11月23日。

的；②另案申请执行人所涉案件已因无财产可供执行，被终结本次执行程序的，但有证据证明被执行人尚有其他财产可供执行的除外；③被执行人的其他财产系难以处置变现的股权、宅基地房屋等或者系依法不得执行的财产；④其他能够证明被执行人财产不能清偿所有债权的情形。[1]江苏省高级人民法院《关于正确理解和适用参与分配制度的指导意见》第5条规定："具有下列情形之一的，可认定为被执行人的财产不能清偿所有债权：①执行法院已通过网络执行查控系统及线下调查或者搜查发现的被执行人财产不足以清偿所有已知债权的；②申请参与分配债权人所涉案件已因无财产可供执行，被终结本次执行程序的，但有证据证明被执行人尚有其他财产可供执行的除外；③被执行人其他财产为公司股权，该股权明显无财产价值、价值较小或者难以变现的；④被执行人其他财产为难以现状处置的无证房产或者农村宅基地上房产的；⑤其他能够证明被执行人财产不能清偿所有债权的情形。债权人认为被执行人财产能够清偿所有债权，对其他债权人参与分配申请或者启动参与分配程序提出异议的，应提供相应证据或者提供被执行人能够用于执行的相关财产线索。不能提供证据或者提供的财产线索无法查实的，对其异议不予支持。"《江西省高级人民法院执行局关于进一步规范适用执行参与分配制度相关问题的解答》中也提到："主持分配法院如何认定被执行人的财产不足以清偿所有债权？答：具有下列情形之一的，主持分配法院可认定被执行人的财产不足以清偿所有债权：①已通过网络执行查控系统及线下调查或者搜查发现的被执行人财产不足以清偿所有已知债权的；②参与分配申请人所涉案件已因无财产可供执行，被终结本次执行程序的，但有证据证明被执行人尚有其他财产可供执行的除外；③被执行人其他财产为公司股权，该股权明显无财产价值、价值较小或者难以变现的；④被执行人其他财产为难以现状处置的无证房产或者农村宅基地上房产的；⑤其他能够证明被执行人财产不足以清偿所有债权的情形。任一债权人对其他债权人的参与分配申请或者人民法院启动参与分配程序提出异议的，应提供被执行人可供执行的其他财产线索。不能提供或者提供的财产线索无法查实的，对其执行异议申

---

[1] 参见山东省高级人民法院执三庭：《山东高院：执行疑难法律问题审查参考（六）——参与分配专题》，载微信公众号"山东高法"，最后访问时间：2024年1月5日。

请不予支持。"[1]

关于财产不足以清偿全部债务的证明责任和证明标准的问题,最高人民法院认为,法律设定参与分配制度的目的,在于保障在被执行人不具备破产资格情形下其债权的平等受偿。人民法院审查参与分配申请时,不应苛求参与分配申请人必须证明被执行人不能清偿所有债务或给申请参与分配设置过多的障碍,[2]只要申请人一方提供相关材料,符合一定要件就应予以认可。至于被执行人的财产是否满足不能清偿所有债权的条件,应由执行法院来审查,并且执行法院对此也应从宽把握。只要确定现有财产已经不能清偿所有债权的,就应同意申请人参与分配[3],并不要求由申请人承担被执行人不能清偿所有债权的证明责任。[4]

另外,《北京市高、中级法院执行局(庭)长座谈会(第五次会议)纪要——关于案款分配及参与分配若干问题的意见》第13条规定:"主持分配的法院对上条所列材料进行审查,对不符合参与分配条件和程序的债权人,不准予其参与分配。对符合参与分配条件和程序的债权人,若截至申请参与分配的截止日可分配的财产足以清偿全部债务的,适用案款分配程序的相关规定办理;若截至申请参与分配的截止日可分配的财产不足清偿全部债务的,视情况分别作出以下处理:①被执行人的全部财产被主持分配的法院控制的,申请参与分配并符合参与分配条件和程序的债权按照本纪要第15条、第16条的规定受偿。②被执行人的主要财产被主持分配的法院控制,申请参与分配并符合参与分配条件和程序的债权人的执行法院未控制被执行人的其他可供执行财产的,其债权按照本纪要第15条、第16条的规定受偿;其执行法院控制了被执行人的其他可供执行财产但截至申请参与分配的截止日尚未完成处置的,不准予其在本案中参与分配,但被控制的财产经完成法定的拍卖、变卖程序后仍无法变现的除外。"其中,"其执行法院控制了被执行人的其他可供执行财产但截至申请参与分配的截止日尚未完成处置的,不准

---

[1] 参见江西省高级人民法院:《江西高院执行局出台〈关于进一步规范适用执行参与分配制度相关问题的解答〉》,载微信公众号"江西执行",最后访问时间:2021年11月23日。

[2] 参见最高人民法院(2021)最高法执监470号执行裁定书。

[3] 参见最高人民法院(2017)最高法执监325号执行裁定书。

[4] 参见最高人民法院(2017)最高法执监325号执行裁定书。

予其在本案中参与分配"的观点值得关注。笔者认为，该问题涉及"财产不足以清偿"是作整体评价，还是个别评价的问题。整体评价，即查明被执行人财产总值和债务总额后，二者作比较。个别评价，即财产分配时，如果被执行人尚有其他未处置财产，则不予启动参与分配程序。笔者倾向于整体评价，因为个别评价有可能会造成在后续财产处置过程中发现财产不足以清偿的情况，此时会侵害其他债权人在"财产不足以清偿"时公平受偿的权利。整体评价后财产足以清偿，债权均得到受偿，并不损害债权人利益，只是实现债权时间的差异。债权延后实现的期间仍计算迟延履行债务利息，债权人从根本上受到损害甚微，而个别评价可能导致后续财产不足以清偿，则无法改变对其他债权人被侵害的问题。

（4）主持分配法院的确定

主持分配法院一般按照以下原则确定：①主持分配的法院是首先查封法院。《执行规定》第56条第1款规定："对参与被执行人财产的具体分配，应当由首先查封、扣押或冻结的法院主持进行。"②确定主持分配法院并不区分法院级别。《北京市高级人民法院贯彻实施〈最高人民法院关于人民法院执行工作若干问题的规定（试行）〉的若干意见》第26条规定："对参与被执行人财产的具体分配，由首先查封、扣押或冻结的法院主持进行，不考虑每个执行法院级别的高低问题。若因特殊情况，首先查封、扣押或冻结的法院不便于主持进行的，可按本意见第17条办理。"[1]③多项财产被分别查封的，各财产首封法院分别为主持分配法院。《办案规范》第624条第2款规定："被执行人的多项财产分别被不同法院查封，符合参与分配条件的，由各项财产的在先查封法院分别进行分配。"[2]④主持分配法院可以通过协调、提级、指定、决定等方式确定。《办案规范》第624条第3款规定："相关执行法院协商一致并经申请执行人同意，也可以将各自查封的财产交其中一家法院进行处置和分配。共同上级法院也可以通过提级执行或指定执行将

---

[1] 参见北京市高级人民法院：《北京市高级人民法院贯彻实施〈最高人民法院关于人民法院执行工作若干问题的规定（试行）〉的若干意见》，载法信网，https://www.faxin.cn/vz/flfgldffg/content.html?gid=B615229，最后访问时间：2024年12月2日。

[2] 参见最高人民法院执行局编：《人民法院办理执行案件规范（第二版）》，人民法院出版社2022年版，第265页。

所有案件管辖权集中至一家法院，由该法院处置财产并主持分配。或者由共同的上级法院作出决定，确定其中一家法院对被执行人所有可供执行的财产或者价款统一处置，统一分配。"［1］《北京市高、中级法院执行局（庭）长座谈会（第五次会议）纪要——关于案款分配及参与分配若干问题的意见》第11条规定："对被执行人财产的处置和具体分配，按照《执行规定》第91条的规定，原则上由首先查封、扣押或冻结的法院主持进行。本市法院之间亦可协商由非首封的法院主持进行；协商不成的，可报请高级法院予以协调。"⑤轮候查封法院商请移送处置权的，主持分配法院是轮候查封法院。《优先债权处分财产批复》中批复："三、财产移送执行后，优先债权执行法院在处分或继续查封该财产时，可以持首先查封法院移送执行函办理相关手续。优先债权执行法院对移送的财产变价后，应当按照法律规定的清偿顺序分配，并将相关情况告知首先查封法院。首先查封债权尚未经生效法律文书确认的，应当按照首先查封债权的清偿顺位，预留相应份额。"《办案规范》第624条第1款规定："……首先查封法院依据本规范第476条将财产移送优先债权执行法院执行后，由优先债权执行法院主持分配。"［2］⑥首先查封债权系保全执行查封的，应在案件审理终结后进行。《办案规范》第624条第1款规定："……首先查封、扣押、冻结的法院所采取的执行措施如系为执行财产保全裁定，具体分配应当在该院案件审理终结后进行。……"［3］

（5）取得执行依据的问题

原则上，有权申请参与分配的主体为已经取得执行依据的债权人。《民诉法解释》第506条第1款规定："被执行人为公民或者其他组织，在执行程序开始后，被执行人的其他已经取得执行依据的债权人发现被执行人的财产不能清偿所有债权的，可以向人民法院申请参与分配。"《北京市高、中级法院执行局（庭）长座谈会（第五次会议）纪要——关于案款分配及参与

---

［1］参见最高人民法院执行局编：《人民法院办理执行案件规范（第二版）》，人民法院出版社2022年版，第265页。

［2］参见最高人民法院执行局编：《人民法院办理执行案件规范（第二版）》，人民法院出版社2022年版，第265页。

［3］参见最高人民法院执行局编：《人民法院办理执行案件规范（第二版）》，人民法院出版社2022年版，第265页。

分配若干问题的意见》第8条规定，按照《执行规定》第90条的规定，有权申请参与分配的主体为已经取得执行依据的债权人。广东省高级人民法院认为，现有法律和司法解释中并无普通债权可在无执行依据的情况下加入执行程序、参与被执行人财产分配和清偿的规定。无论是在被执行人为自然人或者其他组织时申请参与分配，还是在被执行人为法人时提出受偿申请，除优先债权以外，普通债权的分配均以取得执行依据为前提。[1]需要说明的是，即使普通债权已进入诉讼程序但尚未审结的，亦不符合参与分配的条件。《浙江省高级人民法院关于多个债权人对同一被执行人申请执行和执行异议处理中若干疑难问题的解答》中提到："……已经起诉或申请仲裁但尚未取得执行依据的债权人申请参与分配的，法院一般不予准许。"[2]山东省高级人民法院也认为，已经提起诉讼、仲裁等程序但尚未取得执行依据的普通债权人申请参与分配，原则上不予准许。[3]

在例外情况下，优先债权人可以在尚未取得执行依据时直接申请参与分配，主张优先受偿权。《民诉法解释》第506条第2款规定："对人民法院查封、扣押、冻结的财产有优先权、担保物权的债权人，可以直接申请参与分配，主张优先受偿权。"[4]《浙江省高级人民法院关于多个债权人对同一被执行人申请执行和执行异议处理中若干疑难问题的解答》中也提到："尚未取得执行依据的优先权人申请参加参与分配程序，主张优先受偿权的，如何处理？答：对执行标的物享有优先权的债权人，即使未取得执行依据，其申请参加参与分配程序，主张优先受偿的，应予允许。对该优先权存在与否及其数额，由主持分配法院的执行机构审查认定。对于符合形式要件的优先权，原则上可予认定。"[5]需要注意的是，此处优先权包括法定优先权和意

---

[1] 参见广东省高级人民法院（2018）粤执复290号执行裁定书。
[2] 参见浙江省高级人民法院：《关于多个债权人对同一被执行人申请执行和执行异议处理中若干疑难问题的解答》，载微信公众号"宜春市袁州区人民法院"，最后访问时间：2016年3月25日。
[3] 参见山东省高级人民法院执三庭：《山东高院：执行疑难法律问题审查参考（六）——参与分配专题》，载微信公众号"山东高法"，最后访问时间：2024年1月5日。
[4] 参见最高人民法院（2018）最高法民申1281号民事裁定书。
[5] 参见浙江省高级人民法院：《关于多个债权人对同一被执行人申请执行和执行异议处理中若干疑难问题的解答》，载微信公众号"宜春市袁州区人民法院"，最后访问时间：2016年3月25日。

定优先权。

(6) 申请参与分配截止日的确定

申请参与分配的截止日是指主持分配的法院收到申请参与分配的债权人所在的执行法院转交参与分配申请书的最后日期。《民诉法解释》第507条规定:"申请参与分配,申请人应当提交申请书。申请书应当写明参与分配和被执行人不能清偿所有债权的事实、理由,并附有执行依据。参与分配申请应当在执行程序开始后,被执行人的财产执行终结前提出。"根据上述规定,申请参与分配截止日即被执行人的财产执行终结之日;而关于财产执行终结之日的确定,历来争议不断,标准不一。有些法院将拍卖、变卖成交裁定送达买受人之日作为申请参与分配的截止日,有些法院将过户裁定送达权属登记机关前一日作为截止日,有些法院将分配方案首次送达日作为截止日,有些法院将执行财产实际支付日作为截止日,[1]还有些法院将分配方案发送当事人的前一日作为截止日。近年,最高人民法院发布一则会议纪要,该问题暂告解决。其会议纪要观点为,根据《民诉法解释》,被执行人的其他已经取得执行依据的债权人发现被执行人的财产不能清偿所有债权的,可以向人民法院申请参与分配,于被执行人的财产执行终结前提出。拍卖案款尚未发放,仍在法院账户内时,该案款仍属于被执行人的财产,此时债权未得到清偿,执行法院下一步对案款的分配仍是执行的一个阶段,执行尚未终结。因此,其他债权人在案款分配之前提出参与分配的申请,并未逾期。即如果被执行财产的最终形态价款尚未分配、执行程序未终结,则债权人可以申请参与分配。[2]

(二) 部分履行时的清偿顺序

执行财产分配时的清偿顺序,是指执行待分配财产时,各债权受偿的顺序。在实践中,被执行人一次全额清偿全部债务时,区分各种责任的先后顺位无实际意义。只有在被执行人财产不足以承担所有责任或者分多次承担所有责任的情况下,才有必要确定哪些责任先行承担、哪些责任顺位劣后,从

---

[1] 参见最高人民法院执行局编:《执行工作指导》(总第77辑),人民法院出版社2021年版,第3页。

[2] 参见最高人民法院执行局编:《执行工作指导》(总第77辑),人民法院出版社2021年版,第3页。

而划定不同责任的先后顺序。[1]对于财产不足以清偿全部债务的,其清偿顺序的基本思路是,首先确定可供分配的财产范围,先行减除优先缴纳部分、优先保留部分、优先扣除部分、优先支付部分,再减除优先受偿部分,剩余部分在普通债权之间进行分配。需注意,此时进行的分配可能是案款分配,也可能是参与分配。换言之,有可能按照普通债权查封财产先后顺序进行分配,也可能按照参与分配债权比例进行分配。

1. 优先缴纳部分

(1) 土地使用权出让金

《房地产管理法》第 51 条规定:"设定房地产抵押权的土地使用权是以划拨方式取得的,依法拍卖该房地产后,应当从拍卖所得的价款中缴纳相当于应缴纳的土地使用权出让金的款额后,抵押权人方可优先受偿。"《担保制度解释》第 50 条规定:"抵押人以划拨建设用地上的建筑物抵押,当事人以该建设用地使用权不能抵押或者未办理批准手续为由主张抵押合同无效或者不生效的,人民法院不予支持。抵押权依法实现时,拍卖、变卖建筑物所得的价款,应当优先用于补缴建设用地使用权出让金。当事人以划拨方式取得的建设用地使用权抵押,抵押人以未办理批准手续为由主张抵押合同无效或者不生效的,人民法院不予支持。已经依法办理抵押登记,抵押权人主张行使抵押权的,人民法院应予支持。抵押权依法实现时所得的价款,参照前款有关规定处理。"《北京市高、中级法院执行局(庭)长座谈会(第五次会议)纪要——关于案款分配及参与分配若干问题的意见》第 19 条规定:"……执行标的物为划拨的国有土地使用权的,对该土地使用权的变价款,在依法缴纳相当于应缴纳的土地使用权出让金的款额,并扣除本纪要第 18 条所列费用后,剩余款项用于案款分配或参与分配。"山东省高级人民法院认为,执行所得价款,按照下列顺序执行:①扣除共有人应分得的份额;②扣除执行费用,包括首先查封案件保全费、主持分配法院执行案件的评估费、审计费、鉴定费、拍卖费、执行费以及为处置待分配财产垫付的必要费用;③依据相关规定,办理本次物权变更登记中应由被执

---

[1] 参见最高人民法院执行局编著:《最高人民法院关于刑事裁判涉财产部分执行的若干规定理解与适用》,中国法制出版社 2017 年版,第 172~173 页。

行人依法承担的税费、土地使用权出让金等；④优先受偿的债权；⑤其他普通债权。因前三项不属于被执行人待分配财产范围，执行法院应当在扣除前三项后制定财产分配方案。[1]根据上述规定，如果变价款中包含土地使用权出让金，即买受人将应缴土地使用权出让金随拍卖款一同交纳至法院，则该土地使用权出让金应当先上缴财政部门，不得作为可供分配的财产。

需要说明的是，实践中，有的拍卖公告载明土地使用权出让金由买受人自行负担，另行向相关部门缴纳的，则表明变价款中不包含土地使用权出让金，相应价款应由买受人另行负担，变价款全部为可供分配的财产。

（2）税费

司法拍卖本身产生的税费是否应当由税务机关先行征收，在实践中争议非常大。税收征收属于行使行政权，主要考虑的是公共利益，更注重对国家财政税收的基本保障；而民事执行权主要是对被执行人的财产进行处置，从而维护申请执行人利益的民事私法债权。在被执行人财产不足以清偿全部债务时，就会引起价值判断与选择问题：如保障税收优先。那么普通民事债权人的利益应该如何保护？[2]

首先，关于司法拍卖本身产生的税费是否具有优先权的问题。有的观点认为，税收优先权特指税收行政执法程序中税款优先受偿的权利[3]，税务局在执行财产分配程序中不具有优先权。[4]民事执行方面的法律以及司法解释没有关于税收优先权可在执行程序中参加案款分配并优先实现的规定，税务局与人民法院的案款分配行为三问也不存在直接的、法律上的利害关系，税收优先权的实体法依据是《税收征管法》第45条规定、程序法依据主要散见于《破产法》的相关规定，《民事诉讼法》及其司法解释中并没有明确

---

[1] 参见山东省高级人民法院执三庭：《山东高院：执行疑难法律问题审查参考（六）——参与分配专题》，载微信公众号"山东高法"，最后访问时间：2024年1月5日。

[2] 参见裴永胜、廉玉光：《不动产强制执行中存在的涉税冲突及应对》，载《人民法院报》2021年6月30日，第7版。

[3] 参见北京市第三中级人民法院（2019）京03执恢146号执行裁定书。

[4] 参见北京市高级人民法院（2017）京执复65号执行裁定书、广东省高级人民法院（2021）粤执复302号执行裁定书。

规定。[1]有的观点则认为，可以参照实现债权费用处理。[2]不动产司法拍卖环节产生的税款类似于拍卖费用，因司法拍卖而产生，属司法拍卖的必要支出，应当从拍卖价款中优先受偿，而不论司法拍卖款项清偿完担保债权后可否足额缴纳税款。[3]还有的观点认为，在执行程序中强制处分被执行人的财产也会产生纳税行为[4]，税务局在执行财产分配程序中因此具有税收优先权，除了法律另有规定的以外，优先于无担保债权和税款产生之后的担保物权，税务机关可以就被执行人欠缴的税款参与分配并主张优先权[5]。被执行人具有法定的纳税义务，其收取购房款后本来就应当先缴纳税款，剩余款项才可用于执行案件、偿还普通债务。税务机关下达征收税款的决定书后，可以自行强制执行，也可以申请法院强制执行，故请求执行法院予以协助并无不当。[6]被执行人因个人房产被司法拍卖所应负担的税款应当由其承担，在其不主动缴纳时，可从其房产拍卖价款中予以支付。[7]有的法院对此作出了明确规定。山东省高级人民法院认为，执行所得价款，应按照下列顺序执行：①扣除共有人应分得的份额；②扣除执行费用，包括首先查封案件保全费、主持分配法院执行案件的评估费、审计费、鉴定费、拍卖费、执行费以及为处置待分配财产垫付的必要费用；③依据相关规定，办理本次物权变更登记中应由被执行人依法承担的税费、土地使用权出让金等；④优先受偿的债权；⑤其他普通债权。因前三项不属于被执行人待分配财产范围，执行法院应当在扣除前三项后制定财产分配方案。[8]《江西省高级人民法院执

---

[1] 参见陈恒、李若柳：《税务机关在执行程序中不享有税收优先权》，载《人民司法》2020年第26期。

[2] 参见广东省高级人民法院（2018）粤执复254号执行裁定书。

[3] 参见《国家税务总局深圳市税务局关于市政协七届一次会议第20210039号提案答复的函》、新疆维吾尔自治区高级人民法院（2024）新执复64号执行裁定书、江苏省高级人民法院（2017）苏执复45号执行裁定书。

[4] 参见王召波：《【法官析案】人民法院在执行程序中应否协助税务机关征收税款》，载微信公众号"山东高法"，最后访问时间：2015年3月4日。

[5] 参见吴顺和：《被执行人欠缴的税款能否参与分配？》，载《人民司法》2012年第3期；海南省高级人民法院（2016）琼执复66号执行裁定书。

[6] 参见辽宁省高级人民法院（2024）辽执复196号执行裁定书。

[7] 参见山东省泰安市中级人民法院（2018）鲁09执复84号执行裁定书。

[8] 参见山东省高级人民法院执三庭：《山东高院：执行疑难法律问题审查参考（六）——参与分配专题》，载微信公众号"山东高法"，最后访问时间：2024年1月5日。

行局关于进一步规范适用执行参与分配制度相关问题的解答》中也提到，主持分配法院应按照什么顺序制作财产分配方案？答：主持分配法院在扣除下列相关费用后予以分配，具体费用包括：①首查封案件保全费、主持分配案件的申请执行费、评估费、审计费、鉴定费、公告费、保管费、拍卖辅助费等应由被执行人承担的必要费用以及相关债权人为处置待分配财产垫付的必要费用；②被执行的涉案财产为国有划拨土地使用权，依法应缴纳的土地使用权出让金；③根据相关法律、行政法规规定，办理物权变更登记时应由被执行人负担的税费（具体范围见省法院执行局2018年12月24日第10期《金融债权执行专刊》第6条规定），但已明确由买受人负担的除外；④其他依法应当扣除的必要费用。主持分配法院在扣除上述费用后仍有剩余的，按照以下顺序依次予以分配：①享有优先权、担保物权的债权依法定顺序予以受偿；②普通债权人的债权原则上按照其纳入分配程序的债权金额占全部纳入分配范围的债权总额的比例受偿。[1]江苏省高级人民法院《关于正确理解和适用参与分配制度的指导意见》第9条规定："执行财产在扣除下列相关费用后予以分配：①首查封案件保全费、主持分配案件申请执行费、评估费、审计费、鉴定费、公告费、保管费、悬赏费、拍卖辅助费等应由被执行人承担的必要费用以及相关债权人为处置待分配财产垫付的必要费用；②执行财产为国有划拨土地使用权，依法应缴纳的土地使用权出让金；③根据相关法律、行政法规规定，办理物权变更登记时应由被执行人负担的税费，但已明确由买受人负担的除外；④其他依法应当扣除的必要费用。"笔者倾向于认为，税费应当优先缴纳。原因在于笔者坚持净值分配原则，即不能因为执行程序产生新的争议和纠纷，除当事人对实体问题存在争议需要另诉解决外，执行程序引发的问题应当尽可能在执行程序中解决。无论作为执行费用，还是认可税收优先权，或者不认可税收优先权，司法拍卖本身产生的税费均应缴纳。而且，税收优先权作为法律规定的权利，将该部分税费优先缴纳，剩余部分纳入可供分配财产并不违背法律规定。

其次，关于税费的负担方式，在实践中有以下几种方式：①"替缴制"，

---

[1] 参见江西省高级人民法院：《江西高院执行局出台〈关于进一步规范适用执行参与分配制度相关问题的解答〉》，载微信公众号"江西执行"，最后访问时间：2021年11月23日。

又称"包税条款"、买受人全部负担方式,即公告由买受人负担全部税费;②"各缴制",即买卖双方各自缴纳各自税费,其中被执行人应负担的税费由其另行缴纳,而非从变价款中扣除;③"追缴制",即被执行人应负担的税费由税务机关另行追缴;④"扣缴制",即买卖双方各自缴纳各自的税费,其中被执行人应负担部分从变价款中扣除;⑤"垫付制",即买卖双方各自缴纳各自的税费,其中被执行人应负担部分由买受人垫付,再从变价款中向买受人退还。这实际上就是"扣缴制",只是有的地方不动产登记管理部门或者住建部门无法直接从执行法院收取款项,需要通过买受人垫付的方式解决。[1]在上述方式中,"各缴制""追缴制"不涉及税收优先权的问题;"扣缴制""垫付制"与上文观点相同,以承认税收优先权为前提。在实践中争议最大的是"替缴制"的效力问题。[2]一种观点认为,该条款违反了《网拍规定》第30条规定,应当由被执行人和买受人各自负担卖方税和买方税,即各自负担方式。[3]全部税费由买受人负担,违背税收法定原则,纳税义务人的身份不能因拍卖公告的载明条款而发生转移。[4]财产拍卖前若存在欠缴税费或被执行人不配合缴纳相关税费等应由被执行人支付的费用的情况,可以由买受人先行垫付,待交易成功后买受人再持相关垫付凭证赴人民法院报销,人民法院在拍卖成交款中优先扣除上述费用。[5]另一种观点认为,应由何主体负何种税费,属于人民法院自由裁量权的范围,即使公告全部税费由买受人负担,也并不违反法律规定,即买受人负担方式。[6]虽然我国税收管理方面的法律法规对于各种税收的征收均明确规定了纳税义务人,但并未禁止除纳税义务人外的其他人代为缴纳税款,对于税款实际由谁缴纳并没有作出强制性或禁止性的规定。笔者认为,上述两种观点正确与否并不是关键

---

[1] 参见伦安然、张国雪:《司法拍卖中不动产税费负担路径探究》,载《法制与社会》2021年第14期。

[2] 实践中,对于买受人承担司法拍卖产生税费中的买方税并无争议,争议在于卖方税的承担。

[3] 参见最高人民法院(2020)最高法执监421号执行裁定书。

[4] 参见徐战成:《不动产司法拍卖 购买者承担税费是否合法?》,载《中国税务报》2016年3月23日,第07版。

[5] 参见张伟、黄建铭:《司法网拍税费应以垫付制取代替缴制》,载《人民法院报》2015年7月8日,第08版。

[6] 参见最高人民法院(2020)最高法执监232号执行裁定书。

问题，一旦执行法院公告全部税费由买受人负担，则应认定全部税费由买受人负担，且不得因此撤销拍卖、变卖程序。具体而言，买受人负担方式，从理论上并不侵害买受人或者当事人的合法权益，因为此时竞买人具有出价选择权，完全可以根据房屋市场价值和税费数额以及负担方式以相应价格出价或者选择不出价。换言之，买受人负担条款使得竞买人出价时即将该部分费用予以考虑。但是，买受人负担方式在实践中的最大问题在于卖方税在拍卖前难以确定，容易造成逆向选择，所以应当慎重适用。而各自负担方式，比较符合《网拍规定》第 30 条的规定，且税费各自负担较少发生争议。但是，因为现阶段各地区税务机关的做法不同，如有的要求税款先入库，导致税务局不得就司法拍卖本身产生税费行使税收优先权、侵蚀责任财产份额，或者有的另行追缴导致被执行人承担过高的罚款和滞纳金。因此，在实践中无论税款从变价款中扣除，或者由被执行人另行缴纳，均应当及时缴纳税款。

再次，关于历史欠缴的税费问题。关于税务机关在民事强制执行程序中，是否有权行使税收优先权，要求人民法院优先从变价款中支付被执行人历史欠缴税费的问题，在实践中争议并不大。主流观点倾向于认为，对于被执行人先前欠缴的税费，与司法拍卖行为无关，由被执行人承担，不影响不动产变更登记，应由税务机关通过税收强制程序解决，在执行程序中不予优先支付被执行人历史欠缴税费。[1]

2. 优先保留部分

现行法律和司法解释规定，在执行被执行人财产时应当保留相应部分以保障被执行人的生活和居住等最基本的生存权。如提取被执行人收入时保留必要生活费用，划拨被执行人公积金存储余额时保障被执行人依法享有的基本生活和居住条件等。在实践中，常见的是分配房屋变价款前需要为被执行人优先保留保障居住的费用等，作为豁免执行部分，用于保障被执行人生存权，不得作为可供分配财产进入分配。

《查封规定》第 4 条规定："对被执行人及其所扶养家属生活所必需的居

---

〔1〕参见山东省高级人民法院：《执行程序中房屋变更登记的税款义务应当由谁承担？》，载微信公众号"山东高法"，最后访问时间：2024 年 8 月 22 日。

住房屋,人民法院可以查封,但不得拍卖、变卖或者抵债。"《查封规定》第 5 条规定:"对于超过被执行人及其所扶养家属生活所必需的房屋和生活用品,人民法院根据申请执行人的申请,在保障被执行人及其所扶养家属最低生活标准所必需的居住房屋和普通生活必需品后,可予以执行。"《异议复议规定》第 20 条规定:"金钱债权执行中,符合下列情形之一,被执行人以执行标的系本人及所扶养家属维持生活必需的居住房屋为由提出异议的,人民法院不予支持:①对被执行人有扶养义务的人名下有其他能够维持生活必需的居住房屋的;②执行依据生效后,被执行人为逃避债务转让其名下其他房屋的;③申请执行人按照当地廉租住房保障面积标准为被执行人及所扶养家属提供居住房屋,或者同意参照当地房屋租赁市场平均租金标准从该房屋的变价款中扣除 5 至 8 年租金的。执行依据确定被执行人交付居住的房屋,自执行通知送达之日起,已经给予 3 个月的宽限期,被执行人以该房屋系本人及所扶养家属维持生活的必需品为由提出异议的,人民法院不予支持。"根据上述规定,被执行人名下"唯一住房"并不必然豁免执行财产,申请执行人同意为被执行人提供保障居住房屋或者预留保障居住费用,可以处置被执行人名下"唯一住房"。

3. 优先扣除部分

优先扣除部分是国家基于公权力收取的一项费用,包括案件受理费、申请费等诉讼费用。《北京市高、中级法院执行局(庭)长座谈会(第五次会议)纪要——关于案款分配及参与分配若干问题的意见》第 18 条规定:"案款执行到位后,应当先行扣除案件受理费、申请保全费、申请执行费……,剩余部分用于案款分配或参与分配。"

4. 优先支付部分

诉讼过程中的其他费用一般指在诉讼过程中交纳给除公权力机关以外的其他机构的费用,执行过程中的其他费用一般指除申请执行费以外的因强制执行而支出的费用及其他为债权人共同利益而支出的费用。[1]《北京市高、中级法院执行局(庭)长座谈会(第五次会议)纪要——关于案款分配及参

---

[1] 参见最高人民法院执行局编:《人民法院办理执行案件规范(第二版)》,人民法院出版社 2022 年版,第 265 页。

与分配若干问题的意见》第 18 条规定:"案款执行到位后,应当先行扣除……评估费、鉴定费、公告费、保管费等因诉讼、仲裁或执行所支出的费用(执行依据确定由一方当事人向另一方当事人支付的除外),剩余部分用于案款分配或参与分配。"山东省高级人民法院提出,在分配程序中应如何确定清偿顺序。执行所得价款,应按照下列顺序执行:①扣除共有人应分得的份额;②扣除执行费用,包括首先查封案件保全费、主持分配法院执行案件的评估费、审计费、鉴定费、拍卖费、执行费以及为处置待分配财产垫付的必要费用;③依据相关规定,办理本次物权变更登记中应由被执行人依法承担的税费、土地使用权出让金等;④优先受偿的债权;⑤其他普通债权。因前三项不属于被执行人待分配财产范围,执行法院应当在扣除前三项后制定财产分配方案。[1]

需要注意的是,在财产处置中办理产权变更手续时的行政事业性收费和原被执行人欠缴的除税费以外的其他费用,应当按照公告载明的负担条款予以负担。

5. 优先受偿部分

《北京市高、中级法院执行局(庭)长座谈会(第五次会议)纪要——关于案款分配及参与分配若干问题的意见》第 3 条规定:"一份生效法律文书确定金钱给付内容的多个债权人对同一被执行人申请执行,执行的财产不足清偿全部债务,该生效法律文书已确定各债权的受偿顺位或者其中有法律规定的可优先受偿的债权的,按照该生效法律文书确定的顺位和相关法律的规定分配案款;该生效法律文书未确定各债权的受偿顺位且无法律规定的可优先受偿的债权的,根据《执行规定》第 88 条[2]第 3 款的规定,各债权按比例受偿。"

(1)担保债权的优先受偿权

有担保的债权具有优先受偿的法律效力。《执行规定》第 31 条规定:"人民法院对被执行人所有的其他人享有抵押权、质押权或留置权的财产,

---

[1] 参见山东省高级人民法院执三庭:《山东高院:执行疑难法律问题审查参考(六)——参与分配专题》,载微信公众号"山东高法",最后访问时间:2024 年 1 月 5 日。

[2] 现为《执行规定》(2020 修正)第 55 条。

可以采取查封、扣押措施。财产拍卖、变卖后所得价款，应当在抵押权人、质押权人或留置权人优先受偿后，其余额部分用于清偿申请执行人的债权。"《善意文明执行意见》第7条规定："……在执行程序中，为实现本案债权，人民法院可以在质押债权和本案债权额范围内对相应数量的股票采取强制变价措施，并在优先实现质押债权后清偿本案债务……"《执行规定》第55条第2款规定："多个债权人的债权种类不同的，基于所有权和担保物权而享有的债权，优先于金钱债权受偿。有多个担保物权的，按照各担保物权成立的先后顺序清偿。"

（2）建设工程价款优先受偿权

建设工程价款优先受偿权是法律赋予建设工程承包人的法定优先权。《民法典》第807条规定："发包人未按照约定支付价款的，承包人可以催告发包人在合理期限内支付价款。发包人逾期不支付的，除根据建设工程的性质不宜折价、拍卖外，承包人可以与发包人协议将该工程折价，也可以请求人民法院将该工程依法拍卖。建设工程的价款就该工程折价或者拍卖的价款优先受偿。"《建设工程施工合同解释（一）》第35条规定："与发包人订立建设工程施工合同的承包人，依据民法典第807条的规定请求其承建工程的价款就工程折价或者拍卖的价款优先受偿的，人民法院应予支持。"《建设工程施工合同解释（一）》第38条规定："建设工程质量合格，承包人请求其承建工程的价款就工程折价或者拍卖的价款优先受偿的，人民法院应予支持。"《建设工程施工合同解释（一）》第39条规定："未竣工的建设工程质量合格，承包人请求其承建工程的价款就其承建工程部分折价或者拍卖的价款优先受偿的，人民法院应予支持。"

（3）装修装饰工程价款优先受偿权

《建设工程施工合同解释（一）》第37条规定："装饰装修工程具备折价或者拍卖条件，装饰装修工程的承包人请求工程价款就该装饰装修工程折价或者拍卖的价款优先受偿的，人民法院应予支持。"《最高人民法院关于装修装饰工程款是否享有合同法第二百八十六条[1]规定的优先受偿权的函复》中提到："装修装饰工程属于建设工程，可以适用《中华人民共和国合

---

[1] 现为《民法典》第807条。

同法》第286条[1]关于优先受偿权的规定,但装修装饰工程的发包人不是该建筑物的所有权人或者承包人与该建筑的所有权人之间没有合同关系的除外。享有优先权的承包人只能在建筑物因装修装饰而增加价值的范围内优先受偿。"

(4)船舶优先权

《海商法》第21条规定:"船舶优先权,是指海事请求人依照本法第22条的规定,向船舶所有人、光船承租人、船舶经营人提出海事请求,对产生该海事请求的船舶具有优先受偿的权利。"《海商法》第22条规定:"下列各项海事请求具有船舶优先权:①船长、船员和在船上工作的其他在编人员根据劳动法律、行政法规或者劳动合同所产生的工资、其他劳动报酬、船员遣返费用和社会保险费用的给付请求;②在船舶营运中发生的人身伤亡的赔偿请求;③船舶吨税、引航费、港务费和其他港口规费的缴付请求;④海难救助的救助款项的给付请求;⑤船舶在营运中因侵权行为产生的财产赔偿请求。载运2000吨以上的散装货油的船舶,持有有效的证书,证明已经进行油污损害民事责任保险或者具有相应的财务保证的,对其造成的油污损害的赔偿请求,不属于前款第5项规定的范围。"《海商法》第23条规定:"本法第22条第1款所列各项海事请求,依照顺序受偿。但是,第4项海事请求,后于第1项至第3项发生的,应当先于第1项至第3项受偿。本法第22条第1款第1、2、3、5项中有2个以上海事请求的,不分先后,同时受偿;不足受偿的,按照比例受偿。第4项中有2个以上海事请求的,后发生的先受偿。"《海商法》第24条规定:"因行使船舶优先权产生的诉讼费用,保存、拍卖船舶和分配船舶价款产生的费用,以及为海事请求人的共同利益而支付的其他费用,应当从船舶拍卖所得价款中先行拨付。"《海商法》第25条规定:"船舶优先权先于船舶留置权受偿,船舶抵押权后于船舶留置权受偿。前款所称船舶留置权,是指造船人、修船人在合同另一方未履行合同时,可以留置所占有的船舶,以保证造船费用或者修船费用得以偿还的权利。船舶留置权在造船人、修船人不再占有所造或者所修的船舶时消灭。"《海商法》

---

[1] 现为《民法典》第807条。

第 26 条规定："船舶优先权不因船舶所有权的转让而消灭。但是，船舶转让时，船舶优先权自法院应受让人申请予以公告之日起满 60 日不行使的除外。"《海商法》第 27 条规定："本法第 22 条规定的海事请求权转移的，其船舶优先权随之转移。"《海商法》第 28 条规定："船舶优先权应当通过法院扣押产生优先权的船舶行使。"《海商法》第 29 条规定："船舶优先权，除本法第 26 条规定的外，因下列原因之一而消灭：①具有船舶优先权的海事请求，自优先权产生之日起满 1 年不行使；②船舶经法院强制出售；③船舶灭失。前款第 1 项的 1 年期限，不得中止或者中断。"《北京市高、中级法院执行局（庭）长座谈会（第五次会议）纪要——关于案款分配及参与分配若干问题的意见》第 5 条规定，多份生效法律文书确定金钱给付内容的多个债权人分别对同一被执行人申请执行，其中有债权人对执行标的物享有担保物权或法律规定的其他优先受偿权的，对执行标的物或其变价款，根据《执行规定》第 88 条[1]第 2 款的规定，按照以下规则确定各债权的受偿顺位：……④执行标的物为船舶或民用航空器的，按照《海商法》《民用航空法》等法律及相关司法解释的规定，确定船舶优先权、民用航空器优先权的债权与其他债权之间的受偿顺位。

（5）民用航空器优先权

《民用航空法》第 19 条规定："下列各项债权具有民用航空器优先权：①援救该民用航空器的报酬；②保管维护该民用航空器的必需费用。前款规定的各项债权，后发生的先受偿。"《民用航空法》第 21 条规定："为了债权人的共同利益，在执行人民法院判决以及拍卖过程中产生的费用，应当从民用航空器拍卖所得价款中先行拨付。"《民用航空法》第 22 条规定："民用航空器优先权先于民用航空器抵押权受偿。"

（6）民办学校的财产顺序清偿

《民办教育促进法》第 59 条规定："对民办学校的财产按照下列顺序清偿：①应退受教育者学费、杂费和其他费用；②应发教职工的工资及应缴纳的社会保险费用；③偿还其他债务。非营利性民办学校清偿上述债务后的剩余财产继续用于其他非营利性学校办学；营利性民办学校清偿上述债务后的

---

[1] 现为《执行规定》（2020 修正）第 55 条。

剩余财产，依照公司法的有关规定处理。"《北京市高、中级法院执行局（庭）长座谈会（第五次会议）纪要——关于案款分配及参与分配若干问题的意见》第6条规定，根据《民办教育促进法》第59条的规定，被执行人为民办学校的，其财产优先清偿应退受教育者学费、杂费和其他费用，并扣除本纪要第18条所列费用后，剩余款项用于案款分配。

（7）补缴保险的问题

《北京市高、中级法院执行局（庭）长座谈会（第五次会议）纪要——关于案款分配及参与分配若干问题的意见》第14条规定："……对被欠缴基本医疗保险费、失业保险费、基本养老保险费的职工，劳动行政主管部门作出要求被执行人补缴上述保险费的文书的，在分配案款时也应为其预留相应款项。"

（8）工资债权的问题

关于工资债权是否具有优先受偿权的问题，在实践中存在争议：一种观点认为，工资债权具有优先受偿权。如广东省高级人民法院认为，工人工资是基于劳动合同关系产生的，工资债权是维持劳动者生存权的特种债权。我国法律和司法解释未对工资债权和担保债权在执行过程中的受偿顺序作出明确规定，但工人工资债权涉及劳动者及其家属的生存权，有其特殊性，其应当优先于其他债权清偿。[1]山东省高级人民法院也认为，职工工资在受偿顺位上优先于普通债权，体现了法律对人的生存权的尊重。如居民委员会代欠债企业垫付工资款、帮助职工及时获得工资，进而维护社会的和谐稳定，客观上实现了立法目的，其行为无疑值得肯定和鼓励，故在清偿顺序上应予以优先清偿。[2]江苏省高级人民法院《关于正确理解和适用参与分配制度的指导意见》第6条规定："未取得执行依据的普通债权人具有下列情形之一，提出参与分配申请的，应根据其在诉讼、仲裁或者公证程序中请求给付的债权数额预留相应的财产份额：①债权人对执行财产首先申请采取查封、扣押、冻结措施的；②债权人为职工，请求支付其被拖欠工资、医疗及伤残补助、抚恤费用、基本养老保险金、基本医疗保险费用，以及按照法律、行政

---

[1] 参见广东省高级人民法院（2019）粤民申7866号民事裁定书。
[2] 参见山东省高级人民法院（2016）鲁民终179号民事判决书。

法规规定应当支付给职工的补偿金的；③受害人基于人身损害赔偿请求权主张赔偿的；④债权人主张抚养费、扶养费、赡养费的；⑤人民调解协议的债权人已申请司法确认的；⑥符合法律或司法解释规定的其他情形。职工作为债权人以被执行人拖欠其工资为由申请参与分配的，按照债务人的普通职工正常应当支付的平均工资计算为其预留款项，但工资债权超过 12 个月的除外。上述债权人请求给付的债权数额未获执行依据支持或者执行依据支持的债权数额低于预留财产份额的，预留的财产份额或者超出部分应再次进行分配。预留财产份额低于或者等于债权人按其执行依据载明的债权数额计算后应当获得的财产份额的，按照预留财产份额予以发放。"《北京市高、中级法院执行局（庭）长座谈会（第五次会议）纪要——关于案款分配及参与分配若干问题的意见》第 5 条规定："多份生效法律文书确定金钱给付内容的多个债权人分别对同一被执行人申请执行，其中有债权人对执行标的物享有担保物权或法律规定的其他优先受偿权的，对执行标的物或其变价款，根据《执行规定》第 88 条第 2 款的规定，按照以下规则确定各债权的受偿顺位：……③多个债权中有职工工资债权（包括劳动报酬、经济补偿、赔偿金、职工基本医疗保险费、失业保险费、基本养老保险费等）的，对案款分配时本地区上一年度职工平均工资（上一年度职工平均工资未公布的，按照上上年度职工平均工资）范围内的工资部分，比照建设工程价款优先权的顺位受偿，剩余工资部分作为普通债权受偿。被执行人欠缴职工基本医疗保险费、失业保险费、基本养老保险费，该职工尚未取得执行依据的，在分配案款时可为其预留相应数额的款项。……"另一种观点则认为，工资债权优先受偿权仅适用于破产分配程序。如上海市第一中级人民法院认为，尽管法律赋予了劳动者对其劳动债权的优先受偿权，但其债务主体应当是具有工资、奖金支付义务的用工者，且优先受偿一般适用于破产程序。[1] 河南省濮阳市中级人民法院也认为，案外人主张职工工资优先受偿的问题，仅在被执行人财产不足以清偿全部债务而进入破产程序时才有意义，在异议之诉中不享有排除执行措施的权益。[2] 云南省高级人民法院的观点认为，法律并未规定农

---

[1] 参见上海市第一中级人民法院（2012）沪一中民一（民）终字第 2691 号民事判决书。
[2] 参见河南省濮阳市中级人民法院（2016）豫 09 执异 30 号执行裁定书。

民工工资在清偿时可以享有优先受偿权,债权人以其债权中有农民工工资为由主张优先受偿权,缺乏法律依据。[1]笔者倾向于第二种观点,工资债权的优先受偿权规定于《破产法》之中,在民事强制执行程序中并无相关规定。在此情况下,认定工资债权具有优先性,有违反法律规定之嫌。

6. 主债务

《民法典》第561条规定:"债务人在履行主债务外还应当支付利息和实现债权的有关费用,其给付不足以清偿全部债务的,除当事人另有约定外,应当按照下列顺序履行:①实现债权的有关费用;②利息;③主债务。"债务的本金部分通常是一个确定或相对确定的金额,一般在生效法律文书主文中表述为借款、工资、货款、工程款、租金等。[2]需注意的是,当事人对清偿顺序无法达成一致意见的,在执行款不足以清偿全部债务时,应当先清偿生效法律文书确定的金钱债务,如果有剩余再清偿加倍部分债务利息。在清偿生效法律文书确定的金钱债务时,若执行款尚不足以支付全部金钱债务,且当事人对清偿顺序没有约定的,则应按照一般民法债权抵充顺序原则进行支付,即先清偿实现债权的费用,再清偿一般债务利息,最后清偿主债务。[3]

7. 一般债务利息

迟延履行期间的一般债务利息通常在法律文书主文中表述为利息、资金占用利息、逾期付款利息等,同时还会对利息的计算基数、利率、起算和终止时间进行确定。如果法律文书未确定给付利息,则胜诉方不能就迟延履行期间的一般债务利息申请执行。[4]《迟延利息解释》第1条第1款规定:"根据民事诉讼法第253条规定加倍计算之后的迟延履行期间的债务利息,包括迟延履行期间的一般债务利息和加倍部分债务利息。"该司法解释定义

---

[1] 参见云南省高级人民法院(2014)云高民一终字第138号民事判决书。

[2] 参见江西省高级人民法院:《执行金额如何计算?一文读懂!(纯干货)》,载微信公众号"江西法院",最后访问时间:2024年10月22日。

[3] 参见刘贵祥、王宝道:《〈关于执行程序中计算迟延履行期间的债务利息适用法律若干问题的解释〉的理解与适用》,载《人民司法》2014年第17期;最高人民法院(2021)最高法执监161号执行裁定书。

[4] 参见江西省高级人民法院:《执行金额如何计算?一文读懂!(纯干货)》,载微信公众号"江西法院",最后访问时间:2024年10月22日。

非常准确,其表述迟延履行期间的债务利息时,强调其包括迟延履行期间的一般债务利息而非全部应当履行的一般债务利息,否则将导致迟延履行期间这一概念使用错误。另需要注意的是,生效判决未确定被执行人负有向债权人给付一般债务利息的义务,则一般债务利息无须予以计算。[1]

8. 加倍部分债务利息

迟延履行利息制度是我国《民事诉讼法》确立的一项重要制度,在督促债务人履行生效裁判确定的义务和补偿债权人损失方面发挥了重要作用。[2]《民事诉讼法》第264条规定:"被执行人未按判决、裁定和其他法律文书指定的期间履行给付金钱义务的,应当加倍支付迟延履行期间的债务利息。被执行人未按判决、裁定和其他法律文书指定的期间履行其他义务的,应当支付迟延履行金。"《迟延利息解释》第4条规定:"被执行人的财产不足以清偿全部债务的,应当先清偿生效法律文书确定的金钱债务,再清偿加倍部分债务利息,但当事人对清偿顺序另有约定的除外。"

### 三、分配异议程序

(一) 分配行为异议

针对执行财产分配提出的异议,可以分为分配行为异议和分配方案异议。前者又称为执行行为异议、程序性异议,通过异议后复议程序审查;后者又称为案款分配异议、实体性异议,通过异议后异议之诉程序审查。

1. 分配行为异议的概念

分配行为异议,是指认为执行法院在财产分配程序中存在违法或者不当的执行行为而提出的异议。分配行为异议指向实现参与分配的债权的执行行为,分配行为异议成立将导致债权获得清偿的数额发生变化,但不影响债权本身成立与否和数额大小。其异议内容具体包括分配程序的适用、债权人分配资格的认定、可供分配金额的确定、分配方案的送达、异议的通知等。对于债权人、被执行人提出的程序性异议,法院应当通过执行异议复议程序审

---

[1] 参见北京市高级人民法院(2016)京执复65号执行裁定书。
[2] 参见姚宝华:《迟延履行利息刍议》,载《中国应用法学》2023年第3期。

查。[1]

**2. 分配行为异议的适用情形**

关于分配行为异议的适用情形，《北京市高、中级法院执行局（庭）长座谈会（第五次会议）纪要——关于案款分配及参与分配若干问题的意见》第26条规定，债权人、被执行人对主持分配的法院在案款分配或参与分配程序中的以下执行行为提出的异议，适用《民事诉讼法》第225条[2]的规定进行处理：①是否适用案款分配程序或参与分配程序的决定；②申请参与分配的债权人是否适合的认定；③债权人申请参与分配是否逾期的认定；④分配方案的送达；⑤其他应当通过执行行为异议处理的情形。债权人、被执行人对分配方案中分配顺位及分配数额的确定提出异议的，由执行实施机构进行初步审查。经审查，因法院工作失误或计算错误导致分配顺位及分配数额确定错误的，由执行实施机构依法予以纠正；认为分配顺位及分配数额的确定不存在错误的，适用《民诉法执行程序解释》第25条、第26条的规定[3]进行处理。江苏省高级人民法院《关于正确理解和适用参与分配制度的指导意见》第22条规定："参与分配程序中，债权人或者被执行人对主持分配法院的下列行为提出异议的，适用民事诉讼法第225条[4]进行审查：①不适用参与分配程序的行为；②不准债权人参与分配的行为；③分配方案的送达行为；④分配方案数额计算错误；⑤其他程序性行为。上述执行异议及复议案件审查期间，不影响执行程序或者分配程序继续进行，但应当为提出异议的债权人预留其相应款项。"《江西省高级人民法院执行局关于进一步规范适用执行参与分配制度相关问题的解答》中也提到："债权人或者被执行人认为主持分配法院作出的参与分配行为错误，应如何救济？答：（1）参与分配过程中，债权人或者被执行人对下列行为提出异议的，由主持分配法院适用民事诉讼法第225条[5]进行审查，并以裁定形式作出结论：①不适用参与分

---

[1] 参见山东省高级人民法院执三庭：《山东高院：执行疑难法律问题审查参考（六）——参与分配专题》，载微信公众号"山东高法"，最后访问时间：2024年1月5日。

[2] 现为《民事诉讼法》（2023修正）第236条。

[3] 现为《民诉法执行程序解释》第17条、第18条。

[4] 现为《民事诉讼法》（2023修正）第236条。

[5] 现为《民事诉讼法》（2023修正）第236条。

配程序的行为；②不准债权人参与分配的行为；③分配方案的送达行为；④分配方案数额计算错误；⑤其他程序性行为。上述执行异议及复议案件审查期间，不影响执行程序或者分配程序继续进行，但应当为提出异议的债权人预留其相应款项。（2）参与分配程序终结后，主持分配法院或者其上级法院经执行监督程序认定相关债权人的债权应当纳入财产分配范围而未纳入，或者分配方案存在错误的，主持分配法院应按该监督意见予以纠正。分配方案经异议之诉程序确定的，应通过审判监督程序予以纠正。若分配方案被撤销的，应重新进行制作分配方案。债权人已经获得清偿的债权数额高于其重新分配后应获得数额的，应予返还。不予返还的，参照执行回转相关规定予以回转。各债权人自主协商确定分配方案并获得清偿的，其他债权人认为其利益受到损害，应依法通过其他途径解决。"[1]

3. 异议请求的审查程序

异议人提出分配行为异议的，可依据《民事诉讼法》第236条规定提出执行行为异议，对裁定结果不服还可向上一级法院申请复议。[2]《民事诉讼法》第236条规定："当事人、利害关系人认为执行行为违反法律规定的，可以向负责执行的人民法院提出书面异议。当事人、利害关系人提出书面异议的，人民法院应当自收到书面异议之日起15日内审查，理由成立的，裁定撤销或者改正；理由不成立的，裁定驳回。当事人、利害关系人对裁定不服的，可以自裁定送达之日起10日内向上一级人民法院申请复议。"

（二）分配方案异议（分配方案异议之诉）

1. 分配方案异议（分配方案异议之诉）的概念

分配方案异议是指对分配方案所载各债权人债权的真实性、应当分配数额、分配顺位存在的异议。实体性异议指向参与分配的债权本身，实体性异议成立将影响债权本身成立与否以及数额变化。[3]此类异议内容具体包括对分配方案中确定的债权是否已过时效、是否已获全部或部分清偿存在异议，

---

[1] 参见江西省高级人民法院：《江西高院执行局出台〈关于进一步规范适用执行参与分配制度相关问题的解答〉》，载微信公众号"江西执行"，最后访问时间：2021年11月23日。

[2] 参见浙江省嘉兴市中级人民法院（2016）浙04民终1920号民事裁定书。

[3] 参见山东省高级人民法院执三庭：《山东高院：执行疑难法律问题审查参考（六）——参与分配专题》，载微信公众号"山东高法"，最后访问时间：2024年1月5日。

或者因认为债权人应当分配的债权受偿顺序、债权受偿金额不符合实体法的规定而提出异议。对于债权人、被执行人提出的实体性异议，执行法院应当通过分配方案异议之诉进行审理。[1]《民诉法解释》第509条规定："多个债权人对执行财产申请参与分配的，执行法院应当制作财产分配方案，并送达各债权人和被执行人。债权人或者被执行人对分配方案有异议的，应当自收到分配方案之日起15日内向执行法院提出书面异议。"

分配方案异议之诉是指，针对分配方案上所记载的相关债权人的债权或分配额，认为自己的实体利益因此而受损的债权人或债务人声明不服，在相关债权人或债务人对该不服提出反对意见后，声明不服者起诉请求法院对该不服所涉及的分配方案部分予以重新判断的制度。[2]诉讼请求应围绕异议人与其他债权人、被执行人之间的实体权利义务争议进行，一般包括两点：①请求执行法院撤销财产分配方案的错误分配；②请求执行法院确认争议债权的性质、数额及其分配比例。[3]

2. 分配方案异议（分配方案异议之诉）的适用情形

关于分配方案异议的适用情形，《北京市高、中级法院执行局（庭）长座谈会（第五次会议）纪要——关于案款分配及参与分配若干问题的意见》第25条规定，案款分配或参与分配程序中，债权人或者被执行人提出的以下异议，适用《民事诉讼执行程序解释》第25条、第26条的规定进行处理：①执行依据确定的债权是否已经履行或部分履行及履行的数额，以及该债权是否已经超过申请执行时效；②执行依据确定的建设工程价款是否享有优先受偿权及优先受偿的款项范围；③担保物权人以及其他有权请求实现担保物权的人申请执行法院作出的拍卖、变卖担保财产的裁定，该裁定未明确债权数额，当事人对分配方案中确定的债权数额提出异议的；④其他应当通过参与分配异议及参与分配异议之诉处理的情形。参与分配异议及参与分配异议之诉的审查和审理期间，主持分配的法院对争议债权的相应款项可依法

---

［1］参见山东省高级人民法院执三庭：《山东高院：执行疑难法律问题审查参考（六）——参与分配专题》，载微信公众号"山东高法"，最后访问时间：2024年1月5日。

［2］参见刘颖：《分配方案异议之诉研究》，载《当代法学》2019年第1期。

［3］参见孙德国：《执行程序中对"分配方案"异议的性质判断》，载微信公众号"山东高法"，最后访问时间：2023年4月19日。

予以提存。《江苏省高级人民法院执行异议及执行异议之诉案件审理指南（一）》中规定："债权人主要是指本案申请执行人、已经取得生效法律文书的其他债权人、尚未取得生效法律文书的首查封诉讼保全人以及主张优先受偿权或法定优先权的其他债权人。①执行法院应准予已诉讼或未诉讼的主张优先权的债权人进入参与分配程序，其他债权人或者被执行人因此提出异议的，适用执行分配方案异议及执行异议之诉程序审查。②债权人对于执行法院不同意其参与分配申请提出的执行异议，不适用执行分配方案异议及执行异议之诉程序，应适用《民事诉讼法》第225条规定进行审查，并明确告知其申请复议的权利。已经开始的分配程序，应预留其相应份额。"

关于分配方案异议之诉的适用情形，《江苏省高级人民法院执行异议及执行异议之诉案件审理指南（一）》中规定，债权人、被执行人根据《民诉法解释》第512条、《民诉法执行程序解释》第25条、第26条[1]规定，提起执行分配方案异议之诉的，必须同时具备下列条件：①异议人只能是被执行人以及执行法院已经同意其参与分配的债权人；②异议系对执行法院制定的分配方案提出，包括参与分配的债权数额、优先受偿权是否成立及其分配顺序、分配份额、分配比例等等。③债权人或被执行人必须在收到分配方案之日起15日内提出书面异议，并应在收到反对意见通知之日起15日内提起执行分配方案异议之诉。④债权人或被执行人提起分配方案异议之诉，应当明确提出修正后的分配方案并按该方案进行分配的请求及其事实与理由。不符合上述条件之一的，裁定不予受理；已经受理的，裁定驳回起诉。

3. 异议请求的审查程序

《民诉法解释》第510条规定："债权人或者被执行人对分配方案提出书面异议的，执行法院应当通知未提出异议的债权人、被执行人。未提出异议的债权人、被执行人自收到通知之日起15日内未提出反对意见的，执行法院依异议人的意见对分配方案审查修正后进行分配；提出反对意见的，应当通知异议人。异议人可以自收到通知之日起15日内，以提出反对意见的债权人、被执行人为被告，向执行法院提起诉讼；异议人逾期未提起诉讼的，执行法院按照原分配方案进行分配。诉讼期间进行分配的，执行法院应当提

---

[1] 现为《民诉法执行程序解释》第17条、第18条。

存与争议债权数额相应的款项。"

需要说明的是，提出分配方案异议是提起执行分配方案异议之诉的前置程序，即债权人向执行法院提出书面异议，执行法院将该异议通知其他债权人、被执行人，其他债权人、被执行人在法定期限内对异议提出反对意见的，法院通知异议人，异议人才能提起执行分配方案异议之诉。[1]换言之，执行异议之诉受理前，执行实施机构必须完成两次送达程序：将分配方案送达所有债权人、被执行人，以及将异议人的异议送达未提出异议的债权人、被执行人。未提出异议的债权人、被执行人对上述异议提出反对意见的，执行机构在通知异议人后，异议人可以自收到通知之日起15日内向执行法院提起诉讼。[2]

另外，分配行为异议需要异议人向立案部门申请立案，案件类型为执行异议案件，由执行审查机构另案审查，异议人如对于审查结果不服，可以向上一级人民法院申请复议。分配方案异议不需要由另案审查，由执行实施机构直接在执行案件中处理，如异议人与其他被执行人、债权人对于分配方案异议无法达成一致意见，则执行实施机构停止异议程序且不进行任何实体审查，并告知异议人提出分配方案异议之诉。分配方案异议之诉由异议人向立案部门申请立案，案件类型为民事诉讼，后通过一审、二审程序审理。

需要注意的是，《执前化解工作指引》第17条第1款第4项规定："……分配方案异议之诉，如果审判部门认为分配方案确有错误的，应对分配方案作出调整，不得判决撤销分配方案，让执行部门重新制作。"

（三）分配行为异议和分配方案异议的区分

在实践中，区分分配行为异议和分配方案异议是比较复杂的问题。从二者的概念来看，分配行为异议处理异议人针对执行分配行为中使其程序性权利受到侵害时的异议请求，分配方案异议处理异议人认为执行分配方案中的实体性权利认定存在错误时的异议请求。前者依据《民事诉讼法》第236条进行审查，后者依据《民诉法解释》第509条进行审查。[3]

---

[1] 参见最高人民法院（2021）最高法民申3244号民事裁定书。
[2] 参见孙德国：《执行程序中对"分配方案"异议的性质判断》，载微信公众号"山东高法"，最后访问时间：2023年4月19日。
[3] 参见广东省高级人民法院（2018）粤执复364号执行裁定书。

实践中判断具体情形适用何种程序时，分歧较多；审查异议请求时，对于是否存在上述两种救济途径均可适用的情形，也存在争议。实践中确实存在认为某些情形适用两种救济途径审查均可的意见。笔者认为，从二者的概念来看，两种救济途径均可的可能性不大；之所以认为两种救济途径均可，本质上还是对于二者制度设计和具体情形关键点把握不够精准。尤其对于数额和顺位问题的把握，有的认为数额和顺位的问题应当通过分配方案异议救济。事实上，尽管绝大多数的异议请求成立均有可能导致数额的变化，但是并不代表此处的数额变化影响当事人实体权利，也就是说，该异议即为实体性异议。实体性异议应该解释为债权作为实体权利受到影响，而实现债权多少并不是实体权利。换言之，实体性异议应该指向债权本身，而不是实现债权的程序。前者属于实体法层面确定的法律规则，如《民法典》规定顺位在前的抵押权优先于顺位在后的抵押权受偿；后者属于程序法层面确定的法律规则。如果当事人对债权本身的成立和数额没有争议，只是对各债权在本次分配中实现多少有争议，则不属于实体性异议，只是认为实现债权程序（即执行程序）存在问题，属于程序性异议。例如未取得执行依据的优先债权申请参与分配，执行实施机构认定该权利成立以及优先受偿的顺位和数额后，若当事人提出异议认为该债权或者优先权不成立，则属于针对债权本身提出的异议；属于实体性异议，如当事人认为该债权本身没有问题，只是执行实施机构计算的一般债务利息起止时间、利率等与合同约定不一致、存在错误，或者将加倍部分债务利息纳入优先受偿范围，则属于针对执行行为提出的异议，属于程序性异议。所以，区分二者的关键并不是结果，而是引发异议和影响结果的因素属于执行行为还是债权本身。从这个角度来看，审查当事人异议请求时，执行实施机构首先应当审查执行行为是否恰当。如果执行行为存在违反法律规定的情况，应当由当事人请求执行实施机构自行纠正；执行实施机构不纠正的，则对此执行行为提出的异议通过分配行为异议审查，纠正相应执行行为。如果执行行为合法，则执行实施机构进一步审查该异议请求是否属于实体性异议，属于实体性异议的，通过分配方案异议以及分配方案异议之诉处理。换言之，通过分配方案异议以及分配方案异议之诉处理异议请求的前提必须是执行行为合法。如现行法律规定分配执行案款时，存在优先扣除、优先支付、优先扣留等情形，如果执行实施机构违反规定未优先扣除，势必会导致各债权人分配数额发生变化，但该变化是执行实施机构违反优先支付等规定导致的，所以债权本身并没有问题。因此，应按照分配行为异议审查，纠正执行行为。再如，当事人对于适用案款分配程序还是参与分配程序提出异议的，其异议请求指向执行实施机构关于财产是否足以清偿债务的判断，并未指向具体的债权本身，因而属于分配行为异议。[1] 又如，是否应当支付迟延履行期间的一般债务利息，属于执行异议和复议程序的审查范围，不属于参与分配程序的审查范围。[2]

（四）实践中常见的分配异议的审查原则

1. 保留租金异议的审查程序

《异议复议规定》施行后，在金钱债权执行中，被执行人可以豁免执行的财产不再包括维持其居住所必需的房屋，而变为维持其一定时期内居住需求的租金。如果当事人对执行法院为被执行人及其抚养家属保留相应租金的行为提出异议，包括对是否保留以及保留数额的异议，应当按照程序性异议审查。理由如下：第一，参与分配是多个债权人对同一债务人申请强制执行，就债务人财产变价款公平获偿的程序。被执行人申请从变价款中为其预留租金，并不属于申请参与分配。因为变价款本身就是被执行人的财产，被执行人申请预留租金是认为这部分财产具有保障其基本居住需求的功能，应当豁免执行，而不是主张对自己享有债权。第二，豁免执行财产的范围由法律或者司法解释规定。法院执行豁免财产，被执行人可以提出执行行为异议；申请执行人认为法院认定豁免财产错误，亦应通过执行行为异议解决，这一点不应因为是否适用参与分配程序、执行法官是否在分配方案上记载了预留的租金金额而有所区别。第三，分配方案异议之诉本身解决的主要是债权人之间的争议。我国规定被执行人可以提起分配方案异议之诉，主要是考虑到，当参与分配的部分债权没有执行依据时，若该债权应受分配金额减少，其他债权人的分配额将会增加，由此造成被执行人的剩余债务减少，故可以认可其提起分配方案异议之诉的利益。显然，被执行人主张预留租金并

---

[1] 参见山东省高级人民法院（2022）鲁执监26号执行裁定书。
[2] 参见最高人民法院（2019）最高法执监445号执行裁定书。

不属于分配方案异议之诉的范围。[1]

2. 执行优待异议的审查程序

首先查封债权是否可以多分，是实践中长期存在争议的问题。最高人民法院认为，《民诉法解释》第508条规定，对于普通债权，原则上按照其占全部申请参与分配债权数额的比例受偿。其中"原则"二字就表示应根据实际情况有所区分，体现的是一种执行实施的自由裁量权。已有部分高级人民法院规定对于首先查封、处置案件债权人或对财产执行作出较大贡献的债权人予以增加分配比例，这有利于推动执行财产的变现，也有利于债权人主动调查被执行人财产线索。但是否增加分配比例，既然属于自由裁量范围，则一般在执行法院分配方案确定后，其他债权人通过提出参与分配异议之诉而改变分配方案的可能性就较小了。再如，是否可以以推动执行、在执行过程中作出了较大贡献为由要求在参与分配方案中增加分配金额。提出异议的债权人和其他债权人均为普通债权、各方地位平等，应当以债权本金为基数按比例分配。债权人在执行过程中为推动执行所支出的费用已作为执行费用另行受偿，其再以在执行过程中作出了较大贡献为由，要求另行增加获取执行标的相应的比例，没有法律依据。[2]《北京市高、中级法院执行局（庭）长座谈会（第五次会议）纪要——关于案款分配及参与分配若干问题的意见》第15条第2款提出："参与分配程序中，若执行标的物为诉讼前、诉讼中、仲裁前或仲裁中依债权人申请所保全的财产，在清偿对该标的物享有担保物权和法律规定的其他优先受偿权的债权后，对该债权人因申请财产保全所支出的成本及其损失，视具体情况优先予以适当补偿，但补偿额度不得超过其未受偿债权金额的20%；其剩余债权作为普通债权受偿。"也有观点认为，首先查封债权人仍然属于普通债权人，只是因其首先向法院申请查封，实现了对执行财产的首先查封，从而获得了分配上的优先性，在实践中主要表现为分配程序、比例上给予适当优待，而非类似抵押权的优先受偿。这既符合我国当前实体法的基本原则和规定，也能积极回应执行实务的迫切需求，具

---

[1] 参见王赫：《执行实务丨债权人对预留租金的异议，不适用分配方案异议之诉进行审查》，载微信公众号"赫法通言"，最后访问时间：2023年3月2日。

[2] 参见最高人民法院（2022）最高法民终129号民事判决书。

有现实可行性，属于对待分配财产的二次分配。因此必须严格控制优待比例、合理确定计算方式，以体现实质公平，避免造成新的不公。执行偿债和破产偿债有本质的不同，前者是个别清偿，后者是概括清偿。因此，作为执行程序中的财产清偿，也应符合执行的价值取向，不能完全循着破产制度的平均主义原则。如果说执行程序参与分配是对破产还债的功能补充，那么在个人破产制度建立以后，这种补充机制应逐步退出，重新构建一套独立的执行财产分配制度。[1]笔者认为执行优待制度有待商榷。首先，债权之间具有平等性，各债权应当公平予以受偿，除非有法律规定使得某一债权具有优先受偿权。如果对于首先查封债权给予执行优待，或者给予推动执行的债权执行优待，则相当于该债权人通过自身行为导致其债权相应部分具有优先受偿性质，这显然与法理相悖。其次，首先查封债权人和推动执行债权人对执行所作出的贡献并非出于有益于全体债权人的考量，其行为是"理性经济人"行为；允许全部债权人对首先查封债权人或者推动执行债权人所控制的被执行人的财产参与分配是基于法律对债权公平受偿的考量，而非基于该债权人的意思表示。所以，给予首先查封债权人或者推动执行债权人执行优待从理论和现行规定来看，不是十分恰当。但是，首先查封债权人或者推动执行债权人在查控财产和推动执行时的相关费用支出，可以作为执行费用另行优先受偿，则较为合理。从执行优待的性质来看，如果债权人或者被执行人对执行法院决定优待或者不优待首先查封法院的行为有异议，其并不涉及债权本身实体问题，应当按照《民事诉讼法》第236条规定的程序审查。

3. 优先债权异议的审查程序

(1) 程序性异议

在执行过程中，除法律有特别规定的情形外，应当由首先查封法院负责处分查封财产。优先债权人主张对被执行的财产享有抵押权，并以此为由向负责处分查封财产的执行法院提起执行标的异议、请求排除执行的，依法不

---

[1] 参见秦潇：《执行参与分配程序中首封债权人的优先性》，载《人民法院报》2022年1月12日，第07版。

能成立。但优先债权人可通过申请参与分配主张权利。[1]换言之，优先债权人享有的优先受偿权可对拍卖、变卖物的变价款主张优先受偿，但不能阻却执行法院对财产采取处置措施。[2]如债权人基于建设工程价款优先受偿权提出排除执行异议时，同样应当按照执行行为异议审查，其审查后的裁决结果相同。[3]

（2）实体性异议

执行法院在参与分配程序中发现查封的财产之上有优先权、担保物权的，应通知优先权人、担保物权人。优先权人、担保物权人申请参与分配的，如其已取得执行依据，执行法院应按照执行依据确定其优先受偿份额；如其未取得执行依据，则执行法院应根据担保合同、担保登记等记载进行形式审查后，确定其分配份额。其他债权人、被执行人对于优先权的存在、受偿顺序以及担保的范围等提出异议的，可以通过分配方案异议及异议之诉予以救济。[4]

---

[1] 参见云南省昆明市中级人民法院（2022）云01执异2652号执行裁定书。
[2] 参见广东省高级人民法院（2018）粤执复233号执行裁定书。
[3] 参见广东省高级人民法院（2018）粤执复166号执行裁定书、四川省南充市中级人民法院（2023）川13执复66号执行裁定书、广东省高级人民法院（2018）粤执复394号执行裁定书。
[4] 参见山东省高级人民法院执三庭：《山东高院：执行疑难法律问题审查参考（六）——参与分配专题》，载微信公众号"山东高法"，最后访问时间：2024年1月5日。

# 第六章

# 财产处置其他问题

财产处置除了确定财产处置参考价、财产变价、财产交付和财产分配等程序外,还涉及其他问题。其中,涉及财产登记在第三人名下,及财产的共有权、用益物权、担保物权、租赁权等相关权利时的处理原则,较为复杂。本书在此处介绍主流观点的处理原则,以供借鉴。

## 一、登记在第三人名下财产的相关问题

### (一) 登记在第三人名下财产处置的一般原则

原则上,执行部门应对生效法律文书确定的义务人采取执行措施。但是,对于不由被执行人占有的动产和未登记于被执行人名下的不动产,申请执行人提供了该财产可能属于被执行人所有的初步线索或证据后,执行法院可以进行必要的查证,但采取强制执行措施应严格限定于被执行人所有的财产范围内。[1]换言之,执行第三人名下财产(此时第三人并非担保人等义务人)的前提是,财产虽登记在第三人名下,但仍属于被执行人的责任财产,可以变价后用以清偿被执行人的债务。这也就要求,执行第三人名下财产时,应当慎重并依法执行,防止任意查控案外人财产,以确保公民和法人财产权不受侵害。[2]

### (二) 第三人书面承认时的处理原则

原则上,第三人书面承认其名下财产归被执行人所有,则可以直接采取执行措施。《查封规定》第 2 条第 3 款规定:"对于第三人占有的动产或者登

---

〔1〕 参见广东省高级人民法院(2019)粤执复 155 号执行裁定书。

〔2〕 参见禹明逸、雷运龙:《执行查控时的财产权属判断规则——以不动产查控为例》,载《人民法院报》2018 年 4 月 11 日,第 08 版。

记在第三人名下的不动产、特定动产及其他财产权，第三人书面确认该财产属于被执行人的，人民法院可以查封、扣押、冻结。"《北京市高级人民法院、北京市建设委员会关于规范房产执行和协助执行有关问题的通知》规定："登记在案外人名下的房屋，案外人（登记名义人）书面认可该房屋实际属于被执行人时，人民法院可以采取查封措施，查封时应当提交案外人书面确认书的复印件。"

关于书面承认的具体形式，《北京市高级人民法院关于执行查控时财产权属判断规则及案外人异议审查中权利（利益）冲突规则若干问题的意见——北京市法院执行局局长座谈会（第九次会议）纪要》第2条规定："对属于第三人的财产，第三人书面确认该财产属于被执行人或者本纪要第10条、第11条中第三人同意该财产接受强制执行的，人民法院可以查封、扣押、冻结。前款中的书面确认，是指第三人向执行法院作出承认。第三人向公权力机关、仲裁机构作出承认的，也视为第三人作出了书面确认。书面确认中的'书面'，包括书面证明、法院谈话笔录、音视频、数据电文等可以有形地表现所载内容的形式。"

（三）借名买房的处理原则

"借名买房""借名买车"等问题在实践中较为常见，所涉及法律关系复杂，实务中处理原则存在一定争议。对此，河南省高级人民法院认为，申请执行人认为第三人名下房产实际为被执行人所有，要求人民法院予以查封的，如何处理？答：对于在执行实践中出现的因借名买房导致的名义所有人与实际所有人不一致的情形，因相关当事人的该行为具有违反法律、行政法规的主观过错，其合同效力不被法律所认可，故如果名义人为被执行人，第三人以其与被执行人存在借名买房关系为由，主张自己是房屋的实际所有权人，一般不予支持。如果出资人为被执行人，由于房屋登记在第三人名下，按照物权公示原则和《查封规定》第2条第3款规定，对于第三人占有的动产或者登记在第三人名下的不动产、特定动产及其他财产权，第三人书面确认该财产属于被执行人的，人民法院可以查封、扣押、冻结。《国土房产协助执行通知》第7条第1款规定，登记在案外人名下的土地使用权、房屋，登记名义人（案外人）书面认可该土地、房屋实际属于被执行人时，执行法院可以采取查封措施。人民法院一般不能对第三人名下房屋进行查封，除非第三人书面确认登记在其名下的房屋实际属于被执行人。根据《国土房产协助执行通知》第 7 条第 2 款规定，如果登记名义人否认该土地、房屋属于被执行人，而执行法院、申请执行人认为登记为虚假时，须经当事人另行提起诉讼或者通过其他程序，撤销该登记并登记在被执行人名下之后，才可以采取查封措施。申请执行人认为第三人名下房产实际为被执行人所有的，可通过诉讼程序处理，执行程序中不宜对房屋权属予以确认。[1]

(四) 自第三人处购买尚未转移登记财产的处理原则

关于被执行人自第三人处购买的尚未转移登记财产的处理原则，《北京市高级人民法院关于执行查控时财产权属判断规则及案外人异议审查中权利（利益）冲突规则若干问题的意见——北京市法院执行局局长座谈会（第九次会议）纪要》第 11 条第 1 款规定："被执行人购买需要办理过户登记的第三人的不动产、特定动产及其他财产权，已经支付全部价款并实际占有，尚未办理产权过户登记手续的，人民法院可以预查封、扣押、冻结。预查封、扣押、冻结期间，买卖合同依法解除的，人民法院应当解除预查封、扣押、冻结，但可以执行被执行人因该合同法律关系形成的对该第三人的债权。"根据该规定，被执行人已经支付全部价款并实际占有房屋的，人民法院执行预查封房屋时，有两种处理方式：一是执行预查封房屋，将变价款用于清偿被执行人的债务；二是解除房屋合同、不得执行该房屋，执行被执行人因该合同法律关系形成的对第三人的债权。[2]对于上述两种执行方式，路径的选择权在出卖人即开发商一方，而不在执行法院。需要注意的是，商品房买卖合同解除后，房屋出卖人只有在返还价款的情况下，才能排除对房屋的执行。[3]《北京市高级人民法院关于执行查控时财产权属判断规则及案外人异议审查中权利（利益）冲突规则若干问题的意见——北京市法院执行局局长座谈会（第九次会议）纪要》第 11 条第 2 款提出："被执行人购买需要办理过户登记的第三人的不动产、特定动产及其他财产权，已经支付部分价款并

---

[1] 参见河南省高级人民法院：《干货丨不动产执行中常见问题裁判规则 10 条》，载微信公众号"豫法阳光"，最后访问时间：2018 年 9 月 6 日。
[2] 参见最高人民法院（2020）最高法民申 2441 号民事裁定书。
[3] 参见河南省高级人民法院（2021）豫民申 1021 号民事裁定书。

实际占有，被执行人或申请执行人已向第三人支付剩余价款，或者第三人同意从该财产变价款中优先支付剩余价款的，人民法院可以查封、扣押、冻结。"根据该规定，被执行人已经支付部分价款并实际占有的，仍有两种处理方式：一是在被执行人申请执行、支付剩余价款，或者第三人同意从该财产变价款中优先支付剩余价款后，执行预查封房屋，将变价款用于清偿被执行人的债务；[1]二是解除房屋查封，执行被执行人因该合同法律关系形成的对第三人的债权。

另外，河南省高级人民法院认为："被执行人已将房款全部支付给开放商（被执行人自付一部分，银行贷款一部分），银行办理了抵押预告登记（预抵押登记），开发商在预售房产办理抵押权登记之前对银行贷款承担阶段性连带担保责任的商品房预售情形下，预售的商品房被法院预查封后，开发商或被执行人以仲裁或诉讼方式解除合同的，不得对抗人民法院的执行，人民法院可以继续执行预售房产。人民法院在办理预售商品房预查封时，除向房产登记部门送达预查封有关法律文书之外，还应及时向开发商送达预查封裁定和协助执行通知书，告知预售商品房已被法院预查封，擅自向被执行人退款承担法律责任。在人民法院办理预售商品房预查封后向开发商送达预查封裁定和协助执行通知书前，开发商已退还给被执行人的款项，在变价款中预先扣除支付给开发商。向开发商送达预查封裁定和协助执行通知书后，开发商擅自退还给被执行人的款项，由开发商自行追索。对于开发商已退还银行的相应款项，在变价款中预先扣除支付给开发商。开发商尚未退还银行相应款项的，在变价款中预先扣除银行贷款相应款项支付给银行，并通知开发商。"[2]

（五）继承尚未转移登记财产的处理原则

关于继承人是被执行人时，登记在被继承人名下的不动产能否予以执行的问题，河南省高级人民法院认为，对于登记在被继承人名下的不动产能否予以执行，法律没有明确规定。根据《查封规定》第2条的规定，对于登记

---

[1] 参见福建省福州市中级人民法院（2018）闽01民终8075号民事判决书。
[2] 参见河南省高级人民法院：《最高法明确：小产权房、无证房、预售商品房统统能执行！（附相关文件）》，载微信公众号"豫法阳光"，最后访问时间：2022年6月16日。

在第三人名下的不动产第三人书面确认该财产属于被执行人的，人民法院可以查封。我们认为，只要能确认登记在第三人名下的不动产确属被执行人所有，人民法院即可予以执行。当继承人作为被执行人时，待继承的不动产虽然登记在被继承人名下，但作为继承人的被执行人对该不动产享有合法的期待权。根据《继承法》第2条[1]规定，继承从被继承人死亡时开始，《物权法》第29条[2]规定，因继承或者受遗赠取得物权的，自继承或者受遗赠开始时发生效力，可见，继承开始后，继承人即可享有该不动产的所有权，不以登记为生效要件，人民法院当然可以对该不动产予以执行。《物权法》第31条[3]规定，依照本法第28条至第30条规定享有不动产物权的，处分该物权时，依照法律规定需要办理登记的，未经登记，不发生物权效力。《国土房产协助执行通知》第8条规定，对被执行人因继承、判决或者强制执行取得，但尚未办理过户登记的土地使用权、房屋的查封，执行法院应当向国土资源、房地产管理部门提交被执行人取得财产所依据的继承证明、生效判决书或者执行裁定书及协助执行通知书，由国土资源、房地产管理部门办理过户登记手续后，办理查封登记。可见，对不动产遗产的强制执行原则上以先办理过户登记为前提，除非继承人放弃继承，否则一般不能直接执行该不动产遗产。但是从提高执行工作效率的角度出发，考虑到执行工作的实际情况，如果人民法院在继承开始前已经查封了该不动产，即使之后发生了继承，也应当可以直接执行该不动产，除非继承人要求办理过户登记后再执行。当被继承人为被执行人时，被继承人死亡后，其民事权利能力即告终结。按照既判力和执行力扩张理论，继承人作为被继承人权利义务的概括继受者，执行法院应将被执行人变更为继承人，在其继承的遗产范围内执行。若被执行人明确放弃继承，则其放弃了对不动产的所有权，申请执行人认为被执行人放弃继承的行为侵害了其合法权益，则应通过诉讼程序行使撤销权，以维护其自身合法权益，人民法院在执行过程中不得对该不动产直接予

---

[1] 现《继承法》已失效，参照《民法典》第1121条。
[2] 现《物权法》已失效，参照《民法典》第230条。
[3] 现《物权法》已失效，参照《民法典》第232条。

以执行。[1]

(六) 配偶名下财产的处理原则

关于被执行人配偶名下财产是否能够执行，实践中长期以来存在争议。主要争议焦点，一是能否追加配偶为被执行人，进而执行配偶名下财产；二是能否以配偶名下财产系夫妻共同财产为由，执行相应部分。

关于第一点问题，最高人民法院认为，夫妻一方为债务人的生效民事判决若未列夫妻另一方为当事人，也未确定夫妻一方所涉债务系其夫妻共同债务的，人民法院不得查封和执行夫妻另一方的个人财产。[2]《北京市高、中级法院执行局（庭）长座谈会（第二次会议）纪要——关于变更或追加执行当事人若干问题的意见》规定："执行依据确定的债务人为夫妻一方的，根据现行法律和司法解释的规定，执行法院不能裁定追加其配偶为被执行人。"河南省高级人民法院也认为，目前我国没有关于可追加配偶为被执行人的法律和司法解释规定，《最高人民法院关于民事执行中变更、追加当事人若干问题的规定》中，也没有规定可当然追加配偶为被执行人。基于追加法定主义原则，毫无疑问，不可在执行程序中当然追加配偶为被执行人。[3]

关于第二点问题，《北京市高、中级法院执行局（庭）长座谈会（第二次会议）纪要——关于变更或追加执行当事人若干问题的意见》规定："申请执行人以被执行人的配偶实际占有或登记在其名下的财产为夫妻共同财产为由，书面申请查封、扣押、冻结该共同财产的，执行法院可以查封、扣押、冻结。被执行人的配偶以该财产为其个人财产为由提出异议的，按照民事诉讼法第204条[4]关于案外人异议的规定处理。"河南省高级人民法院认为："被执行人配偶名下的财产包括婚前财产和婚后所得财产。首先，配偶名下的婚前财产属于其个人财产，因欠缺执行依据，对于配偶名下的婚前财产，一律不予执行。其次，对于配偶名下的婚后所得财产，基于'婚后所得

---

[1] 参见河南省高级人民法院：《干货丨不动产执行中常见问题裁判规则10条》，载微信公众号"豫法阳光"，最后访问时间：2018年9月6日。

[2] 参见最高人民法院（2019）最高法民申1230号民事裁定书。

[3] 参见河南省高级人民法院：《干货丨不动产执行中常见问题裁判规则10条》，载微信公众号"豫法阳光"，最后访问时间：2018年9月6日。

[4] 现为《民事诉讼法》（2023修正）第238条。

共同制'的原则，可推定为夫妻共同财产，因此，可以执行一半。但配偶可以根据《民事诉讼法》第227条[1]规定……提起案外人异议，主张其名下的财产系婚前财产或者父母单方出资购买或者按份共有等。根据《婚姻法》及司法解释规定，如果配偶有证据证明名下的财产系个人财产，可以提出案外人异议，对异议裁定不服的，还可以提起案外人异议之诉，使权利得到充分救济。"[2]

(七) 未成年子女名下财产的处理原则

关于被执行人未成年子女名下财产是否能够执行，实践中也存在争议，本书主要介绍以下主流观点。首先需要明确的是，追加被执行人的未成年子女不属于法定追加情形。[3]另外，实践中有申请执行人基于被执行人与其配偶、未成年子女，甚至成年子女之间存在"财产混同"情形，请求追加被执行人的。对此，有观点认为，被执行人与其配偶、未成年子女之间的"财产混同"形态，不符合《最高人民法院关于民事执行中变更、追加当事人若干问题的规定》"以'财产混同'方式恶意转移财产"的情形，以此为由申请追加子女为被执行人的主张超出了法律规定的适用范围，可以依法另行诉讼主张权利。[4]

关于被执行人未成年子女名下财产是否能够执行的问题，河南省高级人民法院认为："生效法律文书仅载明被执行人个人为债务人，对于下列财产，执行法院可以执行。……③对于被执行人未成年子女名下与其收入明显不相称的较大数额存款，登记在被执行人未成年子女单方名下的房产、车辆或者登记在被执行人和其未成年子女名下的房产等，执行法院可以执行。……未成年人子女基于实体权利提出异议的，适用民事诉讼法第227条[5]审查处理。"[6]

---

[1] 现为《民事诉讼法》(2023修正) 第238条。
[2] 参见河南省高级人民法院：《干货｜不动产执行中常见问题裁判规则10条》，载微信公众号"豫法阳光"，最后访问时间：2018年9月6日。
[3] 参见江西省高级人民法院 (2019) 赣执复130号执行裁定书。
[4] 参见江西省高级人民法院 (2019) 赣执复130号执行裁定书。
[5] 现为《民事诉讼法》(2023修正) 第238条。
[6] 参见河南省高级人民法院：《最高法明确：小产权房、无证房、预售商品房统统能执行！(附相关文件)》，载微信公众号"豫法阳光"，最后访问时间：2022年6月16日。

## 二、共有财产的相关问题

（一）共有财产处置的一般原则

《查封规定》第 12 条规定："对被执行人与其他人共有的财产，人民法院可以查封、扣押、冻结，并及时通知共有人。共有人协议分割共有财产，并经债权人认可的，人民法院可以认定有效。查封、扣押、冻结的效力及于协议分割后被执行人享有份额内的财产；对其他共有人享有份额内的财产的查封、扣押、冻结，人民法院应当裁定予以解除。共有人提起析产诉讼或者申请执行人代位提起析产诉讼的，人民法院应当准许。诉讼期间中止对该财产的执行。"《北京市高级人民法院关于执行查控时财产权属判断规则及案外人异议审查中权利（利益）冲突规则若干问题的意见——北京市法院执行局局长座谈会（第九次会议）纪要》第 4 条规定："对被执行人与其他人共同占有的一般动产、登记在被执行人与其他人共同名下的不动产、特定动产及其他财产权，以及非以占有或登记作为权利外观但依据法律、司法解释的规定属于被执行人与其他人共有的财产权利，人民法院可以查封、扣押、冻结，并及时通知共有人。"

（二）"处置后析产"与"析产后处置"的问题

《查封规定》第 12 条规定，除非共有人协议分割共有财产并经债权人认可的，或对共同共有财产通过共有人提起析产诉讼或者申请执行人提起代位析产诉讼确认共同共有财产中被执行人享有的份额，否则在其他情况下，执行法院均可以将该部分份额作为被执行人财产，用于清偿债务；而共有人享有的份额，仍属于被执行人。但是，关于"处置后析产"还是"析产后处置"的问题，实践中存在不同做法。"处置后析产"，即先整体处置财产，然后通过析产诉讼或者代位析产确定变价款中被执行人和共有人各自享有的份额；"析产后处置"，即先通过析产诉讼或者代位析产确定财产中被执行人和共有人各自享有的份额，再处置财产。笔者认为，结合目前实践，这两种做法均可行，执行法院可以根据案件执行情况选择处理模式。如《广东省高级人民法院关于执行案件法律适用疑难问题的解答意见》中提到，根据《查封规定》第 14 条规定，共有人协议分割共有财产并经债权人认可的，人民法院可以认定有效；共有人提起财产诉讼或者申请执行人代位提起财产诉讼的，人民法院应当准许，诉讼期间中止对该财产的执行。因此，执行法院在告知共有人有权协议分割共有财产或者提出析产诉讼后，共有人没有协议分割或者诉讼，则执行法院可以继续推进执行。之所以如此规定，是考虑到实践中共有人达成分割共有财产协议并得到债权人认可的情况少之又少，共有人极少愿意提起析产诉讼、多数申请执行人也不愿提起析产诉讼，导致大量共有财产的执行陷入停滞。因此，为提高执行效率，不应将析产诉讼作为执行共有财产的前置程序；执行法院在履行告知义务后，共有人没有协议分割或提出析产诉讼的，执行法院可以继续推进执行，依照《民法典》等法律规定并结合案件具体情况对共有财产按份额进行强制分割；共有人及利害关系人如对共有份额分割所做的认定持有异议的，可依照《民事诉讼法》第238条规定处理。

需要说明的是，执行法院是否有权不经过析产诉讼或者代位析产诉讼而直接认定共同财产中被执行人享有一半份额，或者按照上述广东省高级人民法院规定在执行程序中对共有份额进行强制分割，存在争议。在实践中，有的执行法院直接予以认定相应份额，如河南省高级人民法院认为："被执行人在共有财产中所占份额，以登记公示为准；没有登记公示的，按照出资额确定；不能确定出资额的，视为等额享有。但对于被执行人配偶单方名下以及被执行人与其配偶双方名下的夫妻共同财产，原则上以1/2份额为限执行。"[1]《北京市高、中级法院执行局（庭）长座谈会（第二次会议）纪要——关于变更或追加执行当事人若干问题的意见》规定："需要注意的是，对夫妻共同财产的执行，针对的是夫妻共同财产的整体，无需对夫妻共同财产中的单个财产逐一进行分割。可执行的被执行人在夫妻共同财产中的共有部分，不得超过夫妻共同财产价值总额的一半。"有的执行法院则坚持财产份额问题应通过析产诉讼或者代位析产诉讼解决。笔者倾向于执行部门无权直接分割，理由在于，执行部门应当严格遵循审执分离原则。所谓审执分离原则即执行权和审判权的分离，审判的目的在于确认权利，执行的目的在于实现权利。但是，执行工作同时也应遵循执行效率原则，要求快速实现当事

---

[1] 参见河南省高级人民法院：《最高法明确：小产权房、无证房、预售商品房统统能执行！（附相关文件）》，载微信公众号"豫法阳光"，最后访问时间：2022年6月16日。

人胜诉权益。一定程度上，执行效率原则与审执分离原则存在矛盾，这种矛盾主要体现在对于实体权利的处理。为了有效解决这一矛盾，法律和司法解释赋予执行部门处理一定实体问题的权力。例如，变更和追加当事人、执行担保、执行抵销、第三人到期债权、案款分配异议、物权期待权审查等，以上均是法律规定允许执行部门在一定程度上通过一定方式处理实体问题的情形。换言之，执行部门处理实体问题必须严格限定在法律授权范围内，否则无权处理。就执行部门是否有权不经过析产诉讼或者代位析产诉讼而直接认定共同财产中被执行人享有一半份额这一问题，现行法律和司法解释并未予以规定。此时，执行部门直接处理，则有违反审执分离原则和以执代审之嫌。

（三）"处置整体"与"处置份额"的问题

执行按份共有财产，执行法院应当选择"处置整体"方式还是"处置份额"方式，这在实践中也存在争议。"处置整体"方式，即将财产整体处置后，将被执行人享有的相应份额变价款作为责任财产用于清偿债务，共有人享有的相应份额变价款则发还共有人；"处置份额"方式，即将被执行人享有的相应份额作为一项单独的财产权利予以处置，变价款作为责任财产用于清偿债务，共有人享有的相应份额则不予处置。关于上述两种执行方式的选择，在实践中存在争议。有观点认为，被执行人和共有人之间关于财产有明确份额约定的，如果共有人不同意整体处置，则应当处置相应份额。[1]另有观点认为，执行程序中对被执行人与他人共有不动产的处置，在司法实践中存在按份额拍卖和整体拍卖后保留共有人相应份额的拍卖款这两种方式，执行法院可以根据案件及该不动产具体情况选择以何种方式拍卖。[2]如果查封财产不宜直接区分空间、分开处置，则执行法院在确认被执行人享有案涉房产产权份额的前提下，可以对案涉房产采取查封，以及所延伸出的强制拍卖等执行行为，但必须及时通知共有人，且从强制拍卖所获得的执行款中保留案外人的共有财产份额。[3]笔者赞同第二种观点。上述两种执行方式均不违反法律规定，当司法强制力介入共有物处分时，执行法院应当遵循比例原

---

[1] 参见北京市第一中级人民法院（2019）京01执复213号执行裁定书。
[2] 参见广东省高级人民法院（2020）粤执复141号执行裁定书。
[3] 最高人民法院（2020）最高法民申1543号民事裁定书。

则，从采取对共有人损害最小的处置方式开始，按损害程度由小到大的顺序选择不同的处置方式。[1]

另外，对于"处置份额"的执行方式，执行法院将被执行人享有的份额依法处置后，则买受人与共有人按份共有财产。关于后续如何处理的问题，在实践中存在争议。笔者认为，后续如何处理不属于执行程序范围，买受人应与共有人按照《民法典》相关规定行使物权或者分割财产；必要时，可以另行通过诉讼解决问题。

### 三、涉及担保物权的相关问题

《拍卖规定》第28条第1款规定："拍卖财产上原有的担保物权及其他优先受偿权，因拍卖而消灭，拍卖所得价款，应当优先清偿担保物权人及其他优先受偿权人的债权，但当事人另有约定的除外。"《办案规范》第439条规定："人民法院对被执行人所有的其他人享有抵押权、质押权或留置权的财产，可以采取查封、扣押措施。"[2]《执行规定》第31条规定："人民法院对被执行人所有的其他人享有抵押权、质押权或留置权的财产，可以采取查封、扣押措施。财产拍卖、变卖后所得价款，应当在抵押权人、质押权人或留置权人优先受偿后，其余额部分用于清偿申请执行人的债权。"

需要说明的是，优先受偿权是债权优先得到清偿的权利，但只是一种受偿顺位权，不能产生排除执行的效力。[3]人民法院对抵押权人、质权人、留置权人享有抵押权、质权、留置权的财产，仍可以基于其他民事诉讼程序的需要采取查封、扣押等保全措施，抵押权人、质权人、留置权人不能以财产已被设定抵押、质押和留置等担保为由对抗人民法院对担保财产的保全和执行行为。法院在对抵押物、质押物、留置物采取保全措施后进行拍卖等处理时，抵押权人、质权人、留置权人就拍卖等处理所得价款有优先受偿的权利，即抵押权人、质权人、留置权人的优先受偿权不因法院对抵押物、质押物、留置物采取保全措施而受损。简单地说，就是抵押物、质押物、留置物

---

〔1〕 参见广东省高级人民法院（2021）粤执复789号执行裁定书。

〔2〕 参见最高人民法院执行局编：《人民法院办理执行案件规范（第二版）》，人民法院出版社2022年版，第191页。

〔3〕 参见山东省高级人民法院（2023）鲁执复43号执行裁定书。

被拍卖、变卖等处理时，所得价款仍会优先支付给抵押权人、质权人、留置权人；在抵押权人、质权人、留置权人优先受偿后，其余额部分才可用于清偿普通债权。[1]简言之，担保物权人主张对被执行的财产享有担保物权，其可对拍卖、变卖质物的变价款主张优先受偿，但不能阻却执行法院对财产的处置措施。[2]

**四、涉及用益物权的相关问题**

《拍卖规定》第28条第2款规定："拍卖财产上原有的租赁权及其他用益物权，不因拍卖而消灭，但该权利继续存在于拍卖财产上，对在先的担保物权或者其他优先受偿权的实现有影响的，人民法院应当依法将其除去后进行拍卖。"现阶段，用益物权中以居住权对于财产处置影响最大。《民法典》增设了居住权制度，体现了以人民为中心的发展思想，有利于保护弱势群体利益，但同时也对涉居住权不动产的执行工作提出了新要求。《民法典》第366条规定："居住权人有权按照合同约定，对他人的住宅享有占有、使用的用益物权，以满足生活居住的需要。"《民法典》第368条规定："居住权无偿设立，但是当事人另有约定的除外。设立居住权的，应当向登记机构申请居住权登记。居住权自登记时设立。"《民法典》第369条规定："居住权不得转让、继承。设立居住权的住宅不得出租，但是当事人另有约定的除外。"《民法典》第370条规定："居住权期限届满或者居住权人死亡的，居住权消灭。居住权消灭的，应当及时办理注销登记。"由于居住权是新型用益物权，甚至很多地方不动产登记中心尚未能办理居住权登记，其在强制执行中的影响以及相应处理思路尚有待进一步探索。可以明确的是，如果居住权合法有效并办理登记，则在执行拍卖中亦不能将其涤除；但是，如果居住权在成立等方面存在瑕疵、虚假，或者查封、抵押后设立居住权的，则也有可能在人民法院依法将其除去后进行拍卖。[3]

---

[1] 参见江必新主编：《执行规范理解与适用：最新民事诉讼法与民诉法解释保全、执行条文关联解读》，中国法制出版社2023年版，第40页。
[2] 参见广东省高级人民法院（2018）粤执复233号执行裁定书。
[3] 参见山东省高级人民法院：《试图以居住权对抗执行？法院强制涤除后依法拍卖！》，载微信公众号"山东高法"2024年8月27日。

## 五、涉及租赁权的相关问题

### (一) 一般处理原则

**1. "买卖不破租赁"的问题**

《民法典》第725条规定："租赁物在承租人按照租赁合同占有期限内发生所有权变动的，不影响租赁合同的效力。"即"买卖不破租赁"规则。司法处置同样适用"买卖不破租赁"规则。[1]需要说明的是，人民法院在处置财产程序中，其权力在于强制实现实物资产或者权益资产的变现，其强制力在于无需当事人尤其是被执行人的配合和同意，即可以自行组织变价并要求相关部门或者人员予以协助。但是，必须明确的是，人民法院的强制执行权并不能创设性地使他人负担义务，也不能创设性地消灭他人权利。换言之，人民法院强制执行权的运行，同样必须在现行法律框架内：一是强制执行权必须遵循法律赋予执行法院权力的规定，二是强制执行权运行时必须遵循法律对于相关事项的规定。

**2. 租赁情况的调查程序**

《网拍指导意见》第2条规定："严格审查权利负担的真实性。执行法院在财产调查过程中应当加大对虚假权利负担的甄别力度，案外人主张财产上存在租赁权、居住权等权利负担的，重点围绕合同签订时间、租赁或者居住权期限、租金支付、占有使用等情况，对权利负担的真实性进行审查。案外人所提事实和主张有悖日常生活经验、商业交易习惯的，对案外人'带租赁权'、'带居住权'处置的请求不予支持。案外人有异议的，可以通过执行异议程序救济。发现被执行人与第三人通过恶意串通倒签租赁合同、虚构长期租约等方式规避或者妨碍执行的，应当依法严肃追究其法律责任。"

**3. 租赁情况的审查程序**

《北京市法院执行局局长座谈会（第十次会议）纪要——关于强制执行中财产处置若干问题的意见》规定："处置时，应当对该不动产出租的情况

---

[1] 参见山东省高级人民法院执三庭：《山东高院执行局：执行疑难法律问题审查参考——案外人执行异议专题》，载微信公众号"山东高法"，最后访问时间：2021年5月21日。

及是否决定强制除去租赁特别予以披露。"〔1〕"买卖不破租赁"中的租赁权，必须是真实、没有瑕疵且不受权利行使限制的权利。因此，在财产处置中，并非案外人向人民法院申报租赁权即可，而应由人民法院审查。

关于租赁权的审查，在实践中非常复杂，应注意以下几个问题：

①执行实施部门是否有权审查。对此，最高人民法院认为，案外人主张对查封财产享有在先租赁权，但本质为阻却执行交付的，执行法院应通过案外人异议程序予以审查，不得直接认定租赁关系成立并带租拍卖。〔2〕山东省高级人民法院认为，承租人基于执行标的被抵押或查封前与被执行人订立的租赁合同提出执行异议，请求在租赁期内阻止执行标的转让、交付的，应适用《民事诉讼法》第238条规定，作为案外人执行异议案件受理。承租人基于执行标的被抵押或查封后与被执行人订立的租赁合同提出执行异议的，适用《民事诉讼法》第236条规定进行审查；承租人请求在租赁期内停止对执行标的的处置或者阻止执行标的的转让、交付的，不予支持。〔3〕笔者也倾向于这种观点。在执行实施程序中，法院发出查封公告，拟对房屋进行评估、拍卖，案外人在公告确定期限内向执行实施部门主张享有租赁权、请求排除房屋的强制交付，申请执行人等相关权利人对此不予认可的，因租赁关系存在争议，执行实施部门不宜在执行实施程序中直接认定租赁权成立，并带租评估、拍卖，应该引导案外人通过提出案外人异议的方式来主张权利，相关当事人对裁定不服的，通过执行异议之诉解决。推崇这种处理方式的主要原因在于，租赁权作为实体权利，经执行实施机构审查后当事人、案外人不服的，只能通过异议后复议程序解决；如直接进行实体处理，容易造成当事人、案外人失权。

②如果案外人向执行实施机构提交材料而不提出案外人异议，如何处理？在实践中，这个问题最为复杂。一是现行法律并未规定申请执行人可以

---

〔1〕参见北京市高级人民法院：《会议纪要｜北京法院：关于强制执行中财产处置若干问题的意见》，载微信公众号"中国破产法论坛"，最后访问时间：2019年11月14日。

〔2〕参见最高人民法院（2017）最高法执监335号执行裁定书。

〔3〕参见山东省高级人民法院执三庭：《执行疑难法律问题审查参考——案外人执行异议专题》，载微信公众号"山东高法"，最后访问时间：2021年5月21日。另参见山东省高级人民法院（2021）鲁执复263号执行裁定书。

提出异议实体审查租赁权是否成立，如果案外人不提出案外人异议，则无法进入实体审查程序。对此，《浙江省高级人民法院关于执行非住宅房屋时案外人主张租赁权的若干问题解答》中提到，执行实施人员根据本解答第10条的规定进行现场查封时已经发现有案外人依据租赁合同占有案涉房屋的，在处置前应告知申请执行人拟带租拍卖。申请执行人提出异议的，移送执行审查机构参照《民事诉讼法》第227条[1]的规定进行处理。根据本解答第10条的规定发布拍卖预告后，有其他案外人主张租赁权的，执行实施人员应向其告知虚构租赁关系对抗执行的法律后果。如案外人坚持其主张的，告知其提交异议书和相应证据材料，并移交执行审查机构依照《民事诉讼法》第227条[2]的规定进行审查处理。申请执行人或案外人对执行审查机构作出的裁定不服的，可依法提起执行异议之诉。上述意见无疑是对于解决这一问题的有益探索。二是即使上述申请执行人提出实体异议的救济路径成立，申请执行人和被执行人均不提出实体异议时应当如何处理？执行实施机构能否按照当事人或者案外人的申请披露租赁信息？在这种情况下，其他一方当事人或者案外人提出异议的，应当通过何种途径审查、是否只能按照异议后复议途径审查，有待实践进一步探究。如果此时按照异议后复议途径审查，而现阶段主流观点仍是发生租赁权争议时不经实体确认不得在执行程序中承认并披露，则极有可能导致作为异议结果的撤销公告披露了信息，但实体问题并没有解决，又回到了初始状态。接下来的问题是，若租赁权影响财产变价结果，在未经实体审查的情况下，是否可以先行终结财产处置程序，这也有待实践进一步探索。

③案外人在接到通知或者公告等法律文件后，只作口头说明，甚至不作任何说明，待到拍卖成交后，案外人主张排除交付的，如何处理？对此，有的执行法院会在通知书或者公告中载明案外人应限期提出案外人异议，逾期不提出的，视为放弃主张租赁权排除执行的权利。关于这类通知或者公告效力如何，在实践中说法不一。笔者认为，在没有法律规定可以以该种方式消灭当事人权利的情况下，此种方式似有不妥。如果在案外人不申报、不提出

---

[1] 现为《民事诉讼法》（2023修正）第238条。
[2] 现为《民事诉讼法》（2023修正）第238条。

异议的情况下，实践中可以适用"腾空后拍卖"的处理方式，敦促案外人尽快进入异议程序，保护自身合法权益。

另外，以租赁权排除执行的请求是否适用《异议复议规定》第 6 条关于案外人依照《民事诉讼法》第 238 条规定提出的异议应当在异议指向的执行标的执行终结之前提出的规定。广东省高级人民法院认为，房屋拍卖成交裁定已经送达买受人、拍卖程序已经终结，在此之后复议申请人以其享有租赁权为由请求继续使用房屋的，已经超过司法解释规定的提出执行异议的期限，执行法院裁定驳回其此项异议申请并无不当。因此所受损失，可依租赁合同另循法定途径向原出租人主张。[1] 但也有观点认为，执行法院拍卖成交裁定生效后，承租人要求继续享有优先承租权、停止对案涉房产的执行，其实质是承租人在拍卖行为结束后对腾退行为所提异议，执行法院应予受理审查。[2] 笔者倾向于第二种观点，尽管当事人在相对较长的程序中一直怠于行使权利，待财产处置程序终结后再主张，但权利消灭应当出现法律规定的事由。如果在没有法律规定的前提下，仅以怠于行使权利为由消灭其诉讼权利，似有不当之处。

④关于案外人异议的审查标准。《异议复议规定》第 31 条规定："承租人请求在租赁期内阻止向受让人移交占有被执行的不动产，在人民法院查封之前已签订合法有效的书面租赁合同并占有使用该不动产的，人民法院应予支持。承租人与被执行人恶意串通，以明显不合理的低价承租被执行的不动产或者伪造交付租金证据的，对其提出的阻止移交占有的请求，人民法院不予支持。"另外，在案外人异议案件的审查中，应该综合考虑是否实际缴纳租金、租金是否严重偏离市场价格、缴纳方式是否符合一般交易习惯、是否有物业管理缴费凭证等因素后再进行认定，以防止承租人与被执行人恶意串通拖延执行。在涉及房屋买卖以及抵押登记的情形时，也可以参考相关合同中是否有关于房屋出租情况的表述。[3]

需要说明的是，案外人提出执行异议时，其基础权利在执行程序中有作

---

[1] 参见广东省高级人民法院（2020）粤执复 611 号执行裁定书。
[2] 参见湖北省高级人民法院（2018）鄂执复 87 号执行裁定书。
[3] 参见北京市西城区人民法院（2019）京 0102 执异 144 号执行裁定书。

用范围。具体而言，财产查控和处置程序，包括查封、确定财产处置参考价、财产变价、财产交付、财产分配等。案外人分别基于所有权、用益物权、租赁权等权利提出异议时，其权利并不能排除全部财产查控和处置措施。例如，案外人主张全部所有权，可以排除查封、定价、变价、交付和分配措施；主张共有权，可以在析产前排除变价、交付和分配措施；主张用益物权，可以排除交付措施；主张担保物权，可以在分配程序中主张权利；主张租赁权，可以在剩余租赁期限内排除交付措施。换言之，案外人承租在先的租赁权成立仍不能阻却拍卖等强制执行措施，其产生的法律后果是签署租赁协议并合法占有的承租人能在租赁期内阻止向受让人移交其占有的被执行人的不动产，即继续承租涉案房屋直至租赁期满。[1]但即使承租人的租赁权合法有效，也并不足以排除人民法院的强制拍卖、变卖或以物抵债。查封财产经拍卖成交后，买受人对该财产享有所有权，在租赁期限届满后即可处置该财产。[2]同时需要说明的是，案外人主张租赁权虽仅能主张在剩余租赁期限内排除交付措施，但考虑到租赁权成立与否会影响拍卖结果，一般会暂缓或者中止拍卖程序，等待案外人异议或者异议之诉的审查或者审理结果。

（二）查封前后租赁的问题

1. 查封前后租赁的处理原则

如果财产是在人民法院查封之前出租的，按照《异议复议规定》第31条规定的程序和标准审查；如果是在人民法院查封之后出租的，则不得对抗申请执行人。《办案规范》第553条规定："执行程序中，被执行人擅自出租查封财产的，不得对抗申请执行人。人民法院可以裁定解除承租人对该财产的占有，但不应当在裁定中直接宣布租赁合同无效或解除租赁合同。"[3]《最高人民法院关于人民法院能否在执行程序中以被执行人擅自出租查封房产为由认定该租赁合同无效或解除该租赁合同的答复》内容如下，山东省高级人民法院：你院《关于被执行人擅自出租已查封的财产执行程序中人民法

---

[1] 参见北京市西城区人民法院（2019）京0102执异144号执行裁定书。
[2] 参见河南省高级人民法院：《干货｜不动产执行中常见问题裁判规则10条》，载微信公众号"豫法阳光"，最后访问时间：2018年9月6日。
[3] 参见最高人民法院执行局编：《人民法院办理执行案件规范（第二版）》，人民法院出版社2022年版，第241页。

院排除执行妨害能否认定该合同无效或解除租赁合同的请示》收悉。经研究，答复如下：在执行程序中被执行人擅自处分法院的查封物，包括本案中以出租的形式妨害查封效果的行为，执行法院有权以裁定形式直接予以处理。《查封规定》第26条[1]，被执行人擅自处分查封物，与第三人签订的租赁合同，并不当然无效，只是不得对抗申请执行人。第三人依据租赁合同占有查封物的，人民法院可以解除其占有，但不应当在裁定中直接宣布租赁合同无效或解除租赁合同，而仅应指出租赁合同不能对抗申请执行人。上述规定体现了查封效力的相对性，即被执行人就查封物所为的处分行为并非绝对无效，而只是相对无效；即不得对抗申请执行人，但在被执行人与处分行为的相对人之间仍属有效。[2]换言之，查封的目的是限制被执行人的处分权，让执行法院取得处分权，以便用变价财产清偿申请执行人的债权。查封仅能够使被执行人在查封目的范围内丧失对于查封财产的处分权，因此，被执行人对于查封财产的处分仅对申请执行人不发生法律效力，在被执行人与第三人之间仍属有效。申请执行人撤回执行申请或者查封被撤销后，该处分即为完全有效，这样有助于兼顾保护被执行人和第三人的利益。[3]需要说明的是，查封后出租的，承租人的租赁权并非无效，只是不能对抗申请执行人。执行法院认为应当去除租赁后裁定拍卖的，可以出具裁定书，裁定解除承租人对该财产的占有，而非直接宣布租赁合同无效或解除租赁合同。

另需要说明的是，承租人以执行法院未张贴查封公告为由对抗申请执行人的，是否应予支持。对此，山东省高级人民法院提出，《查封规定》第24条规定，被执行人就已经查封、扣押、冻结的财产所作的移转、设定权利负担或者其他有碍执行的行为，不得对抗申请执行人。第三人未经人民法院准许占有查封、扣押、冻结的财产或者实施其他有碍执行的行为的，人民法院可以依据申请执行人的申请或者依职权解除其占有或者排除其妨害。人民法院的查封、扣押、冻结没有公示的，其效力不得对抗善意第三人。根据上述规定，未经执行法院准许，被执行人将执行法院依法查封的房屋出租的，申

---

[1] 现为《查封规定》（2020修正）第24条。

[2] 参见王飞鸿：《〈关于人民法院民事执行中查封、扣押、冻结财产的规定〉的理解与适用》，载《人民司法》2004年第12期。

[3] 参见杨与龄编著：《强制执行法论》，中国政法大学出版社2002年版，第337页。

请执行人有权请求执行法院要求承租人限期搬离。承租人以执行法院仅在不动产登记部门办理了查封手续，但未张贴查封公告为由对抗申请执行人的，因不动产查封登记具有法定的公示效力，对承租人的主张应不予支持。[1]

2. 查封前后租赁的审查程序

财产在人民法院查封之后出租的，是否仍按照《民事诉讼法》第238条规定的案外人异议程序审查，在实践中有不同做法。值得注意的是，广东省高级人民法院认为，在不动产执行过程中，承租人就执行标的物在设定抵押或被人民法院查封之后成立的租赁关系，以租赁合法有效、买卖不破租赁等为由，提出执行异议请求带租拍卖的，可以适用《民事诉讼法》第236条进行审查。以涉案财产在被抵押或者被人民法院查封之后与被执行人之间成立的租赁关系合法有效为由提出执行异议的，因该租赁关系无论成立与否均不能阻却执行，则处理时无需按照《民事诉讼法》第238条规定对其租赁关系的真实性、合法性进行审查，可以直接适用第236条进行审查处理。[2]山东省高级人民法院也认为，依照《民诉法执行程序解释》第15条规定，案外人对执行标的主张所有权或者有其他足以阻止执行标的转让、交付的实体权利的，可以依照《民事诉讼法》第238条的规定，向执行法院提出异议。因此，第三人以享有租赁权为由阻止涉案不动产转让、交付的，原则上应当按照案外人异议程序审查处理，并告知案外人、当事人有提起异议之诉的权利。但是，如果查明涉案不动产查封或者抵押在先而租赁在后的，执行法院可以将该异议作为利害关系人异议，按照《民事诉讼法》第236条的规定进行审查；承租人请求在租赁期内停止对执行标的处置或者阻止执行标的转让、交付的，不予支持。[3]笔者倾向于这种观点，主要原因在于在此情况下，不具有通过实体审查程序审查租赁权成立与否的必要性，采取程序审查方式即可。

需要注意的是，案外人主张在人民法院查封之前已签订合法有效的书面

---

[1] 参见山东省高级人民法院执三庭：《山东高院执行局：执行疑难法律问题审查参考——查封、扣押、冻结专题》，载微信公众号"山东高法"，最后访问时间：2022年12月17日。

[2] 参见广东省高级人民法院（2019）粤执复459号执行裁定书。

[3] 参见山东省高级人民法院执三庭：《山东高院执行局：执行疑难法律问题审查参考——案外人执行异议专题》，载微信公众号"山东高法"，最后访问时间：2021年5月21日。

租赁合同并占有使用该不动产的，应当对该主张负有举证责任，如果不能证明执行财产在法院查封之前已被其实际占有使用，则无权请求阻止向买受人移交占有，执行法院可以责令其腾空迁出。[1]

（三）抵押前后租赁的处理原则

1. 抵押前后租赁的处理原则

如果财产在人民法院查封之前出租的，即"先租后抵"情形，《民法典》第405条规定："抵押权设立前，抵押财产已经出租并转移占有的，原租赁关系不受该抵押权的影响。"如果财产在人民法院查封之后出租的，即"先抵后租"情形，租赁合同在抵押权设立之后成立，则该租赁关系不得对抗抵押权的行使，不得影响抵押权人实现债权。[2]《最高人民法院关于抵押人未经抵押权人同意擅自出租抵押物，抵押权人能否通过诉讼程序请求解除租赁合同的答复》内容如下："山东省高级人民法院：你院《关于抵押人未经抵押权人同意又将抵押物出租，抵押权人能否通过诉讼程序请求解除租赁合同的请示报告》收悉。经研究，答复如下：根据《〈担保法〉司法解释》规定的精神，抵押人未经抵押权人同意将抵押物出租的，原则上抵押权人不能通过另行提起诉讼的方式请求解除抵押人与第三人订立的租赁合同，抵押权的实现应当在执行程序中解决。对于在执行程序中抵押人作为被执行人擅自出租经法院查封抵押物的行为，最高人民法院执行局已经另案答复你院。执行法院有权以裁定形式直接予以处理。第三人依据租赁合同占有查封物的，人民法院可以在执行程序中解除其占有，但不应当在裁定中直接宣布租赁合同无效或解除租赁合同，而仅应当指出租赁合同不能对抗申请执行人。"

需要注意的是，即使属于"先抵后租"情形，也并不必然需要裁定解除承租人对该财产的占有。抵押权设立后抵押财产出租且对抵押权的实现有影响的，执行法院依法有权将租赁权除去后进行拍卖；[3]如果在先租赁权不影响抵押权实现时，征得申请执行人同意后可以带租拍卖。[4]在实践中，对于是否存在影响的问题，可以结合案情和申请执行人意见具体判断，考虑抵押

---

[1] 参见最高人民法院（2017）最高法民申259号民事裁定书。
[2] 参见广东省高级人民法院（2015）粤高法执复字第82号执行裁定书。
[3] 参见最高人民法院（2021）最高法执监39号执行裁定书。
[4] 参见浙江省舟山市中级人民法院（2019）浙09执155号执行裁定书。

物上的租赁权是否影响抵押物的交换价值，是否以致不足以清偿担保债权或者发生流拍情形。如房屋租赁期限长达 10 年的，可以认定对在先的抵押权实现有影响，法院应当依法将其除去后进行拍卖。[1] 又如在经过一轮带租拍卖、变卖均流拍的情况下，应认为该租赁关系对抵押权实现已产生影响，法院应当依法将其除去后进行拍卖。[2]

关于判定租赁权是否具有对抗抵押权效力时需要注意以下问题：一是案外人是否在抵押权设立之前就合法实际占有使用租赁物；二是案外人对占有使用租赁物的起始时间负举证责任，有关事实真伪不明时，案外人承担不利后果；三是不能仅以案外人提交的租赁合同、租赁物移交确认书等书面文件所载内容认定案外人占有使用租赁物的起始时间，而应结合租金支付、水电费缴纳等费用转账记录，租赁物所在小区物业管理人员证言，当初设定抵押时第三方评估机构的评估报告等公信力较高、不易事后伪造材料加以认定。[3]

**2. 抵押前后租赁的审查程序**

如果属于"先租后抵"情形，则应按照《异议复议规定》第 31 条规定的程序和标准审查。关于"先抵后租"中承租人的救济问题。抵押人将已抵押的财产出租时，如果抵押人未书面告知承租人该财产已抵押的，抵押人对出租抵押物造成的承租人损失承担赔偿责任；如果抵押人已书面告知承租人该财产已抵押的，抵押权实现造成承租人损失的，由承租人自己承担。[4]

在实践中，执行机构审查租赁合同是否签订于房屋抵押、查封前，可结合下述情形予以判断：如果在抵押、查封前，租赁合同的当事人已经根据《房地产管理法》第 54 条及住房和城乡建设部制定的《商品房屋租赁管理办法》第 14 条、第 19 条规定办理了租赁登记备案手续的，执行机构应当认定租赁合同签订于抵押、查封前。经审查发现有下列情形之一的，一般也可认定租赁合同签订于抵押、查封前：①租赁合同的当事人在抵押、查封前已就相应租赁关系提起诉讼或仲裁的；②租赁合同的当事人在抵押、查封前已办

---

[1] 参见福建省高级人民法院（2023）闽执复 199 号执行裁定书。
[2] 参见湖北省高级人民法院（2023）鄂执复 265 号执行裁定书。
[3] 参见广东省珠海市中级人民法院（2021）粤 04 民终 1930 号民事判决书。
[4] 参见最高人民法院（2015）民申字第 16 号民事裁定书。

理租赁合同公证的；③有其他确切证据证明租赁合同签订于抵押、查封前的，如租赁合同当事人已在抵押、查封前缴纳相应租金税，在房屋所在物业公司办理租赁登记，向抵押权人声明过租赁情况等。执行机构审查案外人是否在抵押、查封前已经占有且至今占有房屋，可结合下列情形加以认定：①案外人在抵押、查封前已经在且至今仍在房屋内生产经营的；②案外人在抵押、查封前已经领取以房屋作为住所地的营业执照且至今未变更住所地的；③案外人在抵押、查封前已经由其且至今仍由其支付房屋水电费、物业管理费等费用的；④案外人在抵押、查封前已经对房屋根据租赁用途进行装修的；⑤案外人提供其他确切证据证明其已在抵押、查封前直接占有房屋的。[1]

（四）"以租抵债"的问题

《北京市高级人民法院关于执行查控时财产权属判断规则及案外人异议审查中权利（利益）冲突规则若干问题的意见——北京市法院执行局局长座谈会（第九次会议）纪要》第21条第3款提出："名为租赁实为抵债或担保的，对名义承租人提出的排除移交占有的请求，人民法院不予支持。"在实践中，"以房抵债"和"以租抵债"一般无法排除人民法院对登记在被执行人名下财产的执行措施。原因在于，人民法院保障案外人的权利，系基于其在符合法定条件时对物权或者租赁权的期待，保障其稳定生活，实质是对案外人生存权的保障。但是，"以房抵债"和"以租抵债"中案外人一般不具有需要法律保障其生存权的急迫性，抵债仅系其实现债权的一种手段，这与立法目的不相符合。另一原因在于，案外人"以房抵债"和"以租抵债"的权利基础仍是债权，如果允许其通过抵债方式实现对登记在被执行人名下财产排除执行的目的，则结果是抵债债权人的债权相较于其他债权人的债权实现了优先受偿，这显然不符合债权平等性原则，侵害了其他债权人公平受偿的权利。

---

[1] 参见最高人民法院执行局编：《人民法院办理执行案件规范（第二版）》，人民法院出版社2022年版，第242页。

# 第七章

# 财产处置暂缓、中止和终结

## 一、暂缓、中止财产处置程序

《北京市法院执行局局长座谈会（第十次会议）纪要——关于强制执行中财产处置若干问题的意见》规定："非因法定事由、非经法定程序，不得停止或暂缓处置财产。"[1]换言之，暂缓或者中止执行是执行程序的例外。

### （一）暂缓、中止处置程序的基本规定

执行中止，是指在已经开始的案件执行程序中，由于出现法律规定的情形，需要暂时停止执行程序，待情形消失后，执行程序再继续进行。[2]执行暂缓，则是指执行程序开始后，人民法院因法定事由，可以决定对某一项或者某几项执行措施在规定的期限内暂缓实施。[3]按照上述定义来看，执行中止是指中止整个执行案件的执行程序，而执行暂缓是指暂缓某项执行措施的执行程序。尽管暂缓执行和中止执行语义并非完全相同，但对财产处置程序而言，二者在效果上区别不大，在实践中经常出现混用的情况。

《民事诉讼法》第267条规定："有下列情形之一的，人民法院应当裁定中止执行：①申请人表示可以延期执行的；②案外人对执行标的提出确有理由的异议的；③作为一方当事人的公民死亡，需要等待继承人继承权利或者

---

[1] 参见北京市高级人民法院：《会议纪要｜北京法院关于强制执行中财产处置若干问题的意见》，载微信公众号"中国破产法论坛"，最后访问时间：2019年11月14日。

[2] 参见最高人民法院执行局编著：《最高人民法院关于刑事裁判涉财产部分执行的若干规定理解与适用》，中国法制出版社2017年版，第41页。

[3] 《暂缓执行规定》第1条规定："执行程序开始后，人民法院因法定事由，可以决定对某一项或者某几项执行措施在规定的期限内暂缓实施。执行程序开始后，除法定事由外，人民法院不得决定暂缓执行。"

承担义务的;④作为一方当事人的法人或者其他组织终止,尚未确定权利义务承受人的;⑤人民法院认为应当中止执行的其他情形。中止的情形消失后,恢复执行。"

《暂缓执行规定》第3条规定:"有下列情形之一的,经当事人或者其他利害关系人申请,人民法院可以决定暂缓执行:①执行措施或者执行程序违反法律规定的;②执行标的物存在权属争议的;③被执行人对申请执行人享有抵销权的。"第7条规定:"有下列情形之一的,人民法院可以依职权决定暂缓执行:①上级人民法院已经受理执行争议案件并正在处理的;②人民法院发现据以执行的生效法律文书确有错误,并正在按照审判监督程序进行审查的。人民法院依照前款规定决定暂缓执行的,一般应由申请执行人或者被执行人提供相应的担保。"

《适用财产刑规定》第8条第1款规定:"具有下列情形之一的,人民法院应当裁定中止执行;中止执行的原因消除后,恢复执行:①执行标的物系人民法院或者仲裁机构正在审理的案件争议标的物,需等待该案件审理完毕确定权属的;②案外人对执行标的物提出异议确有理由的;③其他应当中止执行的情形。"

《处置参考价规定》第28条规定:"具有下列情形之一的,人民法院应当决定暂缓网络询价或者委托评估:①案件暂缓执行或者中止执行;②评估材料与事实严重不符,可能影响评估结果,需要重新调查核实;③人民法院认为应当暂缓的其他情形。"

《上海法院网络司法拍卖实施细则(试行)》第18条规定:"网络司法拍卖竞价程序结束前,符合下列情形的应当决定暂缓或者裁定中止拍卖:①申请人表示可以延期执行或撤销执行申请的;②被执行人已支付全部执行款的;③据以执行的法律文书被中止执行或撤销的;④人民法院已受理以被执行人为债务人的破产申请的;⑤人民法院已受理被执行人申请撤销仲裁裁决或不予执行仲裁裁决、公证债权文书的;⑥案外人对执行标的提出确有理由的异议的;⑦追索赡养费、扶养费、抚育费案件的权利人死亡的;⑧应当暂缓或者中止拍卖的其他情形。"

需要注意的是,实践中能够导致暂缓、中止处置程序的事由包括三类:

一是执行案件中止执行导致财产处置程序暂缓,二是财产处置措施暂缓导致财产处置程序暂缓,三是对查封财产的执行措施中止导致财产处置程序暂缓。

(二)暂缓、中止处置程序的常见问题

1. 部分清偿债务对处置程序的影响

《拍卖规定》第19条规定:"被执行人在拍卖日之前向人民法院提交足额金钱清偿债务,要求停止拍卖的,人民法院应当准许,但被执行人应当负担因拍卖支出的必要费用。"可见,在足额清偿债务后,被执行人可以要求停止拍卖。但是,在财产处置过程中,被执行人提出已部分清偿债务或者已拟定近期全部清偿债务计划,请求人民法院暂缓处置或者中止处置的,是否可以准许其请求?在实践中,此类情形较多,尤其是临近拍卖日期时,被执行人迫于压力或者其他原因,清偿部分款项或者拟定近期清偿计划,请求暂缓或者中止拍卖。该问题处理起来很复杂,原因在于上述情形并非法定的暂缓或者中止的情形,除非申请执行人同意,否则执行法院无权暂缓或者中止执行。但是,有时继续处置又确实在一定程度上有违善意文明执行的理念,此时执行法院是否可以在综合尚未清偿债权数额与标的物价值差、被执行人的信用、被执行人的财务状况、还款计划的可行性和周期等相关因素后行使自由裁量权,是难点也是风险点,实践中不得不慎重。

2. 执行行为异议对处置程序的影响

执行异议制度是对当事人、利害关系人、案外人在执行程序中的一项救济制度。[1]广义的执行异议泛指执行程序中,当事人、案外人、利害关系人等主体针对执行程序中所涉及的事项提出的异议。具体可以分为四类:一是执行依据异议、二是执行请求权异议、三是执行行为异议、四是案外人异议。在这些类别中,执行依据异议和执行请求权异议一般不会导致执行程序暂缓或者中止。在实践中,主要是执行行为异议和案外人异议对财产处置程序影响较大。其中,执行行为异议指向的是人民法院的执行程序,目的是纠正违法的执行行为,保证自己在公法上的程序权利和利益不受非法侵害,并

---

[1] 参见最高人民法院(2019)最高法执监384号执行裁定书。

不以排除执行为必要。[1]需要说明的是，第三人提出的异议并不一定为案外人异议，还可能是利害关系人异议（执行行为异议的分类之一）。区分异议性质为案外人异议还是利害关系人异议，应以异议所主张的权利基础及异议请求加以判断。如果异议是主张对执行标的的所有权等实体权利并据此请求排除执行的，则构成案外人异议，适用《民事诉讼法》第238条予以审查；如果异议是主张因执行行为程序违法侵犯其合法权益并据此请求对执行行为依法予以纠正的，则构成执行行为异议，适用《民事诉讼法》第236条予以审查。[2]

《网拍规定》第36条第1款规定："当事人、利害关系人认为网络司法拍卖行为违法侵害其合法权益的，可以提出执行异议。异议、复议期间，人民法院可以决定暂缓或者裁定中止拍卖。"此处所述执行异议是指执行行为异议，当事人、利害关系人的权利基础是程序权利，执行法院通过"异议—复议"途径另案审查。执行法院审查后，当事人或者利害关系人不服的，可以向上一级人民法院申请复议。[3]另外，当事人、利害关系人提出执行行为异议，不一定导致财产处置程序暂缓或者中止，是否暂缓或者中止由执行法院根据案件情况判断后决定。

3. 案外人异议对处置程序的影响

案外人异议，指向的是执行法院正在执行的标的物，目的是排除执行法院对某一执行标的物的执行，保护其私法上的实体权利不受侵害。[4]

《网拍规定》第36条第2款规定，案外人对网络司法拍卖的标的提出异议的，人民法院应当依据《民事诉讼法》第227条[5]及相关司法解释的规定处理，并决定暂缓或者裁定中止拍卖。《民诉法执行程序解释》第15条规定："案外人异议审查期间，人民法院不得对执行标的进行处分。案外人向

---

[1] 参见章武生、金殿军：《执行程序中案外人异议之诉制度研究》，载齐奇主编：《执行实务与新类型法律问题研究》，人民法院出版社2010年版，第154页。
[2] 参见最高人民法院（2021）最高法执监240号执行裁定书。
[3] 参见范向阳：《程序异议与实体异议的区分》，载江必新主编、最高人民法院执行局编：《执行工作指导2010年第4辑》，人民法院出版社2011年版，第126页。
[4] 参见章武生、金殿军：《执行程序中案外人异议之诉制度研究》，载齐奇主编：《执行实务与新类型法律问题研究》，人民法院出版社2010年版，第154页。
[5] 现为《民事诉讼法》（2023修正）第238条。

人民法院提供充分、有效的担保请求解除对异议标的的查封、扣押、冻结的，人民法院可以准许；申请执行人提供充分、有效的担保请求继续执行的，应当继续执行。因案外人提供担保解除查封、扣押、冻结有错误，致使该标的无法执行的，人民法院可以直接执行担保财产；申请执行人提供担保请求继续执行有错误，给对方造成损失的，应当予以赔偿。"《民诉法执行程序解释》第16条规定："案外人执行异议之诉审理期间，人民法院不得对执行标的进行处分。申请执行人请求人民法院继续执行并提供相应担保的，人民法院可以准许。案外人请求解除查封、扣押、冻结或者申请执行人请求继续执行有错误，给对方造成损失的，应当予以赔偿。"案外人异议的权利基础是实体权利[1]，执行法院应通过"案外人异议—案外人异议之诉或者申请执行人许可执行之诉（一审、二审）"的途径先另案审查后再行审理[2]。执行法院审查后，案外人或者申请执行人不服的，可以另行提起执行异议之诉。根据上述规定，案外人异议审查以及执行异议之诉审理期间，执行法院应当暂缓或者中止执行。

但是，由于案外人异议诉期间相对较长，上述规定同时赋予了申请执行人提供担保后继续执行的权利。在实践中，除申请执行人以其财产或者他人财产担保外，还可以通过购买继续执行责任险的方式提供担保。继续执行责任险以申请执行人为被保险人，以被执行人、执行异议提出者为关系人，在保险期限内，若被保险人向人民法院请求继续执行存在错误，给被执行人、利害关系人或案外人造成损失，经人民法院依照法律判决应由被保险人承担经济赔偿责任的，保险人应按照保险合同的约定进行赔偿。申请人向法院提供由保险公司出具的保单保函，人民法院经审核后就可在案外人提出执行异议的同时继续进行财产处置，无需暂缓或者中止执行。[3]需要说明的是，财

---

[1] 参见范向阳：《程序异议与实体异议的区分》，载江必新主编、最高人民法院执行局编：《执行工作指导2010年第4辑》，人民法院出版社2011年版，第126页。

[2] 在实践中有例外情形，如《刑事财产部分执行规定》第14条规定，执行过程中，当事人、利害关系人认为执行行为违反法律规定，或者案外人对执行标的主张足以阻止执行的实体权利，向执行法院提出书面异议的，执行法院应当依照《民事诉讼法》第236条规定处理。人民法院审查案外人异议、复议，应当公开听证。

[3] 参见强制执行实务指导：《带你了解"继续执行责任保险"》，载微信公众号"强制执行实务指导"，最后访问时间：2021年6月13日。

产在确定财产处置参考价后，有可能在降价后进行第一次拍卖，再降价后进行第二次拍卖，那么继续执行担保应在多大范围内提供担保，尤其是购买继续执行险的标准问题，颇有争议。笔者认为，从谨慎和公平的角度考虑，如果第一次拍卖尚未流拍则以参考价为标准，如果第一次拍卖流拍则以第一次拍卖流拍价为标准，如果第二次拍卖流拍则以第二次拍卖流拍价为标准。对此，还有另外一种观点同样值得注意，《广东省高级人民法院关于执行案件法律适用疑难问题的解答意见》中提到，执行异议审查期间请求暂缓处分，是否应当提供等额财产担保？处理意见：执行法院可以结合案件有关情形，酌情判定被执行人、利害关系人提供的担保是否足以赔偿因暂停执行处分措施而可能发生的损失，并非要求担保人必须提供与执行标的额相等数额的担保。主要理由：最高人民法院《民诉法执行程序解释》第10条第2款规定，被执行人、利害关系人提供充分、有效的担保请求停止相应处分措施的，人民法院可以准许；申请执行人提供充分、有效的担保请求继续执行的，应当继续执行。按照该规定，执行异议审查期间请求暂缓处分而提供担保的主要目的是为暂停执行处分措施而产生的损失提供担保。执行法院审查适用法律时应区别于《民诉法执行程序解释》第152条关于申请诉前保全和诉讼保全措施提供担保的规定。

另外需要说明的是，案外人异议审查期间以及案外人执行异议之诉审理期间，人民法院不得对执行标的进行处分。该规定仅限制人民法院在案外人异议审查期间以及案外人执行异议之诉审理期间的处分行为，但并不禁止人民法院采取查封等非处分性执行措施，甚至执行法院可以在案外人异议审查期间以及案外人执行异议之诉审理期间采取确定财产处置参考价的执行措施。[1]

4. 析产诉讼或者代位析产诉讼对处置程序的影响

《查封规定》第12条规定："对被执行人与其他人共有的财产，人民法院可以查封、扣押、冻结，并及时通知共有人。共有人协议分割共有财产，并经债权人认可的，人民法院可以认定有效。查封、扣押、冻结的效力及于协议分割后被执行人享有份额内的财产；对其他共有人享有份额内的财产的

---

[1] 参见最高人民法院（2021）最高法执复34号执行裁定书。

查封、扣押、冻结,人民法院应当裁定予以解除。共有人提起析产诉讼或者申请执行人代位提起析产诉讼的,人民法院应当准许。诉讼期间中止对该财产的执行。"

5. 离婚诉讼或者离婚后财产纠纷诉讼对处置程序的影响

如果被执行人与其配偶或者前配偶的离婚诉讼或者离婚后财产纠纷诉讼正在审理过程中,且查封财产系诉讼争议的标的物之一的,执行程序中是否应当中止或者暂缓查封财产的处置程序,在实践中存在争议。笔者认为,不应中止或者暂缓查封财产的处置程序。主要理由在于,一旦财产被人民法院查封,第三人主张财产之上相应权利的途径将受到限制。从现行法律规定来看,只有通过案外人异议和析产诉讼或者代位析产诉讼程序,可以保证申请执行人参与诉讼程序保障各方诉讼权利,而包括离婚诉讼或者离婚后财产纠纷诉讼、确权诉讼等诉讼程序都无法达到主张权利救济的效果。主要原因在于在离婚诉讼和确权诉讼中申请执行人无法参与诉讼程序,无法保障其诉讼权利。在实践中,有的当事人因为不了解或者故意错误选择救济途径,导致其权利无法得到有效救济,也造成司法资源的浪费。

6. 刑事诉讼程序对处置程序的影响

在实践中,当刑事诉讼程序与执行程序交叉时,是否应当中止执行,情况非常复杂,标准亦不统一。《办理非法集资刑事案件意见》第7条第2款规定:"人民法院在审理民事案件或者执行过程中,发现有非法集资犯罪嫌疑的,应当裁定驳回起诉或者中止执行,并及时将有关材料移送公安机关或者检察机关。"第7条第3款规定:"公安机关、人民检察院、人民法院在侦查、起诉、审理非法集资刑事案件中,发现与人民法院正在审理的民事案件属同一事实,或者被申请执行的财物属于涉案财物的,应当及时通报相关人民法院。人民法院经审查认为确属涉嫌犯罪的,依照前款规定处理。"按照上述规定,在执行程序中能否对涉嫌犯罪的刑民交叉案件中止执行应当区分情形处理。人民法院在审理或执行案件中自行发现犯罪线索的,应当中止执行。但公安机关、检察机关等发现犯罪线索而通报人民法院的,人民法院应当结合实际案情来判断犯罪线索是否与人民法院正在审理的民事案件属同一事实、执行标的是否属于涉案财物。尤其是对于被执行人众多的民间借贷案件，要审查同案其他被执行人与公安机关所述犯罪事实是否相关。人民法院未经审查，不得径行将案件中止执行。[1]值得注意的是，河南省高级人民法院对于具体的处理程序，作出了相应规定。《河南省高级人民法院刑事裁判涉财产部分执行异议复议案件办理指南》中提到：民事案件申请执行人对刑事诉讼轮候查封的异议如何处理？答：申请执行人对民事执行案件中止执行（实为对侦查机关轮候查封）提出异议，要求继续执行的，既可以根据刑事法律规定向正在办理刑事案件的侦查、检察、审判机关提出异议，有关机关应当根据查明的事实，依照刑诉法规定直接决定继续查封或者解除查封；也可以向民事执行案件的执行机构提出异议，执行机构应当依照《办理非法集资刑事案件意见》第7条规定，裁定中止执行并移送侦查机关，或者不中止执行，但不能撤销侦查机关的查封决定。[2]

但是，上述规定仅就涉嫌非法集资犯罪提出了较为明确的意见，对于在涉嫌其他刑事犯罪的情况下，何时中止执行，尚无统一标准。在实践中，有的法院以公安机关受理控告、公安机关立案侦查、检察院提起公诉、人民法院立案审理等节点作为标准；有的法院则以刑事诉讼机关是否向执行部门发函作为标准；还有的法院根据执行案件情况，自行从关联性、关联度等方面审查判断。笔者认为，关于刑事诉讼程序和执行程序交叉时，如何把握中止执行标准的问题，并不能简单通过节点或者来函判断，应当结合执行案件和刑事诉讼案件具体情况综合判断。不过，执行依据生效后，即具有既判力和可执行力；把握中止执行标准，要在维持执行依据既判力和执行力的前提下进行审查。另外，"先刑后民"并不能作为处理民刑交叉案件的一般原则[3]，因此，把握中止执行标准不宜过于宽松，不能仅作形式审查。在审查过程中，需要重点关注财产是否被刑事诉讼机关轮候查封，进而关注财产是否可能被认定为赃物或者赃款购买的赃物，从而判断是否需要优先用于退赔或者

---

[1] 参见最高人民法院（2022）最高法执监58号执行裁定书。
[2] 参见河南省高级人民法院：《河南高院发布：刑事裁判涉财产部分执行异议复议案件办理指南》，载微信公众号"豫法阳光"，最后访问时间：2020年11月10日。
[3] 参见最高人民法院民事审判第二庭编著：《〈全国法院民商事审判工作会议纪要〉理解与适用》，人民法院出版社2019年版，第658页。

追缴程序。[1]其中的关键问题在于,如何理解和把握民刑交叉案件的"同一事实"和"关联事实"。对于民刑交叉领域所指的"同一事实",《全国法院民商事审判工作会议纪要》提出从实施主体、法律关系、要件事实三个角度进行认定,其中第128条规定以是否系同一主体实施的行为来判断刑事、民事案件应否分别审理。另外,该条第1款第5项作为兜底性条款,明确规定受害人请求涉嫌刑事犯罪的行为人之外的其他主体承担民事责任的,民事案件与刑事案件应当分别审理。因此,应根据是否系同一主体实施的行为,来分析判断是否是基于同一事实产生的民事纠纷与涉嫌刑事犯罪;如果不是同一主体实施的行为,一般情况下不宜认定为"同一事实"。民刑交叉领域所指的"关联事实",一般是指在民事法律关系的形成过程中,当事人或他人的行为虽涉嫌犯罪、但对民事法律行为或者民事法律关系的性质、效力、责任等不产生实质性影响的相关事实。对于因关联事实分别引起的民事和刑事案件,相关司法解释采取分别受理、分别审理的原则。[2]总之,对于刑事诉讼程序与执行程序交叉时是否应当中止执行的问题,并不能简单作出判断,应当结合执行程序和刑事诉讼程序是否涉及同一事实或者关联事实,以及执行查封财产是否可能涉及刑事诉讼中的涉案财物,进行综合判断。[3]

7. 因违法建设被查封对处置程序的影响

涉案房屋被改建、扩建、加建后,有的行政机关通过向不动产登记机关发函的方式查封涉案房屋。此时,如果行政机关对违法建设采取的查封措施系轮候查封,财产处置程序是否应中止执行、等待违法建设的处理,在实践中争议较大。根据笔者经验,违法建设查封是否影响处置程序,与人民法院和行政机关、不动产登记机关之间的协调以及政策把握有很大关系。有的行政机关可以在沟通后"带违建查封过户",有的行政机关则必须待违建处理后,才可以为买受人办理过户。在具体执行时,除把握涉及违法建设的房屋是否可以处置外,还应提前与行政机关和不动产登记机关沟通协调,防止处

---

[1] 参见最高人民法院(2019)最高法执复126号执行裁定书。

[2] 参见河南省高级人民法院:《民刑交叉案件处理中的八个问题解析》,载微信公众号"豫法阳光",最后访问时间:2023年10月19日。

[3] 参见最高人民法院(2020)最高法执复42号执行裁定书。

置后无法为买受人办理过户的情况发生。当然，实践中还有买受人在拍卖成交后，以自己名义处理违法建设，将其恢复原状后向行政机关申请解除违法建设查封，之后再申请法院向不动产登记机关送达办理过户的协助执行手续。

需要注意的是，如果刑事诉讼机关和行政机关的查封系首先查封，则首先查封法院有处置权的原则同样适用该情形，即执行法院在此情况下也无处置权。此时，并不是因为查封财产涉及违法建设而无法处置，而是因为执行法院没有处置权而无法处置。

8. 破产程序对处置程序的影响

（1）申请破产的方式

现阶段，申请破产主要有两种方式，包括向有管辖权的人民法院直接提交破产申请和向执行法院提交破产申请并请求将执行案件移送破产审查。

一是直接申请破产。《破产法》第7条规定："债务人有本法第2条规定的情形，可以向人民法院提出重整、和解或者破产清算申请。债务人不能清偿到期债务，债权人可以向人民法院提出对债务人进行重整或者破产清算的申请。企业法人已解散但未清算或者未清算完毕，资产不足以清偿债务的，依法负有清算责任的人应当向人民法院申请破产清算。"此规定即债权人或者债务人向有管辖权的人民法院直接提交破产申请。需要注意的是，目前部分省份建立了破产法庭，集中统一受理破产案件，所以债权人或者债务人直接申请破产时并不一定是债务人住所地法院管辖。

二是执行转破产制度。《民诉法解释》第511条规定："在执行中，作为被执行人的企业法人符合企业破产法第2条第1款规定情形的，执行法院经申请执行人之一或者被执行人同意，应当裁定中止对该被执行人的执行，将执行案件相关材料移送被执行人住所地人民法院。"《执转破意见》第4条规定，执行法院在执行程序中应加强对执行案件移送破产审查有关事宜的告知和征询工作。执行法院采取财产调查措施后，发现作为被执行人的企业法人符合《破产法》第2条规定的，应当及时询问申请执行人、被执行人是否同意将案件移送破产审查。申请执行人、被执行人均不同意移送且无人申请破产的，执行法院应当按照《民诉法解释》第516条的规定处理，企业法人的其他已经取得执行依据的债权人申请参与分配的，人民法院不予支持。《执行权意见》第5条规定："……执行中发现企业法人不能清偿到期债务，并且资产不足以清偿全部债务或者明显缺乏清偿能力的，应当暂缓财产分配，及时询问申请执行人、被执行人是否申请或者同意将案件移送破产审查，避免影响各债权人的公平受偿权……"《办案规范》第157条规定："执行法院采取财产调查措施后，发现作为被执行人的企业法人符合破产法第2条规定的，应当及时询问申请执行人、被执行人是否同意将案件移送破产审查。申请执行人、被执行人均不同意移送且无人申请破产的，执行法院就执行变价所得的财产，在扣除执行费用及清偿优先受偿的债权后，对于普通债权，按照财产保全和执行中查封、扣押、冻结财产的先后顺序清偿。企业法人的其他已经取得执行依据的债权人申请参与分配的，人民法院不予支持。"[1]上述规定明确了人民法院在征得当事人同意基础上的移送破产制度，即执行转破产制度，又称"执转破"制度。

需要注意的是，无论是直接申请破产的方式，还是执行转破产的方式，均需要债权人或者债务人提交申请，只不过前者是债权人或者债务人直接向有管辖权的人民法院提交申请，后者是执行法院经过告知和征询程序，并经债权人或者债务人同意，审查并作出决定后，将案件移送有管辖权的人民法院审查。在没有债权人或者债务人申请或者同意的情况下，执行法院不能启动破产审查程序或"执转破"程序。此处，执行法院审查后作出的决定并不具有认定被执行人符合受理破产条件的效力，其仅就是否移送破产审查作出决定，是否能够受理破产申请仍应以有管辖权的人民法院审查后作出的裁定为准。

（2）中止执行的问题

关于被执行人进入破产程序后执行程序中止执行的时点问题，执行移送破产审查程序与普通破产程序中止执行的时点不同。对于普通破产程序，《破产法》第19条规定："人民法院受理破产申请后，有关债务人财产的保全措施应当解除，执行程序应当中止。"根据上述规定，非因执行法院移送而由债权人或被执行人根据《破产法》自行申请破产的，涉破产企业的执行

---

[1] 参见最高人民法院执行局编：《人民法院办理执行案件规范（第二版）》，人民法院出版社2022年版，第74页。

案件中止执行的时点为"人民法院受理破产申请后",即执行法院应在收到破产管辖法院受理破产申请的通知后裁定中止执行。此处的"通知"不局限于书面通知,也可包括电话通知等确保执行法院能够收到相关受理信息的通知方式。对于执行移送破产审查程序,《民诉法解释》第511条规定:"在执行中,作为被执行人的企业法人符合企业破产法第2条第1款规定情形的,执行法院经申请执行人之一或者被执行人同意,应当裁定中止对该被执行人的执行,将执行案件相关材料移送被执行人住所地人民法院。"《执转破意见》第8条规定:"执行法院作出移送决定后,应当书面通知所有已知执行法院,执行法院均应中止对被执行人的执行程序……"上述规定与《破产法》相比,执转破程序中的中止执行时点前移至"执行法院作出移送决定并书面通知其他执行法院后",其中止执行的时间明显早于普通破产程序。换言之,经申请执行人之一或者被执行人同意、由执行法院将被执行人移送破产审查的,中止执行时点为"执行法院作出移送决定并书面通知其他执行法院后",即执行法院的案件应在移送决定作出之日同时裁定中止执行;其他执行法院的案件则应在收到前述执行法院的移送决定书面通知之日裁定中止执行。由债权人或者被执行人直接向破产管辖法院申请被执行人破产的,中止执行时点为"人民法院受理破产申请后",即执行法院应在收到破产管辖法院受理破产申请的通知后裁定中止执行。

需要注意的是,破产审查是法院裁定是否受理破产申请的前置程序。债务人被人民法院裁定受理破产申请之前,人民法院依法不中止对债务人的执行;[1]债务人被人民法院裁定受理破产申请之后,有关债务人财产的保全措施应当解除,执行程序应当中止。[2]所以,执行程序是否中止,不以债权人或者债务人提交破产申请为准,而是以人民法院裁定受理破产申请为准。在实践中,债权人或者债务人虽然提出破产申请,但破产管辖法院尚未作出是否受理破产案件的裁定的,执行法院仍应对普通债权按照财产查封先后顺序进行分配。[3]

---

[1] 参见最高人民法院(2023)最高法执监448号执行裁定书。
[2] 参见江西省高级人民法院(2018)赣执异4号执行裁定书。
[3] 参见广东省高级人民法院(2019)粤执复32号执行裁定书。

## 二、终结处置程序

**（一）终结处置程序的基本规定**

执行程序终结，通常分为两种类型：整体终结和特定终结。[1]具体到财产处置程序终结，一般分为两种情况：一是因执行案件或者执行财产原因，导致财产处置程序无法继续、终结处置，如案件通过其他方式执行完毕、财产处置影响公共利益不宜继续处置等；二是因财产经过第一次拍卖、第二次拍卖、变卖后申请执行人拒绝以物抵债、无第三人申请购买、无法交付强制管理，财产处置程序终结。

**（二）终结处置程序的常见问题**

1. 申请执行人申请不处置

在实践中，申请执行人基于特定原因，可能向执行法院申请不处置查封财产，此时对于申请执行人的请求是否一概准许？《北京市法院执行局局长座谈会（第十次会议）纪要——关于强制执行中财产处置若干问题的意见》规定："'申请执行人不要求处置''申请执行人要求不处置'，不构成不推进处置工作的理由。对应当处置的财产，依职权积极主动推进处置工作；申请执行人坚持要求不处置的，告知其撤回执行申请或撤回对相应部分的执行申请；拒不撤回的，书面告知申请执行人，若其坚持既不配合财产处置又不撤回执行申请的，执行法院可按照视为撤回执行申请处理。双方当事人以'长期谈和解'为由均不要求处置或要求不处置被执行人财产的，不构成不推进处置工作的理由。可以为申请执行人、被执行人指定谈和解的期限，该期限一般最长不超过6个月。指定期限届满未达成和解协议且仍要求不处置该财产的，告知申请执行人撤回执行申请或撤回对相应部分的执行申请；拒不撤回的，书面告知申请执行人，若其坚持既不配合财产处置又不撤回执行申请的，执行法院可按照视为撤回执行申请处理。"[2]该规定主要为防止申请执行人恶意不申请处置查封财产的情形。从理性人假设角度来看，如果申

---

〔1〕 参见山东省滨州地区（市）中级人民法院（2022）鲁16执复48号执行裁定书。

〔2〕 参见北京市高级人民法院：《会议纪要｜北京法院：关于强制执行中财产处置若干问题的意见》，载微信公众号"中国破产法论坛"，最后访问时间：2019年11月14日。

请执行人不申请处置查封财产，则其必然能够因此获得利益。在实践中，有的是为获得高息而损害被执行人利益，有的是与被执行人串通阻碍其他债权人的债权实现而损害其他债权人利益。因此，严格审查申请执行人申请不处置查封财产的请求并设置相应的限制，非常必要。

2. 财产价值远超执行标的额

财产价值远超执行标的额时是否应当继续处置，在实践中争议非常大。《北京市法院执行局局长座谈会（第十次会议）纪要——关于强制执行中财产处置若干问题的意见》规定，查封的不可分的不动产价值远超申请执行标的金额的，不构成不推进该不动产处置的理由。根据《查封规定》第21条第2款的[1]规定，虽然查封不动产的价值远超债权金额，但该不动产不可分，且被执行人无其他可供执行的财产或者其他财产不足以清偿债务的，不构成明显超标的额查封，应当积极推进处置工作。处置前，为被执行人指定合理的自动履行期限，督促其自动履行。指定期限届满仍未履行的，依法开展询价、评估、拍卖、变卖、以物抵债乃至强制管理等工作。处置中，决定处置、发布拍卖公告等步骤及情况依法及时通知被执行人，督促其自动履行。处置后，依法及时发还案款，并将剩余案款依法及时移交轮候查封法院或退还被执行人。[2]从实务情况来看，在多数情况下，当财产价值远超执行标的额时，继续推进财产处置程序，被执行人更愿意积极履行，以防止财产被拍卖、变卖。

3. 申请执行人不同意提供居住房屋或者保留租金

《异议复议规定》第20条规定："金钱债权执行中，符合下列情形之一，被执行人以执行标的系本人及所扶养家属维持生活必需的居住房屋为由提出异议的，人民法院不予支持：①对被执行人有扶养义务的人名下有其他能够维持生活必需的居住房屋的；②执行依据生效后，被执行人为逃避债务转让其名下其他房屋的；③申请执行人按照当地廉租住房保障面积标准为被执行人及所扶养家属提供居住房屋，或者同意参照当地房屋租赁市场平均租金标

---

[1] 现为《查封规定》（2020修正）第19条第2款。
[2] 参见北京市高级人民法院：《会议纪要 | 北京法院：关于强制执行中财产处置若干问题的意见》，载微信公众号"中国破产法论坛"，最后访问时间：2019年11月14日。

准从该房屋的变价款中扣除 5 至 8 年租金的。执行依据确定被执行人交付居住的房屋，自执行通知送达之日起，已经给予 3 个月的宽限期，被执行人以该房屋系本人及所扶养家属维持生活的必需品为由提出异议的，人民法院不予支持。"按照上述规定，当财产属于被执行人及所扶养家属维持生活必需的居住房屋，即唯一住房时，如果申请执行人不同意按照当地廉租住房保障面积标准为被执行人及所扶养家属提供居住房屋，且不同意参照当地房屋租赁市场平均租金标准从该房屋的变价款中扣除 5 至 8 年租金的，则不符合继续处置的前提条件。此时，执行实施机构应先终结财产处置程序，等条件符合后，再行继续财产处置程序。

值得注意的是，《广东省高级人民法院关于执行法律适用疑难问题的解答意见》中提到：执行中能否拍卖被执行人唯一居住的房屋？处理意见：可依法拍卖被执行人及其所抚养家属的唯一居住房屋，但是执行法院应当在裁定拍卖前依法制订保障被执行人及其所抚养家属最低生活标准所必需居住房屋的安置方案。如果安置费用超过房屋估价，应当停止拍卖。主要理由：《查封规定》第 7 条规定，对于超过被执行人及其所扶养家属生活所必需的房屋和生活用品，人民法院根据申请执行人的申请，在保障被执行人及其所扶养家属最低生活标准所必需的居住房屋和普通生活必需品后，可予以执行。因此，被执行人及其所抚养家属的唯一居住房屋不等同于生活所必需的居住房屋，故执行法院可以裁定拍卖。但是，应以做好安置、保障被执行人及其所抚养家属最低生活标准所必需的居住房屋为前提条件。法院应在裁定拍卖前或至迟在裁定拍卖的同时，依法制订安置方案。制订安置方案，应当根据当地最低居住标准和被执行人家庭实际情况。如果安置费用超过唯一居住房屋的估价，则为无益拍卖，也充分说明执行房屋系被执行人及其所抚养家属生活所必需的房屋，不应继续裁定拍卖房屋。

4. 申请执行人不同意先行垫付

《处置参考价规定》第 33 条第 1 款规定："网络询价费及委托评估费由申请执行人先行垫付，由被执行人负担。"如申请执行人不同意先行垫付，则可以终结财产处置程序。在实践中，申请执行人不愿意垫付评估费的原因很多，可能因为考虑到评估程序无法完成评估或者周期较长、评估费用过高等。为解决上述问题,北京市第三中级人民法院探索建立司法评估费用保险机制,该机制通过申请执行人与保险机构签订保险合同、缴纳少量保费的方式,由保险机构向人民法院为评估费用的支付提供履约保证保险,申请执行人无需再垫付评估费用。如财产处置成交,则评估费用从处置款中支付;如财产处置未成交,则由保险机构承担支付评估费用的保险责任。

5. 拍卖所得价款在清偿优先债权和强制执行费用后无剩余可能

拍卖所得价款在清偿优先债权和强制执行费用后无剩余可能的情形,即"无益拍卖",是否应当终止财产处置程序?《拍卖规定》第6条第1款规定:"保留价确定后,依据本次拍卖保留价计算,拍卖所得价款在清偿优先债权和强制执行费用后无剩余可能的,应当在实施拍卖前将有关情况通知申请执行人。申请执行人于收到通知后5日内申请继续拍卖的,人民法院应当准许,但应当重新确定保留价;重新确定的保留价应当大于该优先债权及强制执行费用的总额。"《北京市法院执行局局长座谈会(第十次会议)纪要——关于强制执行中财产处置若干问题的意见》规定,可能构成无益拍卖的,不意味着不需要开展相关工作,而应按照《拍卖规定》第9条的规定,将有关情况通知申请执行人并征询其意见。申请执行人于收到通知后5日内申请继续拍卖的,应当进行拍卖。重新确定的保留价,应当大于该优先债权及强制执行费用的总额。[1]可见,可能构成无益拍卖并非当然终止财产处置程序,而应按照一定规则确定起拍价,财产流拍后才能终止财产处置程序。换言之,是否构成无益拍卖,需要通过市场的检验,而非仅根据执行法院的判断。

---

[1] 参见北京市高级人民法院:《会议纪要 | 北京法院:关于强制执行中财产处置若干问题的意见》,载微信公众号"中国破产法论坛",最后访问时间:2019年11月14日。